岐路に立つ仏教寺院

曹洞宗宗勢総合調査2015年を中心に

相澤秀生　川又俊則

編著

法藏館

はじめに

相澤　秀生

　岐路に立つ仏教寺院──。紛れもなく本書のタイトルである。このタイトルをみて、読者は一体何を思うだろう。まずはタイトルが指し示すところの意図から解説していくこととしよう。

　本書が取り上げる仏教寺院とは、国宝級の伽藍（がらん）や仏像をそなえ、観光客や巡礼者が絶えることのない名刹（めいさつ）、大勢の修行僧を抱えた大規模な修行道場をいうのではない。地域社会のなかにあって、年中儀礼や人生儀礼に欠かすことができない菩提寺（ぼだいじ）のことである。菩提寺は一家（檀家）が葬儀や追善儀礼（祭）を営む寺院であり、その布施によって菩提寺の宗教活動が支えられている。こうした寺院と檀家の関係は、一般的に「檀家制度」といわれるが、本書では「寺檀関係（じだん）」と呼称する。日本には約8万の寺院が存在し、その大部分が寺檀関係に基づき、宗教活動を行なっているのが現状である。

　しかし、こうした仏教寺院は今、存続の岐路に立たされている。日本社会が人口減少時代に突入し、寺檀関係を支えてきた昭和一桁世代、団塊の世代の人びとが多く死去する多死社会を迎えている。次世代を担うであろう団塊の世代以下の人びとの多くは故郷を離れて居を構え、菩提寺とは疎遠な関係にあり、葬儀の司式者を必要とせず火葬のみとする「直葬（ちょくそう）」、宗教者を必要としない「無宗教葬」といった新たな葬送サービスを選択する人びとが確実に増加するなかで、代々の寺檀関係が継承される見通しが立てられない時代に差し掛かったからだ。

　もっとも、人口減少にともなう檀家の著しい減少によって寺院の存続が危

惧されたのは、何も今に始まったことではない。戦後 1950 年代以降の高度経済成長にともなう地方の人口流出（過疎化）と高齢化により、地方寺院の存続が懸念されたのである。他方、地方から都市部への流入という人口移動はあるものの、日本社会全体としては、戦後から人口は増え続け 1 億 2,000 万人を突破した。人口減少によって檀家数を減らす地方寺院と、地方から流出した人びとを檀家として迎え入れ、その数を伸ばす都市寺院とのあいだには、宗教活動や寺院経済の格差が生じたのである。こうした状況を打開すべく、日蓮宗や浄土真宗本願寺派といった仏教教団では 1980 年代頃から、過疎地域に立地する寺院の実態調査を実施し、振興策を講じてきた。その成否はともかく、当初の懸念とは裏腹に、曹洞宗の場合、過疎地域に立地するかいなかにかかわらず、寺院の数は、約 50 年前と比較しておおむね維持されてきた［相澤 2017］。

　しかし、2005 年に実施された国勢調査において、日本社会の総人口は減少局面に入りつつあるとされ、2014 年、日本創生会議が 20 歳から 39 歳女性の人口推移と子どもの自然減と社会減を加味した人口予測によれば、2040 年までに自治体として存続が不可能な「消滅可能性都市」が全自治体の約半数を占めるという。この結果に基づき、宗教学者の石井研士は消滅可能性都市に所在する宗教施設を調査し、消滅する可能性がある宗教法人を「限界宗教法人」と名づけた。全宗教法人で限界宗教法人とされたのは 35.5%（62,971 法人）で、これを超える仏教教団は、高野山真言宗の 45.5%（1,613 ヶ寺）、曹洞宗の 42.1%（5,922 ヶ寺）、真言宗智山派の 38.9%（1,053 ヶ寺）、天台宗の 35.8%（1,062 ヶ寺）である［石井 2015］。

　この推計からほどなくして、鵜飼秀徳著『寺院消滅』（日経 BP 社、2015 年）が刊行された［鵜飼 2015］。そこでは、消滅あるいは消滅しつつある寺院の実態と地域社会の現状が紹介され、社会的に大きな反響を呼んだ。ビジネス系雑誌では寺院関連の特集がしばしば組まれ、橋本英樹著『お坊さんが明かすあなたの町からお寺が消える理由』（洋泉社、2016）のように、僧侶自身によ

る寺院の事例紹介もなされた［橋本 2016］。しかしながら、一連の結果は個別事例の集積にすぎない。わずかな例外が櫻井義秀・川又俊則編著『人口減少社会と寺院——ソーシャル・キャピタルの視座から』（法藏館、2016）だが、これも日蓮宗・浄土真宗本願寺派・曹洞宗について各 1 章があてられ、紙幅制限から、教団の関心事となるところに焦点が当てられるにとどまった［櫻井・川又 2016］。

　消滅可能性都市と限界宗教法人の問題は、仏教教団にも大きなインパクトをもって受け止められた。高野山真言宗や曹洞宗のように、教団の傘下にある寺院の半数近くが消滅する可能性を有するという試算は、廃寺や統廃合といった寺院消滅という現象が、もはや過疎地域に立地する一部の寺院に特有の問題ではないことを意味するからだ。これから予見される寺院の大幅な減少という問題は、教団にとって布教・教化の最前線において、包括関係を結んで賦課金を納める対象の喪失を意味し、教団運営ひいては教団の存続をも左右する。だからこそ、これに関連する調査報告書の刊行やシンポジウムの開催などが教団単位で相次いでいるのだろう。

　しかし、こうした問題を考えるためには、個々の事例紹介に終始するのではなく、全寺院を対象とした悉皆調査に基づく統計により得られた正確かつ客観的なデータに基づいて分析することが必須である。そこで有用な資料となるのが宗勢調査である。

なぜ宗勢調査が有用なのか——問題の所在

　2015 年 6 月、曹洞宗では第 6 回目となる「宗勢総合調査」（以下、本調査）が実施された。本調査は日本で最大数の寺院を擁する曹洞宗が教団の実態を的確に捉え、教化推進、すなわち人材養成、寺院振興、大衆教化を実施していくための基礎資料を策定するため、質問紙調査法に基づいて当該教団と包括関係にある全寺院（非宗教法人の寺院を含む）や全住職らを対象として、10 年ごとに実施される教団の基幹調査である。こうした調査は 2015 年までに、

曹洞宗のほかに、浄土真宗本願寺派、真宗大谷派、浄土宗、日蓮宗、臨済宗妙心寺派、真言宗智山派、真言宗豊山派など、寺院数の多い教団においても「教勢調査」「宗勢基本調査」などの名称を冠して複数回にわたり実施されている（以下、宗勢調査。**表1**参照）。

表1　戦後に宗勢調査を実施した教団一覧

	曹洞宗	浄土真宗本願寺派	真宗大谷派	浄土宗	日蓮宗	臨済宗妙心寺派	真言宗智山派	真言宗豊山派
第 1 回	1965 年 [*1]	1959 年	[*2]	1962 年	1972 年	1984 年	1975 年	1977 年
第 2 回	1975 年	1964 年	1960 年	1967 年	1976 年	——	1980 年	——
第 3 回	1985 年	1970 年	1970 年	1977 年	1980 年	——	1985 年	
第 4 回	1995 年	1976 年	1980 年	1987 年	1984 年	——	1990 年	
第 5 回	2005 年	1983 年 [*3]	1990 年	1997 年	1988 年	——	1995 年	
第 6 回	2015 年	1989 年 [*3]	2000 年	2007 年	1992 年	——	2000 年	
第 7 回	——	1996 年	2012 年		1996 年	——	2005 年	
第 8 回		2003 年			2004 年	——	2010 年	
第 9 回		2009 年			2012 年	——	2015 年	
第 10 回		2015 年						

［石井 1988］および筆者自身が曹洞宗宗勢総合調査委員会実務主任として携わるなかで収集した資料をもとに作成。
* 1　これに先行して 1936 年、1955 年に寺院の実態調査が行なわれているが、1965 年の調査を「宗門で初めての組織的な総合調査」［佐々木 2008］としているところから、これを第 1 回目とした。
* 2　第 1 回は戦前の 1921 年に実施。
* 3　悉皆調査ではなくサンプル調査。

　宗勢調査の歴史は古く真宗大谷派が 1921 年に実施した調査に遡る。しかし、宗勢調査が定期的かつ継続的に実施されるようになるのは、戦後 1950 年代に入ってからである。戦災によって寺院は伽藍の焼失、檀信徒（檀家）の離散、農地解放にともなう寺院収入の減少など、宗教活動を続けていくうえで、大きな衝撃を受けることとなった。これに引き続く高度経済成長期以降は、地域社会の過疎化にともない檀信徒が減少する寺院が増加する一方で、地方から都市へと移り住み菩提寺との関係が疎遠となったいわゆる「宗教浮

動人口」［藤井 1974］の受け皿となった寺院との間に法人収入の格差が拡大した。また新宗教教団も都市部で宗教浮動人口の多くを獲得し、信者数を伸ばすなかで、各仏教教団は教団運営をめぐり危機感を募らせ、社会情勢の変化に即応した布教教化のあり方、教団や寺院の維持・発展、寺院構成員の養成といった教団の施策を策定するため、宗勢調査に踏み切ることとなった［石井 1988］。

表2　宗勢調査項目リスト

報告書で扱われた項目	曹洞宗	浄土真宗本願寺派	日蓮宗	真言宗智山派
寺院	◯	◯	◯	◯
住職・教師	◯	◯	◯	◯
寺族・坊守・寺庭婦人	◯	◯	◯	◯
後継者	◯	◯	◯	◯
布教・教化活動	◯	◯	◯	◯
檀信徒・門信徒	◯	◯	◯	◯
経済・収入	◯	◯	◯	◯
宗門・本山	◯	◯	◯	◯
年中行事	◯	◯	◯	◯
広報・宣伝	◯	◯		◯
葬儀	◯	◯	◯	
墓地・納骨堂	◯	◯	◯	
年回法要・法事	◯		◯	
施設	◯	◯		
地域社会	◯		◯	

［川又 2016］を一部改変し転載。本表の調査項目は、曹洞宗が2005年、浄土真宗本願寺派が2009年、日蓮宗が2012年、真言宗智山派は2010年に実施した宗勢調査に基づく。
＊網掛けは各教団に共通して設けられた項目を意味する。

　かくして各仏教教団で実施される宗勢調査の調査項目は、寺院、住職、寺族（寺院に居住する住職の家族など）、後継者、布教・教化、檀信徒、経済、寺院行事、葬祭など、多岐にわたり［川又 2016］、本調査と重なるところが多い（**表2**参照）。これらは各教団が掲げる宗勢調査の実施目的に鑑み、問題意識

をもって関心を寄せているテーマである。つまり宗勢調査は「教団の姿見であって、（中略）そうした鏡を通して教団みずからその時々の実勢をかえりみる必要性を認めている」のである［小川 2005］。

戦後 1950 年代における当初の宗勢調査の学術的評価は、決して高いものではなかった。かつて宗教社会学者の森岡清美は宗教現象の実態研究の目的を、①科学的目的（研究者が行なう科学の進歩発展に貢献するための調査）、②実践的目的（各教団が自己の再編成の方策を現状認識に基づいて実施する調査）、③サービス的目的（民間の団体や役所などが研究者の協力や教団の賛助を得て、一般社会にとって有益となるために実施する調査）に類別した。

この分類によるなら、宗勢調査は②実践的目的に該当する。森岡はこの②実践的目的について、次のように論じている。

> この種の調査の成功度は、実践のためにいかほど有用な資料を提供したかによって決せられる。しかし科学的な手順による調査であるからには、その成果は研究資料としても利用することができるし、さらに研究の水準を高めるような価値の高い業績を生み出す可能性もないわけではない。ただ現状では、調査方法にじゅうぶんな検討が足らず、また成果を急ぎすぎるために、調査研究の名に値するものが少ないことは遺憾である［森岡 1960］。

こうした評価に変化がでてくるのは、1960 年代に入ってからである。宗教学者の柳川啓一は浄土真宗本願寺派、真宗大谷派などの宗勢調査を例にとり、「大統模な、科学的操作による数量化は争うことのできない真実性をもつ」とした［柳川 1966］。だが、その後、宗勢調査に基づいた宗教研究は活況を呈することはなかった。調査の性格上、第一読者となるのは住職や副住職ら教団関係者である。そのため、公開性は限定的で閲覧できるのが宗教専門紙誌を扱うメディアや一部研究者にかぎられ、一般に広く流通していないということを、その要因の一つにあげることができるだろう。また、調査項目が研究者個人の研究関心とマッチしない、あるいは調査が統計的な方法に則

り、科学的な客観データとして提示されていたとしても、調査そのものの目的が教線の維持・発展という教団運営にあるかぎり、学術研究の俎上に載せることが難しいといった先入観をもつものの存在も考えうる。

だが、人口減少社会に突入した 2010 年代、宗勢調査は各教団の実勢を捉えていくうえで貴重な統計データとして注目され、宗教研究（主として宗教社会学）の題材として利用されはじめたのだ［櫻井・川又 2016、相澤 2016］。筆者自身も宗勢調査の数量データを宗教研究の素材として積極的に活用すべきであると考える。宗勢調査の多くは、包括関係にある寺院と住職らを対象とする悉皆調査であり、一個人の研究者には収集することのできない膨大な数量データが蓄積され、先に述べたように、調査項目は多岐にわたる。

むろん、調査項目には、宗務行政の観点から組み入れられたと判断されるものもあり、宗教研究の題材として用いることが難しい項目もある。とはいえ、宗教研究においては、これら教団や寺院の全容にかかわる基礎的な情報に着目し、これを統計的分析によって客観的かつ効率的に記述することができる。単純集計に基づけば、寺院や住職らの属性、意識や行動の全般的な傾向を客観的・効率的に捉えられるし、クロス集計によれば、地域別の寺院の区分、性別や年代による住職らの意識や行動といった差異も浮き彫りにすることが可能である。さらには住職や寺族らの意識を因子分析によって解析することで、関連の強い質問項目をグルーピングし、一連のグループがどのような質問項目の内容のまとまりになっているのかを検討したうえで、それぞれのグループ（因子）の違いを明らかにすることもできる。

宗勢調査には数量データのほかに、調査項目で限定された内容では把捉することができない寺院の状況や教団への意見などが書き込まれた質的データ（自由記述）も存在する。これもまた数量データと同様に、寺院の実態を捉えるうえで貴重な情報源となる［酒井・冬月 2017］。

さらに各仏教教団では、檀信徒や門信徒、過疎地域に立地する寺院について質問紙調査やフィールドワークを実施し、宗勢調査から導き出された教化

上の課題、あるいは宗勢調査では捉えることができない実態を、その補完としているものが少なくない（曹洞宗、日蓮宗、浄土真宗本願寺派など）。

　かくして宗勢調査および関連調査は、宗教集団の社会的特性を明らかにしていくにあたって有益なデータであり、これを死蔵させることがあってはなるまい。2015年に実施された本調査は、それまでの実績を踏まえつつ、質問項目の修正・追加が行なわれ、現状分析に最適な数量データ・質的データが収集されている。曹洞宗が日本で最大数の寺院を有する以上、本調査および先行調査を手掛かりとして、その実態をつかむことは、仏教寺院の現状を明らかにしていくうえで、不可欠な視点である。2017年刊行の『曹洞宗宗勢総合調査報告書 2015年（平成27）』は、本調査の単純集計結果が分析軸となっているが、本書ではクロス集計を中心とする統計的手法を用い、先行調査や関連調査（「曹洞宗檀信徒意識調査 2012年（平成24）」）のほか、学術調査やフィールドワーク、他教団の宗勢調査などとの結果も加味し、多角的な観点から人口減少社会における仏教寺院の実態を浮き彫りにしつつ、今後を展望してみたい。

本書の構成と内容

　最後に、本書の構成と内容を紹介しておこう。本書は5部10章構成である。第Ⅰ部「寺院の概況」は、本書を読み進めていくにあたり、人口減少社会を先駆ける過疎地域における寺院の基礎的な情報（第1章・第2章）を確認したのち、過疎地域で加速する寺院の兼務化、無住化の実態を扱う。第Ⅱ部「寺院と檀信徒」では、Ⅰ部を受けて人口減少社会における寺院とこれを支える檀信徒との関係、すなわち寺檀関係をテーマとし、とくに両者をつなぐ重要な役割を果たしてきた葬送（第4章）、墓制（第5章）の実態とその将来について論じる。第Ⅲ部は「寺院運営の現状」と題し、寺院の継続的な宗教活動を左右する教化活動（第6章）、経済事情（第7章）、寺院後継者（第8章）を扱う。第Ⅲ部までは寺院の活動や住職の行動に関する数量的・質的データ

に基づく分析であるが、転じて第Ⅳ部では「住職・住職配偶者の意識」を
テーマとし、寺院の護持に関するそれぞれの意識のありようを探る。つづく
第Ⅴ部「地域社会と寺院」では、地域社会における神社と寺院の実態を比較
しつつ、人口減少社会において今後増加すると見込まれる「不活動法人」の
現況を報告する。

　本書の執筆メンバーの研究領域はさまざまだが、じつは 2015 年に実施さ
れた曹洞宗宗勢総合調査の委員会を構成した面々で本書はなっている。本書
のような構成をとる場合、各執筆者の関心に基づく独立した論文で紙面が構
成されることがほとんどだが、本書においては、人口減少社会における寺院
の現状と今後について、執筆者一同、関心が一致している。したがって、本
書は各章の各説が有機的に関連する内容となっているのが特徴である。読者
諸賢におかれては、ぜひ「はじめに」から「むすびにかえて」までを順次、
読み進めていただき、大方のご叱正を賜りたいというのが編者の願いである。

　註
　1) 宗勢調査が宗教研究に利用された数少ない例として、石井研士「教団の行
　　う宗教調査の展開と現状」『宗教年鑑 昭和 63 年版』（文化庁、1988）、舟橋
　　和夫「仏教寺院の過密・過疎現象——真宗教団における都鄙関係を中心と
　　して」『研究紀要』4 号（京都女子大学宗教・文化研究所、1991）、口羽益生・
　　舟橋和夫「日本人の宗教意識と社会的実践——特に浄土真宗の門信徒を中
　　心に」『仁愛大学研究紀要』2 号（仁愛大学、2004）、三浦節夫「既成仏教
　　教団の構造——真宗大谷派の教勢調査に基づいて」『宗教研究』80 巻 3 号
　　（日本宗教学会、2006）があげられる。
　2) ［櫻井・川又 2016］では、浄土真宗本願寺派、日蓮宗、曹洞宗の宗勢調査
　　に基づく分析が 3 章にわたって収録されている。浄土真宗本願寺派は那須
　　公昭「信頼は醸成されるか——浄土真宗本願寺派」、日蓮宗は灘上智生・
　　岩田親靜・池浦英晃・原一彰「宗勢調査に見る現状と課題」、曹洞宗は
　　［相澤 2016］。

参考文献一覧

相澤秀生　2016「過疎地域における供養と菩提寺――曹洞宗」櫻井義秀・川又
　　俊則編『人口減少社会と寺院――ソーシャル・キャピタルの視座から』法藏館。

相澤秀生　2017「はじめに」曹洞宗宗勢総合調査委員会編『曹洞宗宗勢総合調
　　査 2015 年（平成 27）』曹洞宗宗務庁。

石井研士　1988「教団の行う宗教調査の展開と現状」『宗教年鑑 昭和 62 年版』
　　文化庁。

石井研士　2015「宗教法人と地方の人口減少」『宗務時報』120 号、文化庁。

鵜飼秀徳　2015『寺院消滅――失われる「地方」と「宗教」』日経 BP 社。

小川順敬　2005「寺院の社会学的研究に関する覚え書き」『宗教学論集』24 輯、
　　駒沢宗教学研究会。

川又俊則　2016「人口減少時代の教団生存戦略――三重県の伝統仏教とキリス
　　ト教の事例」寺田喜朗・塚田穂高・川又俊則・小島伸之編著『近現代日本
　　の宗教変動――実証的宗教社会学の視座から』ハーベスト社。

酒井克也・冬月律　2017「自由記述からみえてきたもの」曹洞宗宗勢総合調査
　　委員会編『曹洞宗宗勢総合調査 2015 年（平成 27）』曹洞宗宗務庁。

櫻井義秀・川又俊則編　2016『人口減少社会と寺院――ソーシャル・キャピタ
　　ルの視座から』法藏館。

佐々木宏幹　2008「はじめに――宗勢総合調査実施の経緯と本報告書の特色」
　　曹洞宗宗務庁編『曹洞宗宗勢総合調査報告書 平成 17（2005）年』曹洞宗
　　宗務庁。

橋本英樹　2016『お坊さんが明かす　あなたの町からお寺が消える理由』洋泉社。

藤井正雄　1974『現代人の信仰構造――宗教浮動人口の行動と思想』（日本人
　　の行動と思想〈32〉）評論社。

森岡清美　1960「宗教調査の目的と方法」文部省調査局宗務課編『戦後におけ
　　る宗教調査の実状』文部省調査局宗務課。

柳川啓一　1966「最近の宗教調査における宗教と社会変動の問題」文部省調査
　　局宗務課編『宗務時報』10 号、文部省調査局宗務課。

付記　本稿は相澤秀生「過疎地域における曹洞宗寺院の現状――曹洞宗宗勢総
　　合調査 2015 年に基づいて」（『跡見学園女子大学文学部紀要』53 号、2018 年）
　　の一節を大幅に増補したものである。

目　　次

第Ⅰ部　寺院の概況

第Ⅲ部　寺院運営の現状

凡　例

◆略　称

本文中で多数引用する調査、報告書などについては、次のように略記する。

（1）調査

「国勢 2015」＝国勢調査 2015 年実施。

「宗勢○○○○」＝曹洞宗宗勢総合調査。○○○○は実施年（西暦）。

「檀信徒 2012」＝曹洞宗檀信徒意識調査 2012 年実施。

（2）報告書

『宗勢 2005 報告書』＝曹洞宗宗務庁編『曹洞宗宗勢総合調査報告書　平成 17（2005）年』（曹洞宗宗務庁、2008 年）。

『檀信徒意識調査 2012 報告書』＝曹洞宗宗勢総合調査委員会編『曹洞宗檀信徒意識調査報告書　2012 年（平成 24）』（曹洞宗宗務庁、2014 年）。

『宗勢 2015 報告書』＝曹洞宗宗勢総合調査委員会編『曹洞宗宗勢総合調査報告書　2015 年（平成 27）』（曹洞宗宗務庁、2017 年）。

◆集　計

（1）割合（％）の表記は、原則として小数点第 2 位を四捨五入し、小数点第 1 位までとした。したがって、合計値が 100％にならない場合がある。

（2）複数回答については、回答の合計値が基数を上回り、割合の合計値が 100％を超える場合がある。

（3）本文中で選択肢の合計を割合で示す場合、回答数の合計を基数で除法して算出したため、図表中の割合の合計と異なる場合がある。

（4）統計的分析（平均・標準偏差・クロス集計など）については、無回答を除いて統計処理したため、各集計で基数が異なる。

（5）都道府県別にクロス集計を行なった場合、鹿児島県と沖縄県については原則的に合算した。

◆用　語

過疎地域・過疎地寺院

「過疎地域」とは、2014 年 4 月 5 日時点で「過疎地域自立促進特別措置法」

（以下、過疎法）の適用を受けた自治体、またはその区域を指す。過疎法によれば、「過疎地域」は「人口の著しい減少に伴って地域社会における活力が低下し、生産機能及び生活環境の整備等が他の地域に比較して低位にある地域」であり、①人口要件（人口減少率、65歳以上の人口比率、15〜29歳の人口比率）と②財政力要件に該当する自治体が適用を受けることとなっている。本書では、上記にしたがい、当該地域に立地する寺院を過疎地寺院、それ以外の地域に立地する寺院を非過疎地寺院と呼称することとする。

檀信徒

曹洞宗がその理念に掲げる「曹洞宗宗憲」によれば、曹洞宗の宗旨は「仏祖単伝の正法に遵い、只管打坐、即心是仏を承当すること」（第3条）である。そのうえで、檀徒と信徒を次のように規定する。

檀徒 本宗の宗旨を信奉し、寺院に属し、その寺院の住職の教化に依遵するほか、本宗及び当該寺院の護持の任に当たる者で、当該寺院の檀徒名簿に登録されたものを「檀徒」という。（第33条）

信徒 寺院の檀徒以外の者で、寺院又は住職に帰依し、その寺院に対し護持の任を尽くし、当該寺院の信教徒名簿に登録されたものを「信徒」という。（第34条）

したがって、檀信徒とは、理念的にいえば、これら檀徒と信徒を総称する概念であり、曹洞宗あるいは寺院や住職に「信仰」を寄せる個人をいう。もちろん、「宗旨」に対する信仰に篤い檀信徒もいるだろう。しかし「檀信徒2012」の結果によれば、宗旨というよりは、むしろ供養という宗教実践によって菩提寺と結びついている檀信徒がほとんどである。「宗勢2015」の回答者はそうした実態に基づいて、檀信徒に関する設問（「宗勢2015」の問35・問36・問37・問39など）に回答したものと思われるが、判断そのものは回答者自身に委ねられているため、推論の域を出ないことをお断りしなければならない。

地 方

地方は、一部例外を除き、次の10区分からなる。①北海道（北海道）、②東北（青森県、岩手県、宮城県、秋田県、山形県、福島県）、③関東（茨城県、栃木県、群馬県、埼玉県、千葉県、東京都、神奈川県）、④甲信越（山梨県、長野県、新潟県）、⑤北陸（富山県、石川県、福井県）、⑥東海（岐阜県、静岡県、愛知県、三重県）、⑦

近畿（滋賀県、京都府、大阪府、兵庫県、奈良県、和歌山県）、⑧中国（鳥取県、島根県、岡山県、広島県、山口県）、⑨四国（徳島県、香川県、愛媛県、高知県）、⑩九州・沖縄（福岡県、佐賀県、長崎県、熊本県、大分県、宮崎県、鹿児島県、沖縄県）。

年齢層

　年齢層は生産年齢人口を参考とし、次のように区分した。青年期（16～29歳）、成人期（30歳～64歳）、高齢期（65歳～）。また成人期については、前期（30歳～44歳）・中期（45歳～54歳）・後期（55歳～64歳）の3区分、高齢期については前期（65歳～74歳）・後期（75歳～）の2区分とする場合がある。

岐路に立つ仏教寺院
曹洞宗宗勢総合調査 2015 年を中心に

寺院の概況

【第1章】

宗派間比較からみた過疎地寺院

相澤　秀生

はじめに

　これまで日本社会において、寺院は法要の開催によって地域社会の人びとを教化するとともに、人と人とのつながりを育んできた。さらに、檀信徒の葬儀や法事を通して、先祖や死者の供養という宗教文化を継承していく結節点として、重要な役割を果たしてきたことも周知のところだろう。

　しかし人口減少社会に突入し、多くの寺院は近い将来、淘汰されていくことが予測されている［石井 2015、鵜飼 2015］。いうまでもなく、日本に存在する約8万ヶ寺の寺院の多くは、死者や先祖の供養を紐帯として血縁的共同体である「イエ」と密接な関係を築いてきた。いわゆる「檀家制度」に立脚した寺檀関係であり、日本で行なわれる葬儀の約9割が仏式ともいわれる。それだけに、檀信徒の減少と高齢化は、地域社会に暮らす人びとの減少と高齢化とパラレルに進展するのであり［相澤 2008］、これにともなって寺院の法人収入の減少や宗教活動の停滞化といった問題が引き起こる。その結果として、寺院の兼務や無住化、統廃合が増加するという構図は、必然のシナリオであるといってよい。

　このシナリオは廃寺という事象をもって幕を閉じるわけではない。さらに続きがある。教団運営という立場からみれば、廃寺は教化の最前線で仏教教団の根幹を支える対象の消失に直結し、教団運営を根底から揺さぶることとなる。とくに少子高齢化が深刻な過疎地域に多くの寺院を抱える仏教教団に

とっては、教団そのものの存亡にかかわる深刻な問題なのである［相澤 2016］。

　少子高齢社会を先駆ける過疎地域に立地する寺院の存続が危ぶまれるなか
で、関心を注いでいるのは仏教教団だけにはとどまらない。近年では、宗教
社会学の分野においても、過疎地寺院の実態について注目が集まっており、
研究が徐々に蓄積されている。しかし研究は緒についたばかりで、管見のか
ぎりにおいて、過疎地寺院の実態研究は各教団の域を出ていない[1]。

　そこで本章では、仏教教団のなかでも、とくに寺院数の多い 5 教団（5 派）
に焦点を絞り、教団横断的な比較の観点から、曹洞宗を中心に分析を進める
ものとする。過疎地域における寺院の実態を仏教界全体が直面する社会的問
題として捉え、その特色を俯瞰する視点に立つとき、特定教団の分析だけで
は見出すことのできない新たな発見があるだろう。本章では、後続の章を読
み解いていく際の導入となる予備的考察を行なうものとする。

1.　寺院の分布と地域の特徴

　各教団の寺院は全国各地に均一に分布しているわけではない。実態として
は、ある地域に一定の偏りをみせながらモザイク状に全国に点在している。
そこで、まず 5 派の寺院の全国的な分布を地方ごとに確認しておくこととし
よう[2]。

　表 1 は 5 派別に地方ごとの寺院数と各地方の人口・世帯数などをまとめた
ものである（各地方で寺院の割合がもっとも高い宗派のセルには網掛けを施した）。こ
れによると、全国寺院 78,596 ヶ寺のうち、もっとも高い割合を示したのが
曹洞宗の 18.6％で、全国寺院の 2 割弱を占める。次に割合が高いのは浄土
真宗本願寺派の 13.3％である。両者の差は 5.3 ポイントであるが、寺院数
では 4,131 ヶ寺もの開きがみられる。この開きは、日蓮宗の総寺院数
4,994 ヶ寺にせまる数値であるから、曹洞宗の寺院数は 4 派を抜きんでてい
るといってよいだろう。曹洞宗から日蓮宗までの 5 派を合算すると 58.6％

表1　5派の寺院分布と人口・世帯数

地方 (ヶ寺)	曹洞宗 (ヶ寺・%)	浄土真宗本願寺派 (ヶ寺・%)	真宗大谷派 (ヶ寺・%)	浄土宗 (ヶ寺・%)	日蓮宗 (ヶ寺・%)	人口 (人)	世帯 (戸)	1世帯あたりの人員 (人)	10万人あたりの寺院数 (ヶ寺)
北海道 (2,396)	462 (19.3)	350 (14.6)	474 (19.8)	144 (6.0)	231 (9.6)	5,441,079	2,713,725	2.01	44.0
東北 (5,778)	2,503 (43.3)	151 (2.6)	420 (7.3)	532 (9.2)	263 (4.6)	9,162,882	3,623,465	2.53	63.1
関東 (13,693)	2,357 (17.2)	366 (2.7)	350 (2.6)	1,243 (9.1)	1,541 (11.3)	41,961,319	18,957,991	2.21	32.6
甲信越 (6,006)	1,925 (32.1)	426 (7.1)	932 (15.5)	407 (6.8)	601 (10.0)	5,321,084	2,047,396	2.60	112.9
北陸 (4,899)	660 (13.5)	1,112 (22.7)	1,670 (34.1)	209 (4.3)	191 (3.9)	3,028,707	1,137,488	2.66	161.8
東海 (12,271)	3,067 (25.0)	582 (4.7)	2,116 (17.2)	1,123 (9.2)	600 (4.9)	14,903,140	6,009,282	2.48	82.3
近畿 (16,447)	1,283 (7.8)	3,150 (19.2)	1,793 (10.9)	2,327 (14.1)	647 (3.9)	20,570,062	9,121,843	2.26	80.0
中国 (6,571)	1,157 (17.6)	1,987 (30.2)	162 (2.5)	411 (6.3)	377 (5.7)	7,482,371	3,217,723	2.33	87.8
四国 (2,978)	226 (7.6)	307 (10.3)	116 (3.9)	122 (4.1)	79 (2.7)	3,957,914	1,739,488	2.28	75.2
九州 (7,502)	963 (12.8)	2,030 (27.1)	826 (11.0)	601 (8.0)	463 (6.2)	13,167,934	5,787,555	2.28	57.0
沖縄 (55)	0 (0.0)	11 (20.0)	1 (1.8)	4 (7.3)	1 (1.8)	1,438,472	596,152	2.41	3.8
全国 (78,596)	14,603 (18.6)	10,472 (13.3)	8,860 (11.3)	7,123 (9.1)	4,994 (6.4)	126,434,964	54,952,108	2.30	62.2

＊寺院数は『日本寺院総鑑データ CD（2014年度版）』（協栄プランニング）をもとに作成（以下、『日本寺院総鑑』）。『日本寺院総鑑』は2000年を基点に、文化庁の『宗教年鑑』、都道府県の『宗教法人名簿』、各宗派の『寺院名簿』を参照し、全国寺院（非宗教法人を一部含む）の名称とその宗派名、所在地・住所、郵便番号などの情報を網羅的に収集・公開している。したがって、新宗教の仏教教団の寺院も、これには含まれている。なお、『日本寺院総鑑』には、『日本寺院名簿』に記載のある寺院などを掲載するため、非宗教法人の寺院などの寺院数も掲載されているため、『宗教年鑑』に記載の寺院数（宗教法人）とは、若干寺数が異なる。人口・世帯数は、2014年の住民基本台帳をもとにした。（以下の分析については、これに準じる）。

となり、この 5 派で日本の総寺院の 6 割弱を占め過半数に到達する。

　次に地方別に寺院数の割合を確認してみよう。表 1 によると、曹洞宗は真宗大谷派の割合がもっとも高い北陸を除き、東海以東の東日本の 4 地方で高い割合を示し、北海道では真宗大谷派に次いで寺院の割合が高くなっている。これに対し、浄土真宗本願寺派は、近畿以西の各地方でおおむね高い割合となった。ごく平板化していえば、寺院数の面では東の曹洞宗、西の浄土真宗本願寺派ということになる。

　続いて、人口と寺院数の観点から各地方の概況をつかんでみよう。寺院数がもっとも多いのが近畿の 16,447ヶ寺で、関東の 13,693ヶ寺がこれに次ぐ。人口 10 万人あたりに換算し、それぞれの寺院数をみた場合、近畿は 80.0ヶ寺であるのに対し、関東は 32.6ヶ寺となる。全国平均の 62.2ヶ寺を基準にすると、近畿では人口に対して寺院が多いのに対し、関東では寺院が少ない状態にあるといえる。その点で、もっとも寺院が少ないのは沖縄（3.8ヶ寺）である。

　人口 10 万人あたりの寺院数がもっとも多いのが北陸（161.8ヶ寺）で、以下、甲信越（112.9ヶ寺）・中国（87.8ヶ寺）・東海（82.3ヶ寺）・近畿（80.0ヶ寺）・四国（75.2ヶ寺）と続く。これらの 6 地方については、人口に対して寺院の密度が高い（寺院の過密）地域といえるが、なかでもとくに甲信越・中国・四国は全国で過疎化が著しい地方であることを考えると、[3] 他の地方よりも長足に寺院の再編が進むことが予測される。

　いや、むしろ寺院の再編は既に始まっているのだろう。「宗勢 2005」によると、兼務寺院（他寺院の住職が当該寺院の代表役員を兼任し、寺院運営や宗教活動にあたる）の全国平均は 19.5％だが、これを上回るのが近畿（26.1％）・東海（24.4％）・北陸（23.3％）・甲信越（20.8％）・中国（19.8％）である。[4] 寺院の過密地域において、寺院の兼務化が進行しているようであり、寺院再編が加速しているものとみられる。

　これに対し、全国でもっとも過疎化が著しいといえる北海道は、人口 10

万人あたりの寺院数が 44.0 ヶ寺で、全国平均 62.2 ヶ寺を下回る。しかし 11 地方中で 1 世帯あたりの人員は 2.01 人で最下位となっており、今後も引き続き過疎化が進むとすれば、人口 10 万人あたりの寺院数は確実に上昇する。寺院の再編は避けられない局面を迎えているといってよいだろう。

2. 5 派の寺院立地

　さらに詳しく 5 派の寺院が立地する社会的環境を確認することとしよう。**表 2** は 5 派の寺院が展開する市区町村の人口と世帯数をあわせて示したものである（1 自治体あたりの人口、および 1 自治体あたりの世帯数について、沖縄を除き、各地方でもっとも数値の低い宗派のセルには網掛けを施した）。これによると、全国の市区町村にもっとも多く展開しているのが曹洞宗である。全国市区町村 1,741 団体のうち、じつに 8 割弱（76.9%）にあたる 1,338 団体に教線を広げているということになる。次に多く展開している浄土真宗本願寺派の場合、その割合は 6 割強（62.0%）で、1,080 団体となっているから、曹洞宗寺院の自治体カバー率はとくに高く、曹洞宗は寺院の全国的な展開の面においても 4 派の上をいっている。

　しかし問題は、曹洞宗寺院が根ざしている地域の現状である。人口面をみよう。曹洞宗寺院が立地する 1 自治体あたりの人口は 86,133.2 人で、5 派中でもっとも人口が少ない。次に人口の少ない浄土真宗本願寺派は 98,001.5 人で、その差は 11,868.3 人である。もっとも人口の多い日蓮宗は 109,589.9 人で、これを曹洞宗と比較すると、その差は 23,456.7 人にまで拡大する。曹洞宗は 5 派のなかでも、1 自治体あたりの人口がきわめて低位にあるといえる。

　これをさらに地方別にみよう。曹洞宗が立地する 1 自治体あたりの人口は、10 地方中 5 地方（沖縄を除く）で最下位となっており、とりわけ東北では浄土真宗本願寺派の半分にも満たない人口の地域に立地している。世帯数の面

表 2　5 派の寺院立地

地　方		曹洞宗	浄土真宗本願寺派	真宗大谷派	浄土宗	日蓮宗
北海道	立地自治体	165	158	168	68	118
	人口（人）	5,373,160	5,343,403	5,395,544	4,393,334	5,124,684
	1自治体あたりの人口（人）	32,564.6	33,819.0	32,116.3	64,607.9	43,429.5
	世帯（戸）	2,684,435	2,668,572	2,692,711	2,228,162	2,571,699
	1自治体あたりの世帯（戸）	16,269	16,890	16,028	32,767	21,794
	1世帯あたりの人員（人）	2.00	2.00	2.00	1.97	1.99
東　北	立地自治体	215	67	107	128	111
	人口（人）	9,078,804	5,763,380	7,142,836	7,695,326	7,459,191
	1自治体あたりの人口（人）	42,227.0	86,020.6	66,755.5	60,119.7	67,199.9
	世帯（戸）	3,591,735	2,329,006	2,884,992	3,086,862	3,006,577
	1自治体あたりの世帯（戸）	16,706	34,761	26,963	24,116	27,086
	1世帯あたりの人員（人）	2.53	2.47	2.48	2.49	2.48
関　東	立地自治体	274	131	117	200	220
	人口（人）	39,614,048	31,964,027	29,756,964	35,855,346	38,162,441
	1自治体あたりの人口（人）	144,576.8	244,000.2	254,333.0	179,276.7	173,465.6
	世帯（戸）	17,932,240	14,752,491	13,778,356	16,338,093	17,364,344
	1自治体あたりの世帯（戸）	65,446	112,614	117,764	81,690	78,929
	1世帯あたりの人員（人）	2.21	2.17	2.16	2.19	2.20
甲信越	立地自治体	113	47	51	69	64
	人口（人）	5,145,174	3,955,833	4,186,965	4,674,578	4,604,310
	1自治体あたりの人口（人）	45,532.5	84,166.7	82,097.4	67,747.5	71,942.3
	世帯（戸）	1,979,837	1,526,616	1,611,262	1,805,749	1,790,181
	1自治体あたりの世帯（戸）	17,521	32,481	31,593	26,170	27,972
	1世帯あたりの人員（人）	2.60	2.59	2.60	2.59	2.57
北　陸	立地自治体	44	44	50	34	39
	人口（人）	2,756,621	2,854,968	3,025,721	2,649,207	2,725,017
	1自治体あたりの人口（人）	62,650.5	64,885.6	60,514.4	77,917.9	69,872.2
	世帯（戸）	1,041,459	1,069,681	1,136,461	1,002,200	1,028,921
	1自治体あたりの世帯（戸）	23,670	24,311	22,729	29,476	26,383
	1世帯あたりの人員（人）	2.65	2.67	2.66	2.64	2.65
東　海	立地自治体	145	91	118	115	93
	人口（人）	14,636,281	11,190,497	13,626,619	13,492,124	12,564,865
	1自治体あたりの人口（人）	100,939.9	122,972.5	115,479.8	117,322.8	135,106.1
	世帯（戸）	5,912,131	4,568,905	5,494,476	5,467,518	5,106,439
	1自治体あたりの世帯（戸）	40,773	50,208	46,563	47,544	54,908
	1世帯あたりの人員（人）	2.48	2.45	2.48	2.47	2.46
近　畿	立地自治体	124	181	131	154	117
	人口（人）	18,096,712	20,403,183	18,941,270	19,398,057	18,424,054
	1自治体あたりの人口（人）	145,941.2	112,724.8	144,589.8	125,961.4	157,470.5

近畿	世帯 (戸)	8,113,585	9,050,837	8,451,333	8,640,890	8,237,966
	1自治体あたりの世帯 (戸)	65,432	50,005	64,514	56,110	70,410
	1世帯あたりの人員 (人)	2.23	2.25	2.24	2.24	2.24
中国	立地自治体	87	86	43	80	76
	人口 (人)	7,143,963	7,187,060	5,315,593	6,991,109	6,828,827
	1自治体あたりの人口 (人)	82,114.5	83,570.5	123,618.4	87,388.9	89,853.0
	世帯 (戸)	3,075,091	3,106,637	2,281,720	3,018,873	2,941,819
	1自治体あたりの世帯 (戸)	35,346	36,124	53,063	37,736	38,708
	1世帯あたりの人員 (人)	2.32	2.31	2.33	2.32	2.32
四国	立地自治体	41	64	33	38	33
	人口 (人)	2,782,397	3,618,054	2,699,232	2,682,500	2,758,799
	1自治体あたりの人口 (人)	67,863.3	56,532.1	81,794.9	70,592.1	83,600.0
	世帯 (戸)	1,249,857	1,589,110	1,202,129	1,179,249	1,230,228
	1自治体あたりの世帯 (戸)	30,484	24,830	36,428	31,033	37,280
	1世帯あたりの人員 (人)	2.23	2.28	2.25	2.27	2.24
九州	立地自治体	130	202	127	133	131
	人口 (人)	10,619,021	12,698,362	10,246,565	11,211,375	10,946,473
	1自治体あたりの人口 (人)	81,684.8	62,863.2	80,681.6	84,296.1	83,560.9
	世帯 (戸)	4,692,699	5,599,092	4,580,213	4,946,240	4,818,975
	1自治体あたりの世帯 (戸)	36,098	27,718	36,065	37,190	36,786
	1世帯あたりの人員 (人)	2.26	2.27	2.24	2.27	2.27
沖縄	立地自治体	0	9	1	4	1
	人口 (人)	0	862,883	320,012	522,066	320,012
	1自治体あたりの人口 (人)	0.0	95,875.9	320,012.0	130,516.5	320,012.0
	世帯 (戸)	0	364,296	140,814	220,711	140,814
	1自治体あたりの世帯 (戸)	0	40,477	140,814	55,178	140,814
	1世帯あたりの人員 (人)	0.00	2.37	2.27	2.37	2.27
全国	寺院数	14,603	10,472	8,860	7,123	4,994
	立地自治体	1,338	1,080	946	1,023	1,003
	1自治体あたりの寺院 (ヶ寺)	10.9	9.7	9.4	7.0	5.0
	人口 (人)	115,246,181	105,841,650	100,657,321	109,565,022	109,918,673
	1自治体あたりの人口 (人)	86,133.2	98,001.5	106,403.1	107,101.7	109,589.9
	世帯 (戸)	50,273,069	46,625,243	44,254,467	47,934,547	48,237,963
	1自治体あたりの世帯 (戸)	37,573	43,172	46,781	46,857	48,094
	1世帯あたりの人員 (人)	2.29	2.27	2.27	2.29	2.28

についても、人口面と同様の傾向を指摘することができるだろう。

　他方、5 派中で 3 番目に寺院数の多い真宗大谷派については、寺院が立地する市区町村が 946 自治体となっており、寺院の展開数は 5 派中でもっとも

少ない。かくして 5 派の寺院の全国展開を眺望してきた観点から、その特徴を捉えるとすれば、全国への展開力がもっとも大きい曹洞宗は全国網羅型、反対に展開力がもっとも小さい真宗大谷派は地方集約型とでもいえるだろうか。愚考を重ねてさらに分類すれば、浄土真宗本願寺派は全国網羅型、浄土宗・日蓮宗は地方集約型に近いといえる。とくに、5 派中でもっとも寺院の少ない日蓮宗は、人口・世帯数の面で 5 派中もっとも数値が高くなっている点が注目される。

3.　過疎地寺院と 5 派の内訳

　これまで、寺院の全国的な分布と社会的立地環境を概観してきた。以下では、過疎地寺院に対して 5 派の寺院がどれだけの割合を占めているのか、地方ごとにその状況を概観することとしよう。これをまとめたのが **表 3** である（沖縄を除き、各地方で過疎地寺院の割合がもっとも高い宗派のセルには網掛けを施した）。

　表 3 によると、全国寺院 78,596 ヶ寺に占める過疎地寺院の割合は 2 割強（21.8%）で、全国寺院の約 5 ヶ寺に 1 ヶ寺が過疎地域に立地している。当然のことながら、ここでいう寺院には、伝統仏教教団はもちろん、新宗教の仏教教団の寺院も含まれている。したがって、過疎化はひとり伝統仏教教団にとどまらない問題であって、そこに立地するすべての教団にかかわっている。

　過疎地域にもっとも高い割合で立脚しているのが、北海道の寺院である。じつに 7 割弱（66.9%）が過疎地域に立地し、全国平均 21.8% の約 3 倍、2 番目に過疎地寺院の割合が高い中国（45.5%）より 20 ポイント程度高い割合となっている。これに対し、過疎化の進展が緩やかな関東では、過疎地寺院の割合がもっとも低い（5.0%）。関東と同じく、過疎地寺院の割合が約 1 割となっているのが近畿（11.9%）・沖縄（7.3%）で、全国平均の約 2 分の 1 から 3 分の 1 程度である。

　では、過疎地寺院に占める 5 派の内訳はどうなっているだろうか。もっと

も高い割合を示したのが曹洞宗の 25.8％で、過疎地寺院の 3 割弱を曹洞宗寺院が占めている。これに続くのが浄土真宗本願寺派の 16.4％で、曹洞宗と 10 ポイント程度の開きがある。5 派を合算すると 65.6％となり、過疎地寺院の 7 割弱がこの 5 派で占められる形となる。

表 3　過疎地寺院と 5 派の内訳

地　方 （ヶ寺）	過疎地寺院 （ヶ寺・％）	曹洞宗 （ヶ寺・％）	浄土真宗 本願寺派 （ヶ寺・％）	真宗大谷派 （ヶ寺・％）	浄土宗 （ヶ寺・％）	日蓮宗 （ヶ寺・％）
北海道 (2,396)	1,603 (66.9)	347 (21.6)	239 (14.9)	330 (20.6)	105 (6.6)	150 (9.4)
東　北 (5,778)	2,409 (41.7)	1,290 (53.5)	54 (2.2)	180 (7.5)	219 (9.1)	112 (4.6)
関　東 (13,693)	687 (5.0)	146 (21.3)	13 (1.9)	13 (1.9)	51 (7.4)	133 (19.4)
甲信越 (6,006)	1,664 (27.7)	549 (33.0)	90 (5.4)	236 (14.2)	53 (3.2)	256 (15.4)
北　陸 (4,899)	801 (16.4)	94 (11.7)	89 (11.1)	401 (50.1)	23 (2.9)	35 (4.4)
東　海 (12,271)	941 (7.7)	345 (36.7)	56 (6.0)	130 (13.8)	72 (7.7)	23 (2.4)
近　畿 (16,447)	1,958 (11.9)	357 (18.2)	283 (14.5)	42 (2.1)	175 (8.9)	56 (2.9)
中　国 (6,571)	2,988 (45.5)	634 (21.2)	1,049 (35.1)	82 (2.7)	184 (6.2)	142 (4.8)
四　国 (2,978)	1,052 (35.3)	160 (15.2)	96 (9.1)	25 (2.4)	57 (5.4)	19 (1.8)
九　州 (7,502)	2,994 (39.9)	483 (16.1)	827 (27.6)	401 (13.8)	175 (5.8)	142 (4.7)
沖　縄 (55)	4 (7.3)	0 (0.0)	1 (25.0)	0 (0.0)	0 (0.0)	0 (0.0)
全　国 (78,596)	17,101 (21.8)	4,405 (25.8)	2,797 (16.4)	1,840 (10.8)	1,114 (6.5)	1,068 (6.2)

　過疎地寺院に占める 5 派の内訳について、さらに詳しくみよう。曹洞宗は 10 地方中 7 地方（沖縄を除く）で過疎地寺院に占める寺院の割合がもっとも高くなっており、とりわけ東北の過疎地寺院の半数以上（53.5%）は曹洞宗寺院である。一方、浄土真宗本願寺派は、10 地方中 2 地方（沖縄を除く）で過疎地寺院に占める寺院の割合が高くなっているが、曹洞宗との差は歴然というべきで、曹洞宗は他派に先駆けて過疎化の影響が著しい地域に立地しているということができるだろう。

4.　5 派における過疎地寺院の割合

　ただし、寺院の分布は教団によって差異がみられ、その受け止められかたは教団によって異なる。さらに、過疎地寺院間の格差の問題もある。そこで、地方別に 5 派の総寺院に占める過疎地寺院の割合を比較してみることとしよう。これをまとめたのが**表 4** である（沖縄を除き、各地方で過疎地寺院の割合がもっとも高い宗派のセルには網掛けを施した）。

　表 4 によると、5 派のうち、過疎地寺院の割合がもっとも高いのが曹洞宗である。じつに曹洞宗寺院の約 3 ヶ寺に 1 ヶ寺が過疎地寺院であり、地方別にみると、10 地方中 7 地方（沖縄を除く）でもっとも過疎地寺院の割合が高い。次に割合が高いのは浄土真宗本願寺派の 26.7%[6]で、約 4 ヶ寺に 1 ヶ寺が過疎地寺院となっている。

　一方、過疎地寺院の割合がもっとも低いのが浄土宗の 15.6% である。真宗大谷派・日蓮宗はともに 2 割強で、浄土宗に近い割合となっており、全国網羅型の教団が過疎地寺院の割合が高くなっているといえる[7]。

　留意しなければならないのは、寺院の母数、つまり教団の規模である。曹洞宗が抱える過疎地寺院 4 千強は、日蓮宗全体の寺院数に匹敵する数で、その現状をいかに受け止めるかは、教団によって相違がみられる。2015 年までに日蓮宗や浄土真宗本願寺派などでは、過疎地寺院を対象とした実態調査

が教団をあげて行なわれ、寺院を振興するための施策も実施されているが、曹洞宗では教団の議決機関である宗議会において、過疎地寺院問題が議論されるにとどまり、宗勢総合調査や檀信徒意識調査のなかで、付随的に過疎地寺院の問題が取り上げられるだけで、過疎地寺院を対象とした調査自体実施されていない。したがって、その対策は寺院おのおのに任されているのが現状である。

　背景には、もともと教団の規模が大きく、全国各地に数多くの寺院が点在し

表4　地方別にみた5派の過疎地寺院

地　方		曹洞宗	浄土真宗本願寺派	真宗大谷派	浄土宗	日蓮宗
北海道	％（ヶ寺）	75.1 (347)	68.3 (239)	69.6 (330)	72.9 (105)	64.9 (150)
	基数（ヶ寺）	462	350	474	144	231
東　北	％（ヶ寺）	51.5 (1,290)	35.8 (54)	42.9 (180)	41.2 (219)	42.6 (112)
	基数（ヶ寺）	2,503	151	420	532	263
関　東	％（ヶ寺）	6.2 (146)	3.6 (13)	3.7 (13)	4.1 (51)	8.6 (133)
	基数（ヶ寺）	2,357	366	350	1,243	1,541
甲信越	％（ヶ寺）	28.5 (549)	21.1 (90)	25.3 (236)	13.0 (53)	42.6 (256)
	基数（ヶ寺）	1,925	426	932	407	601
北　陸	％（ヶ寺）	14.2 (94)	8.0 (89)	24.0 (401)	11.0 (23)	18.3 (35)
	基数（ヶ寺）	660	1,112	1,670	209	191
東　海	％（ヶ寺）	11.2 (345)	9.6 (56)	6.1 (130)	6.4 (72)	3.8 (23)
	基数（ヶ寺）	3,067	582	2,116	1,123	600
近　畿	％（ヶ寺）	27.8 (357)	9.0 (283)	2.3 (42)	7.5 (175)	8.7 (56)
	基数（ヶ寺）	1,283	3,150	1,793	2,327	647
中　国	％（ヶ寺）	54.8 (634)	52.8 (1,049)	50.6 (82)	44.8 (184)	37.7 (142)
	基数（ヶ寺）	1,157	1,987	162	411	377
四　国	％（ヶ寺）	70.8 (160)	31.3 (96)	21.6 (25)	46.7 (57)	24.1 (19)
	基数（ヶ寺）	226	307	116	122	79
九　州	％（ヶ寺）	50.2 (483)	40.7 (827)	48.5 (401)	29.1 (175)	30.7 (142)
	基数（ヶ寺）	963	2,030	826	601	463
沖　縄	％（ヶ寺）	0.0 (0)	9.1 (1)	0.0 (0)	0.0 (0)	0.0 (0)
	基数（ヶ寺）	0	11	1	4	1
全　国	％（ヶ寺）	30.2 (4,405)	26.7 (2,797)	20.8 (1,840)	15.6 (1,114)	21.4 (1,068)
	基数（ヶ寺）	14,603	10,472	8,860	7,123	4,994

ているということもさることながら、過疎地寺院間での格差も大きく、過疎化にともなう寺院運営の先細りによって生じる寺院解体の可能性の問題を広く全体で共有化できていない現状があるのではないだろうか。「宗勢2005」によれば、北海道管区の過疎地寺院の年間法人収入は771.4万円、近畿管区では209.9万円で、じつに561.5万円もの格差がみられる[相澤2014]。

5. 過疎地寺院間の格差──曹洞宗と浄土宗

　こうした格差の問題は、宗派間との比較からも明らかになる。調査年次や調査方法などは異なるが、曹洞宗の「宗勢2005」と浄土宗の「過疎地域における寺院へのアンケート」（2012年実施）をもとに[浄土宗2014]、過疎地寺院における檀徒数や法人収入の実態を再集計して示すと**図1・図2**のようになる。なお、浄土宗の上記調査では、正住職（特定一寺院の住職）を対象としている。曹洞宗宗勢総合調査もこれにあわせ、本務寺院（住職が特定の寺院の代表役員に就任している場合）に絞り込んで集計した。

　図1によると、檀徒戸数では曹洞宗の過疎地寺院の場合、150戸以下が合算して63.1％となり、過半数を占めるのに対し、浄土宗では55.6％で10ポイント近くの開きがある。

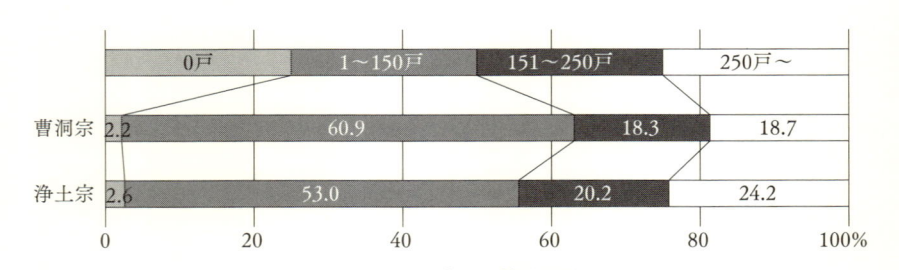

図1　過疎地寺院と檀徒戸数

基数　曹洞宗：2,463ヶ寺、浄土宗：619人

　一方、図 2 によると、法人収入では曹洞宗の過疎地寺院が 7 割弱（69.0%）であるのに対し、浄土宗は 6 割強（63.3%）となっており、法人収入の点でも相対的にみて差異が生じている。[9]

　このような格差が生じるのは、過疎地寺院を取り巻く社会環境が大きく異なっているからだろう。再び『日本寺院総鑑』をもとに、曹洞宗と浄土宗の過疎地寺院の立地を示すと、表 5 のようになる。これによると、浄土宗と比べ、曹洞宗の過疎地寺院が立地する 1 自治体あたりの人口や世帯数は低位にあることが明白だろう。

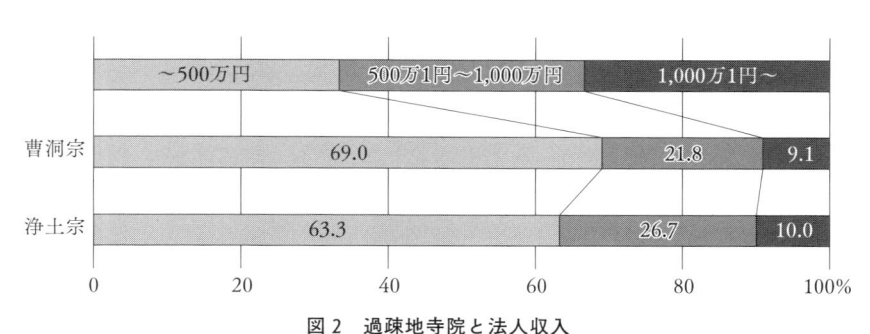

図 2　過疎地寺院と法人収入

基数　曹洞宗：2,439ヶ寺、浄土宗：611 人

表 5　曹洞宗と浄土宗の過疎地寺院

	曹洞宗	浄土宗
過疎地寺院（ヶ寺）	4,405	1,114
立地自治体	566	346
1 自治体あたりの寺院（ヶ寺）	7.8	3.2
人口（人）	22,191,386	15,511,903
1 自治体あたりの人口（人）	39,207.4	44,832.1
世帯（戸）	9,300,343	6,586,251
1 自治体あたりの世帯（戸）	16,432	19,035
1 世帯あたりの人員（人）	2.39	2.36

　これまでみてきた仏教教団においては、30 年以上前から、過疎地域における寺院の存続を危ぶみ、現状を憂う声があがっていた。過疎化にともなう人口減少と少子高齢化は、地域社会の地域の活力を低下させ、同時に寺檀関係の存続にも暗い影を落とした。

　すなわち、檀信徒や法人収入の減少、それにともなう生活苦と寺院後継者の不足、宗教活動の停滞による信仰の希薄化などであり、行きつくところは廃寺という宗教法人の解散だ。各教団が喫緊の課題として過疎地寺院対策をあげるのは、過疎化という社会的に厳しい環境にある地域社会に根ざした寺院が多く、教団運営そのものを左右するからにほかならない。

6.　いかに寺院は維持されてきたのか

　だが、過疎化という先細りを続けてきた地域社会の趨勢にあって、寺院後継者の「不足」が声高に叫ばれてきたにもかかわらず、ここ数十年、おおむね寺院の数は維持されてきたようにみえる。例えば、曹洞宗の「宗勢 1965」における調査対象寺院は 14,786 ヶ寺、「宗勢 2005」の対象寺院は 14,637 ヶ寺である。単純に差し引きすれば 149 ヶ寺の減で、この 40 年で 1 年に 4 ヶ寺弱が減少したということになる。

　ただし調査対象寺院（＝曹洞宗と包括関係にある寺院）には、絶えず変動があることに注意しなければならない。すなわち、その変動のなかには、曹洞宗との包括関係の締結や復帰、あるいは統廃合や廃寺、包括関係の解消という相反する事象が併存しているのであり、これまでを振り返れば、1 年に約 4 ヶ寺のペースで調査対象寺院が減少しているという数値は、教団運営の根本を揺るがせにするほど大きいものではないとみなせる。しかも包括関係を解消したケースでは、現に今も単立の宗教法人として宗教活動を続けている場合もある。

　もっとも、並行して兼務寺院の増加という現象も生じているわけだが、こ

こで押さえておく必要があるのは、いかにして過疎地寺院が維持されてきたのかということだろう。寺檀関係と寺院運営の両面から考えてみたい。

「宗勢 1995」「宗勢 2005」によれば、過疎地寺院 1ヶ寺あたりの平均檀徒戸数は 1995 年時点で 123.0 戸、2005 年時点で 139.9 戸となり、10 年間に約 20 戸弱増加した。[10] 過疎地寺院で檀徒数（戸）が増加しているとしても、1995 年から 2005 年にかけて、人口の流動化と世帯数の増加にともなう世帯構成の変化があり、全国における 1 世帯あたりの構成員数が減少している点も考慮する必要がある。そこで、住民基本台帳に基づく 1 世帯あたりの平均世帯構成員数を檀徒戸数に乗法した結果、次のようになった。すなわち、1995 年は 346.9 人、2005 年は 352.5 人であり、1 世帯あたりの世帯構成員の減少がみられるなかでも、過疎地寺院 1ヶ寺あたりの檀徒数（人）は増加をみたわけである。[11]

ここにみられる檀徒の増加という現象は、おそらく過疎化の進む地域であっても、そこに多くの「昭和一桁世代」（おもに 2005 年時点で 70 歳代前半）や、いわゆる「団塊の世代」（2005 年時点で 50 歳代後半）の人びとが残り［山下 2012］、寺檀関係を継承してきたからだろう。こうした寺檀関係を再生産する紐帯は、「檀信徒 2012」によれば、先祖や死者の供養である。同調査の自由記述の結果から、2012 年時点における過疎地域の檀信徒の声を次に示してみよう（自由記述は一部抜粋し、原文のまま引用した）。

・親の代よりお寺にはお世話になっており、なくてはならない場です。何より先祖様をうやまい先祖があって今の私達が有ります。……

（青森県、80 歳代、女性）

・わが家では先祖代々、菩提寺との結びつきが深く、毎月の命日には住職様から読経していただき、法話を聞いています。家族円満で幸せな生活を送っているのもお寺様との関係が深い為と感謝しています。

（秋田県、70 歳代、男性）

・私達にとって寺院、お墓を守る事は一番大切な事と思います。こ、10

年余りで私は胃、心臓の大手術をしました。ですが、今では元気になりました。墓参りはもちろん、朝晩佛様の前ではお経をあげさして頂き（もちろん神様にも朝晩手を合さしてもらっています）これも一重に御先祖様からのおかごと信じ今后も益々御祈願を念じたら、妻と共に梅花をあげつゝ、供養を続けさしていただきます。　　　　　　　　　（三重県、80歳代、男性）

　これらの声は供養という実践が寺檀関係の紐帯となっている証左といえるが、注目したいのは、供養を通して紡がれる寺院と檀信徒との信頼関係である。同じく、過疎地域の檀信徒の声を取りあげてみよう。

- ……祖父も祖母も亡くなりましたが、現住職の前の住職（お父様）には大変お世話になっておりましたので、今でも感謝の気持ちは続いており、私がこの世からいなくなっても、このままずっと今のお寺のお世話になりたいと強く願っています。……実際、祖父と祖母の時、いち早くかけつけて下さって、枕経あげて下さった時は、涙があふれて止まりませんでした。……　　　　　　　　　　　　　　　　（山形県、40歳代、女性）

- ……主人が死亡してとても淋しい思いで毎日を暮しておりやっと仏教の事に少しずつ勉強をしてお寺さんにも教えていただき淋しい思いを御教を学びながら心を落着かせて暮しております。近くにお寺さんが有りお墓も近くでお参りする事が出来て和尚様も親切で話しやすい御方でやっと心落ち着く事が出来淋しい思いも日1日と少しずつ墓の生活に入って来る事が出来て参りました。……　　　　　　（和歌山県、70歳代、女性）

　過疎地域では、年間法人収入が500万円以下の寺院が7割弱も占めるという過酷さをきわめるなかで、住職はこうした檀信徒の声に耳を傾け心に寄り添い、供養という宗教文化を第一線で支えてきたといえる。それは、檀信徒が既存の寺檀関係におおむね満足しているという結果にもみてとることができよう［相澤 2016］。

　このように檀信徒を守りつつ、寺院運営を支えようとする献身的な態度は、寺務（寺院行事、葬儀・法事などの宗教活動）以外の職業を兼職することにもみ

ることができる。浄土真宗本願寺派では、2009 年に実施した宗勢基本調査において、年間法人収入が「300 万円未満」を「専業が不可能」とみなしている［浄土真宗本願寺派 2011］。すなわち、一寺院の収入だけでは寺院運営が厳しく、住職ら寺院構成員の生活が困難をきわめるということである。

　これを参考として、曹洞宗の「宗勢 2005」に基づいて、年間法人収入「300 万円」以下の過疎地寺院についてみると、20 歳代〜50 歳代の住職は 2 割弱〜5 割強が兼職をしている。一方、一般の定年世代にあたる 60 歳代の住職になると兼職は 1 割強、70 歳代・80 歳代以上の住職の場合はともに 1 割未満である。[12]

　しかしながら、この結果は裏を返せば、曹洞宗の過疎地寺院の住職は、多くの場合、兼職というよりも寺務のみで寺院運営を支えているということになる。兼職をすることもなく、年金の受給もない 50 歳代以下の住職の場合、やはり寺院運営を取り巻く環境は、厳しいといわざるをえず、他寺院が行なう寺院行事や葬儀・法事などへの参加・協力、他寺院の兼務や住職以外の寺院構成員らの収入などによって生活を成り立たせているのだろう。

　しかもこれから先、長くない将来、多くが故郷を離れた団塊の世代よりも若い世代（例えば、団塊ジュニア世代、団塊グランド・ジュニア世代など）が寺檀関係を継承すべき時代が到来する。2012 年時点における若い世代の檀信徒の声を聴いてみよう。

・……日頃、地域と関わりのない寺院に期待する事はありません。葬儀で稼ごうとしているだけ。……　　　　　　　　　　（岩手県、30 歳代、女性）
・……特に、曹洞宗やお寺に不満があるわけではありません。ただ、先祖を供養するのはあたり前の事だとは思いますが、宗教には特に何もこだわりはありません。　　　　　　　　　　（大分県、30 歳代、女性）

　このように、若い世代の檀信徒には、宗教活動が葬儀のみに特化しているという批判、先祖の供養が曹洞宗でなければならないという必然性を感じないといった意見がある（若い世代にかぎらず、こうした意見をもつ人が、僧侶派遣

サービスの需要拡大を促しているとみて間違いないだろう）。

　むろん、「我が菩提寺、曹洞宗は、常に、故人・先祖を敬い、今を生きる遺族の心の寄りどころであって欲しい」（山形県、30 歳代、男性）といった趣旨の回答もみられるが、こうした意見は若い世代の檀信徒には少数である。むしろ、仏事に疎い、菩提寺とは疎遠といった回答が散見され、これらが次世代を担う檀信徒に特徴的な意見であるといえる。これまでのところ、寺檀関係は、親などの身近な人の死を接点として、再生産されてきたが、若い世代の檀信徒の意見をみれば、これまでと同じように寺檀関係が引き継がれるという保証はどこにもない。現段階から若い世代への教化が急務となろう。

　そこでは、檀信徒以外の人びととの交流の機会を増やし、地域とのかかわりを深化させるネットワークを構築しつつ、寺檀関係の紐帯となる供養という実践がなぜ、曹洞宗の儀軌（儀礼の決まり）によらなければならないのか、宗学的理解を促すことが、今後寺院運営を存続させていくうえでの課題となるはずである。

おわりに

　「檀信徒意識調査 2012」の自由記述をみれば、他の地域に流失していく人の流れがあるなかで、寺院が地域社会に残り生活を営む人びととの豊かなつながりを育む求心力を有していることがうかがえる。本章では取り上げることができなかったが、過疎化にともなう無縁化のなかで寺院が供養の担い手となってほしいとの意見も、同調査の自由記述には見受けられる。過疎化の進展とともに、特定地域に人口が集中する極点社会が到来し、都市部では独居死や墓地不足が深刻さを増すと予見されている。こうしたなか、生前の葬儀予約、永代供養墓の建立など、過疎地寺院は都市部のセーフティーネットとしてどのように機能していくのだろうか。

　ともあれ、寺院は僧侶や檀信徒らの修行道場であると同時に、縁を育み、

供養文化を継承する重要な役割を担っている。しかしながら問題は、そのことが住職にとって日常世界になっているということである。すなわち、『檀信徒意識調査 2012 報告書』によれば、檀信徒や地域社会の人びとにとって、葬儀や法事、墓参などは非日常のなかにあるのであり、決して日常ではない。檀信徒の多くは非日常性を土台として、日常世界でも心の通った寺院とのつながりを求めているのだ。住職はそのことに気が付き、檀信徒の日常世界に足を踏み入れていくのだろうか。

　本章では、過疎地寺院が立地する地域の人口や世帯数、檀信徒数などに焦点をあてた。だが、真言宗智山派のレポートにもある通り、寺院の存続には、寺院の経済状況が絡まない場合がある。すなわち、「祈祷寺院ではない檀家 0 件の寺院であっても、住職が積極的に寺院行事を行ない、地域の人びとによって寺院が大切に守られ、信仰が育まれているケース」もみられる。このように檀信徒の有無や法人収入に依存しない教化の実現は、僧侶の「一人ひとりがその本質をどのように捉えるかによって異なってくる。……人口減少社会において、どういう寺院の在り方を目指すのか」。それは僧侶の意識に委ねられており、今まさにその自覚が問われているといえるだろう [伊藤2016]。

註

1)　日蓮宗は 1983 年、他の教団に先駆けて過疎地寺院の実態調査に乗り出した。これに続く形で浄土真宗本願寺派が 1989 年、浄土宗が 2014 年に過疎地寺院に関する質問紙調査を実施した。これらの調査が明らかにしたところによれば、過疎地寺院では檀（門）信徒の減少や法人収入の減少、住職の不在、寺院後継者の不足、寺院建築物の維持困難といった問題が顕在化している [相澤 2005]。研究者による調査は、櫻井義秀「過疎と寺院」『叢書・宗教とソーシャル・キャピタル 2　地域社会をつくる宗教』（明石書店、2012 年）、川又俊則『過疎地域における宗教ネットワークと老年期宗教指導者に関する宗教社会学的研究——平成 23〜25 年科学研究費補助金（基

盤研究 C）研究成果報告書（課題番号 23520092）』（鈴鹿短期大学生活コミュニケーション学専攻川又研究室、2014 年）、櫻井義秀・川又俊則編『人口減少社会と寺院——ソーシャル・キャピタルの視座から』（法藏館、2016）などがある。

2) 本章において、地方は次のように区分した。①北海道（北海道）、②東北（青森県、岩手県、宮城県、秋田県、山形県、福島県）、③関東（茨城県、栃木県、群馬県、埼玉県、千葉県、東京都、神奈川県）、④甲信越（山梨県、長野県、新潟県）、⑤北陸（富山県、石川県、福井県）、⑥東海（岐阜県、静岡県、愛知県、三重県）、⑦近畿（滋賀県、京都府、大阪府、兵庫県、奈良県、和歌山県）、⑧中国（鳥取県、島根県、岡山県、広島県、山口県）、⑨四国（徳島県、香川県、愛媛県、高知県）、⑩九州（福岡県、佐賀県、長崎県、熊本県、大分県、宮崎県、鹿児島県）、⑪沖縄（沖縄県）。

3) 過疎地域自立促進特別措置法の適用を受けた自治体の割合を算出すると全国平均は 45.8％ となる。この全国平均を超える地方が、北海道（83.2%）、東北（57.3%）、甲信越（49.3%）、中国（73.8%）、四国（69.5%）、九州（61.8%）である。これらの地方については、全国のなかでも過疎化の著しい地域であり、北海道はもっとも過疎化が深刻な地方とみなすことができる。これに対し、関東（11.7%）は過疎法の適用を受けた自治体の割合がもっとも低く、過疎化の進展が緩やかといえる。

4) 集計の基数は調査票回収寺院 14,052 ヶ寺。

5) 註（3）に同じ。

6) 本章では過疎法の適用に基づき、過疎地域を判断しているが、住職の認識に基づいた調査もある。浄土真宗本願寺派の調査では、寺院が過疎地域に立地しているかどうかを住職の認識に基づいて尋ねており、その結果によると、約 5 割の寺院が過疎地域に立脚していると回答した［浄土真宗本願寺派 2011］。

7) 『日本寺院総鑑』に基づいて、寺院数の多い 10 派に敷衍した場合、高野山真言宗（3,734 ヶ寺）は 30.1%、臨済宗妙心寺派（3,388 ヶ寺）は 33.2%、天台宗（3,091 ヶ寺）は 14.4%、真言宗智山派（2,920 ヶ寺）は 14.1%、真言宗豊山派（2,650 ヶ寺）は 13.3% が過疎地寺院であり、臨済宗妙心寺派がもっとも高い割合で過疎地寺院を多く抱えていることになる。

8) 管区とは、曹洞宗が宗務行政の円滑化を図るために設けた区分であり、以

下、全国 9 つの管区からなり、地域ブロックとほぼ重なる。①関東（東京都・神奈川県・埼玉県・群馬県・栃木県・茨城県・千葉県・山梨県）、②東海（静岡県・愛知県・岐阜県・三重県）、③近畿（滋賀県・京都府・大阪府・奈良県・和歌山県・兵庫県）、④中国（岡山県・広島県・山口県・鳥取県・島根県）、⑤四国（徳島県・高知県・香川県・愛媛県）、⑥九州（福岡県・大分県・長崎県・佐賀県・熊本県・宮崎県・鹿児島県・沖縄県）、⑦北信越（長野県・福井県・石川県・富山県・新潟県）、⑧東北（福島県・宮城県・岩手県・青森県・山形県・秋田県）、⑨北海道（北海道）。

　　なお、「宗勢 1995」「宗勢 2005」における年間法人収入を尋ねる設問については、実数記入形式ではなく、「10 万円まで」「10 万 1 円～50 万円」「50 万 1 円～100 万円」といった選択肢を 1 つ選ぶ単一回答形式である。したがって、1 ヶ寺あたりの年間平均法人収入は、各選択肢の中間値によって算出しているが、各選択肢の中間値は実数とかけ離れた誤差が生じ統計的な精度が低くなるため、ここに示した平均値は目安の 1 つとしてご理解いただきたい。

9)　ただし、比較を行なう場合は、調査年次が近いものに基づいて教団間の相違を判断するのが妥当であるとの見方もあろう。この場合、2015 年に実施された曹洞宗宗勢総合調査によると、過疎地寺院で檀徒数 150 戸以下は59.0%（基数：2,798 ヶ寺）、年間法人収入 500 万円以下は 59.1%（基数：2,780 ヶ寺）。檀徒数 150 戸以下、法人収入 500 万円以下の寺院はともに 6 割程度で差異が見出しにくい結果となった。後続の章で取り上げるように、曹洞宗寺院の檀徒は 2005 年から減少した一方、布施額や法人収入は高額域へと推移した。寺院の法人収入は年度ごとに大きな変動がある点を考慮する必要もあるが、縮小化する寺檀関係のなかで、寺院を護持する必要上から檀徒にかかる負担が大きくなっているのだろうか。

10)　註（8）と同様、寺院 1 ヶ寺あたりの平均檀徒数も選択肢の中間値によって算出されている点をお断りしておく。

11)　住民基本台帳に基づく 1 世帯あたりの平均世帯構成員数は、1995 年が2.82 人、2005 年が 2.52 人である。

12)　詳しい数値は次の通りである。20 歳代は 22.2%（基数：18 人）、30 歳代は35.4%（基数：79 人）、40 歳代は 48.1%（基数：158 人）、50 歳代は 51.6%（基数：308 人）、60 歳代は 14.1%（基数：224 人）、70 歳代は 5.8%（基数：

257 人）、80 歳代以上は 3.3％（基数：123 人）。

参考文献一覧

相澤秀生　2005「過疎地寺院の理解に向けて」『宗教学論集』24 輯、駒沢宗教学研究会。

相澤秀生　2008「過疎地寺院の現況」『曹洞宗宗勢総合調査報告書 2005（平成17）年』曹洞宗宗務庁。

相澤秀生　2016「過疎地域における供養と菩提寺――曹洞宗」『人口減少社会と寺院――ソーシャル・キャピタルの視座から』法藏館。

石井研士　2015「宗教法人と地方の人口減少」『宗務時報』120 号、文化庁。

伊藤尚徳　2016「人口減少問題から考える兼務寺院の将来」『年報』20 号、智山教化センター。

鵜飼秀徳　2015『寺院消滅――失われる「地方」と「宗教」』日経 BP 社。

浄土宗総合研究所編　2015「過疎地域における寺院へのアンケート（正住職寺院版）第一次集計報告」『教化研究』25 号、浄土宗総合研究所。

浄土真宗本願寺派宗勢基本調査実施センター編　2011『浄土真宗本願寺派　第9 回　宗勢基本調査報告』浄土真宗本願寺派宗務企画室。

山下祐介　2012『限界集落の真実――過疎の村は消えるか？』ちくま新書。

付記　本章は相澤秀生「宗派間比較からみた過疎地寺院――曹洞宗を中心に」（『跡見学園女子大学文学部紀要』52 号、2017 年）を改題・補訂したものである。

【第 2 章】

過疎地域における曹洞宗寺院の現状

はじめに

　本章では前章で論じた問題関心に基づき、過疎地域における曹洞宗寺院の実態を報告することとする。前章の分析によれば、曹洞宗は日本で最大の寺院数を誇り、全国の市区町村にもっとも広く展開している。しかしこれに次いで寺院数の多い浄土真宗本願寺派、真宗大谷派、浄土宗、日蓮宗の4派と比較したところ、曹洞宗寺院は4派よりも人口や世帯数が少なく、過疎化の著しい自治体により多く布置していることがわかった。

　本章では「宗勢2015」を中心としつつ、「檀信徒2012」の結果や他宗派の調査などにも注目し、複眼的な視点から過疎地寺院の特徴に迫ることとしたい。以下の分析においては、まず過疎地寺院の地域分布に関するデータを提示し、その概要と寺院が立地する自治体の人口・世帯動態を整理する。

　そのうえで、過疎地寺院で問題となっているとされる檀信徒や法人収入の減少、住職の不在、寺院後継者の不足といった問題を取りあげ、非過疎地寺院との対比、「宗勢2005」や他宗派の調査との比較を行ない試論とする。その際、「宗勢2015」および「檀信徒2012」の自由記述を引用し、過疎地寺院や檀信徒の声を拾いあげることで、一連の問題に対する認識を探り、調査項目では把捉できない数量データの補完とする。

　最後に以上の分析を踏まえ、改めて「宗勢2015」の自由記述を取りあげ、過疎地寺院がいかにして寺院運営や宗教活動を行ない、将来を展望している

のか、さらに掘り下げて一考することとする。

1.　過疎地寺院の分布と立地環境

（1）過疎地寺院の分布

　全国都道府県別に過疎地寺院数と、調査票回収寺院に占める過疎地寺院の[1]割合をまとめると**表1**のようになる（全国平均を超えるセル〈マス目〉は網掛けで示した。沖縄県については、寺院数が少なく、寺院の情報が特定されるおそれがあることから、鹿児島県と合算して集計した）。調査票回収寺院 13,645ヶ寺のうち、過疎地域に立地する寺院は 29.9%（4,083ヶ寺）である。じつに曹洞宗寺院の約[2]3ヶ寺に 1ヶ寺が、過疎地寺院ということになる。前回の調査「宗勢 2005」では、調査票回収寺院 14,052ヶ寺のうち、過疎地寺院の占める割合は24.5%（3,436ヶ寺）であるから、5.5 ポイントの増となった。[3]

　この 10 年間で、新寺の建立や寺院の移転があることは、ごくまれだろう。ここにみる過疎地寺院割合の増加は、寺院が立地する自治体の過疎化が進展したことによるものと判断される。寺院を取り巻く地域社会の過疎化は、10年間で確実に進んだといってよい。

　過疎地寺院の分布をさらに細かく北から順にみていこう。北海道の過疎地寺院割合は 70.1% で、全国平均の 2 倍以上の値を示し、前回の調査から10.5 ポイントの増となった。

　東北の全県は過疎地寺院割合が全国平均を超えており、とくに秋田県の割合（81.1%）が高くなっている。これに対し、宮城県は全国平均に近い35.3% で、その割合は前回の調査より 0.6 ポイントの減となった。一方、岩手県や山形県の過疎地寺院割合は、秋田県を下回るものの、いずれも前回の調査から 20 ポイント以上の上昇となっている。

　関東では過疎地寺院割合が全国平均を超える都県はなく、いずれも全国平均を 10 ポイント以上下回る。全国のなかでも関東に立地する寺院の多くは

表1　都道府県別にみた過疎地寺院の分布

地　方	都道府県	寺院数 (ヶ寺)	過疎地寺院 (ヶ寺)	割　合 (％)	2005年比 (ポイント)
北海道	北海道	458	321	70.1	10.5
東　北	青森県	166	60	36.1	10.0
	岩手県	294	180	61.2	24.2
	宮城県	450	159	35.3	-0.6
	秋田県	333	270	81.1	11.0
	山形県	703	391	55.6	26.1
	福島県	452	170	37.6	13.6
関　東	茨城県	186	8	4.3	-0.5
	栃木県	177	12	6.8	-2.0
	群馬県	332	59	17.8	5.6
	埼玉県	512	7	1.4	-8.9
	千葉県	306	37	12.1	6.9
	東京都	340	13	3.8	1.0
	神奈川県	353	0	0.0	0.0
甲信越	山梨県	487	114	23.4	4.1
	長野県	528	143	27.1	10.2
	新潟県	732	257	35.1	-1.0
北　陸	富山県	210	12	5.7	0.7
	石川県	127	50	39.4	5.8
	福井県	274	25	9.1	-2.4
東　海	岐阜県	239	41	17.2	0.4
	静岡県	1113	66	5.9	0.4
	愛知県	1128	65	5.8	0.4
	三重県	411	145	35.3	6.5
近　畿	滋賀県	191	39	20.4	11.6
	京都府	354	174	49.2	21.7
	大阪府	129	0	0.0	0.0
	兵庫県	396	36	9.1	1.2
	奈良県	70	43	61.4	-1.1
	和歌山県	62	45	72.6	12.9
中　国	鳥取県	195	71	36.4	18.9
	島根県	307	203	66.1	4.3
	岡山県	140	118	84.3	5.0
	広島県	176	91	51.7	6.6
	山口県	261	90	34.5	-0.5
四　国	徳島県	19	14	73.7	5.7
	香川県	4	0	0.0	0.0
	愛媛県	167	125	74.9	9.2
	高知県	21	16	76.2	-5.1
九　州 ・沖縄	福岡県	158	34	21.5	9.6
	佐賀県	225	64	28.4	9.7
	長崎県	121	85	70.2	3.8
	熊本県	88	51	58.0	14.1
	大分県	174	147	84.5	7.1
	宮崎県	63	27	42.9	2.6
	鹿児島県 ・沖縄県	13	5	38.5	2.1
合　計		13,645	4,083	――	――
平　均		――		29.9	5.5

　非過疎地域に立脚しているといえるが、前回の調査と比較すると、群馬県や千葉県は、全国平均に比して過疎化が進んでいることがわかる。

　甲信越では新潟県が過疎地寺院の全国平均を超えているが、長野県、山梨県のいずれも全国平均に近い数値である。前回の調査との比較では、長野県の過疎地寺院の割合の増加が全国平均 5.5 ポイントの 2 倍近い値を示している（10.2 ポイント）。

　北陸で過疎地寺院の割合が全国平均を超えるのは石川県の 39.4％で、全国平均を 10 ポイント程度上回っている（前回の調査から 5.8 ポイント増）。一方、富山県や福井県の過疎地寺院割合はいずれも 1 割未満で全国平均の半数以下となっており、前回の調査と比較してみても非過疎地域に多くの寺院が立地している。

　東海で過疎地寺院の割合が全国平均を超えるのは三重県の 35.3％である。前回の調査から 6.5 ポイントの増となった。これに対し、岐阜県の過疎地寺院割合は 2 割近い値（17.2％）を示したものの、静岡県、愛知県とともに全国平均を下回る。一部例外はあるが、全国のなかでは非過疎地域に多くの寺院が所在している。

　近畿では 2 府 4 県のうち、京都府、奈良県、和歌山県が過疎地寺院の全国平均を超える。もっとも過疎地寺院の割合が高いのは和歌山県の 72.6％で、以下、奈良県の 61.4％、京都府の 49.2％の順となる。前回の調査との比較では、奈良県を除きいずれも 10 ポイント以上の増である。とりわけ、京都府の 21.7 ポイント増は、全国のなかでも山形県の 26.1 ポイント、岩手県の 24.2 ポイントに次いで、高い値となっている。一方、滋賀県の過疎地寺院割合は全国平均を 9 ポイントほど下回るが（20.4％）、前回の調査から 11.6 ポイントの増で、寺院が立地する自治体の過疎化が拡大していることがわかる。これに対し、大阪府や兵庫県は過疎地寺院割合がいずれも 1 割に満たず、前回の調査との比較においても、その割合にほぼ変化はなく、過疎化の緩やかな自治体に寺院が多く立地している状況がうかがわれる。

　中国の全県は過疎地寺院割合が全国平均を超えている。このなかでも、とくに岡山県では 8 割強（84.3%）、島根県や広島県では 5 割以上が過疎地寺院となっており、過疎化の著しい地域に立地する寺院が半数以上を占める現状が浮き彫りになる。

　四国では、香川県を除く 3 県で過疎地寺院割合が全国平均を超える。3 県いずれも 7 割以上の割合を示しており、中国の島根県、岡山県、広島県の 3 県と同様の指摘を繰り返すことができる。

　九州・沖縄で過疎地寺院割合が全国平均を超えるのは、7 県（鹿児島県・沖縄県は 1 つの県とみなす）のうち 5 県である。なかでもとくに過疎地寺院割合が高いのは大分県の 84.5% で、全国の都道府県のなかでもっとも高い割合を示す。これに次ぐのが長崎県の 70.2% で、いずれも全国平均の 2 倍以上の割合となっている。これに対し、福岡県や佐賀県は全国平均を下回るものの、前回の調査からいずれも 10 ポイント近く割合が上昇し、その値はかなり全国平均に近くなっているといえる。

　以上、全国に分布する曹洞宗の過疎地寺院の現状を概観してきた。全国のなかでも、北海道、東北、近畿、中国、四国、九州・沖縄の各道府県に立地する寺院の多くが過疎地域に立脚しているといえる。とくに前回の調査との比較によれば、東北の過疎化が著しい。これら地域に比べれば、甲信越は非過疎地域に立地する寺院が多いものの、過疎地寺院の割合は全国平均とほぼ近い数値となっている点を特筆しておくべきである。

（2）寺院の立地環境（人口・世帯動態）

　これを踏まえ、曹洞宗寺院が立地する地域の特徴を大づかみに捉えてみよう。筆者がこれまで分析してきたところによれば、過疎地寺院割合の高い北海道、東北、近畿、中国、四国、九州・沖縄では、2005 年から 2015 年の 10 年間において、一部の例外を除き、寺院数はおおむね維持されている。前章で論じたように、過疎化の著しい地域であっても、昭和一桁世代（おもに

2015 年時点で 80 歳代前半）や、いわゆる「団塊の世代」（2015 年時点で 60 歳代後半）の人びとが残り［山下 2012］、寺檀関係を継承してきたからだろう。一方、こうした地域に比べれば、過疎地寺院の割合が相対的に低くなっている甲信越、東海、近畿では、各府県の多くで全国平均の 2.3 ヶ寺減を上回る結果となった。例えば、甲信越の新潟県では 12 ヶ寺減、東海の静岡県では 9 ヶ寺減、近畿の京都府では 6 ヶ寺の減である。甲信越、東海、近畿は、人口規模に対して他教団を含む寺院数が多い寺院の過密地域であると同時に、曹洞宗寺院の兼務化[4]が進む地域であり、全国に先駆けて寺院の再編あるいは淘汰が進んでいるものとみなせる［相澤 2017b］。

　こうした過疎地寺院が立地する自治体の人口や世帯数の推移はどのようになっているのだろうか。2015 年に実施された国勢調査の結果をもとに、過去 10 年間における寺院が立地する自治体の人口増減率と世帯数増減率を都道府県別にまとめたものが**表 2** である（非過疎地寺院と過疎地寺院が立地する自治体の人口増減率、世帯数増減率について、それぞれ都道府県ごとに比較し、それぞれの値が下回るセルに網掛けをした）。これに基づき、寺院を取り巻く自治体の実態を簡潔にまとめてみよう。なお、過疎地寺院がない神奈川県、大阪府、香川県については比較考察の対象外とする。

　表 2 によると、北海道、東北、関東（神奈川県を除く）では、群馬県を除き、過疎地寺院が立地する自治体の人口増減率は各道都県で約 1 割〜2 割の減である。いずれも非過疎地寺院が立地する自治体に比べ、人口減少が著しいことがわかる。一方、この 3 地方で過疎地寺院が立地する自治体の世帯数増減率は、宮城県、群馬県のように増加している県もみられるが、おおむね減少している。非過疎地寺院が立地する各道都県の自治体で世帯増減率がすべて増加している点とは対照的である。

　甲信越についても、上記 3 地方とほぼ実勢は一致しよう。すなわち、過疎地寺院が立地する自治体のほうが人口減少が著しく、世帯数増加率が低いまたは世帯減少率が高いということである。

表 2　寺院が立地する自治体の人口増減率・世帯数増減率

地　方	都道府県	非過疎地域		過疎地域	
		人口増減率（％）	世帯数増減率（％）	人口増減率（％）	世帯数増減率（％）
北海道	北海道	0.1	7.0	−12.5	−5.5
東　北	青森県	−7.0	1.6	−10.4	−0.8
	岩手県	−4.3	4.4	−11.6	−1.7
	宮城県	0.5	10.4	−11.2	0.3
	秋田県	−6.1	2.5	−10.7	−1.1
	山形県	−5.2	3.6	−12.3	−2.4
	福島県	−6.7	5.9	−13.9	−1.4
関　東	茨城県	−2.2	8.9	−12.9	−2.4
	栃木県	−1.9	7.7	−13.0	−3.5
	群馬県	−1.8	7.3	−4.3	4.5
	埼玉県	3.0	12.2	−17.7	−5.3
	千葉県	3.3	12.7	−14.0	−3.6
	東京都	7.7	14.0	−15.1	−7.1
	神奈川県	3.8	10.8		
甲信越	山梨県	−5.1	3.4	−7.1	2.1
	長野県	−3.3	4.5	−3.7	4.0
	新潟県	−4.0	4.8	−8.3	−0.1
北　陸	富山県	−3.3	5.9	−2.4	6.6
	石川県	−0.6	7.2	−14.3	−5.9
	福井県	−4.0	3.9	−2.2	5.7
東　海	岐阜県	−3.3	6.0	−8.9	−0.3
	静岡県	−2.3	5.8	−2.1	5.9
	愛知県	3.2	11.1	0.6	8.1
	三重県	−2.1	7.6	−9.4	−2.7
近　畿	滋賀県	2.4	12.3	−5.7	3.3
	京都府	−0.9	7.2	−1.2	7.1
	大阪府	0.7	7.6		
	兵庫県	−0.3	8.3	−11.0	−1.4
	奈良県	−4.3	5.2	−21.6	−11.1
	和歌山県	−2.9	5.5	−11.8	−4.9
中　国	鳥取県	−4.2	4.7	−7.4	1.9
	島根県	−1.7	7.6	−6.4	1.7
	岡山県	0.9	7.9	−10.1	−3.1
	広島県	0.2	6.9	−8.5	−1.1
	山口県	−4.8	2.3	−6.8	0.4
四　国	徳島県	−4.5	4.4	−15.8	−7.8
	香川県	0.9	10.4		
	愛媛県	−2.9	4.0	−6.1	1.2
	高知県	−4.3	2.5	−12.6	−5.9
九　州・沖縄	福岡県	2.4	10.8	−7.8	1.0
	佐賀県	−3.0	5.6	−4.7	3.9
	長崎県	−4.1	3.8	−8.7	−0.4
	熊本県	−1.3	7.1	−13.4	−5.3
	大分県	1.3	8.5	−1.6	5.9
	宮崎県	−1.8	4.9	−8.1	−1.4
	鹿児島県・沖縄県	−2.5	2.9	−13.9	−7.4

＊国勢調査（2005 年・2015 年）に基づき作成。なお、曹洞宗寺院が立地する自治
　体は 1,317 市区町村。合算すると人口は 1 億 1,522 万 8,904 人、世帯数は
　4,867 万 8,678 戸。人口増減率は 0.3％減、世帯増加率は 8.0％増、平均世帯員
　数は 2.37 人である。

　これに対し、北陸はやや状況が異なる。石川県を除き、富山県、福井県では非過疎地寺院が立地する自治体のほうが人口減少率が高く、過疎地域にもまして人口減少が進展しており、世帯数増減率についてもそれぞれ増加してはいるものの、過疎地寺院が立地する自治体よりも伸びは低くなっている。

　東海以下、九州・沖縄までの 24 府県（大阪府、香川県を除く。鹿児島県・沖縄県は一つの県とみなす）においては、愛知県のように、過疎地寺院が立地する自治体で人口増となっているケースもみられるが、これは例外的で、そのほとんどでは人口が減少しており、非過疎地寺院が立地する自治体よりも人口減少が進んでいる（静岡県を除く 23 府県）。この 23 府県のうち、世帯数が増加している場合（愛知県、滋賀県、京都府、鳥取県、島根県、山口県、愛媛県、福岡県、佐賀県、大分県の 1 府 9 県）と、減少している場合（北海道、東北、関東と同様のケース。岐阜県、三重県、兵庫県、奈良県、和歌山県、岡山県、広島県、徳島県、高知県、長崎県、熊本県、宮崎県、鹿児島県・沖縄県の 13 県）にわかれるが、いずれも過疎地寺院が立地する自治体の世帯数減少率は非過疎地域に比べ著しく、世帯数増の場合でも増加率は低位にある。このうち、奈良県の過疎地寺院が立地する自治体は人口減少率が 21.6%、世帯減少率が 11.1% であり、曹洞宗寺院が立地する全国の自治体のなかで、もっとも人口・世帯数の減少が著しい地域であるとみられる。

　これまでみてきた曹洞宗寺院を取り巻く自治体の現状を整理するなら、ほぼ全国的に非過疎地域よりも過疎地域において人口減少と世帯数の減少が深刻化しているものとみなせる。こうした状況下、寺院の檀徒数がいかに変化したのかという点については、次節で分析することとしよう。

2.　過疎地寺院の実態

　仏教教団のなかで、過疎地寺院の実態調査にいち早く乗り出したのが日蓮宗や浄土真宗本願寺派である。これら教団の報告書によれば、過疎地寺院に

おいては、檀信徒や法人収入の減少、住職の不在、寺院後継者の不足などが顕在化しており、最終的には寺院の統廃合にいたることが懸念されている［日蓮宗 1989、龍谷大学 1990］[5]。では、曹洞宗寺院の場合、これらの問題はどのような実勢にあるといえるのだろうか。以下では、過疎地寺院と非過疎地寺院の現状を比較することによって、その特徴を検討していこう。

(1) 檀徒数と増減

檀信徒は寺院を護持し、住職ら僧侶の持続的な宗教活動をその外側から支える存在である。ここでは、非過疎地寺院と過疎地寺院の「檀徒（檀家）数」に注目し、それぞれを比較することとしよう。非過疎地寺院における 1 ヶ寺あたりの平均檀徒数は 146.3 戸（標準偏差 223.6 戸）であるのに対し、過疎地寺院の平均檀徒数は 149.4 戸（標準偏差 194.1 戸）である（基数：非過疎地寺院 8,848 ヶ寺・過疎地寺院 3,796 ヶ寺）。その差はわずか 3.1 戸であるが、檀徒数の面では、過疎地寺院が非過疎地寺院の値を上回る結果となった[6]。

さらに檀徒数の分布を確認しておきたい。檀徒数は寺院の法人収入と正の相関関係にある。「宗勢 2015」の結果によれば、檀徒数「0〜150 戸」の寺院の 79.5%（基数：8,444 ヶ寺）が「低収入寺院（専業不可能）」[7]（法人収入 0 円〜500 万円）、「151〜250 戸」の 44.3%（基数：1,798 ヶ寺）が「中収入寺院（専業が難しい）」（法人収入 500 万 1 円〜1,000 万円）、「251 戸以上」の 65.5%（基数：2,043 ヶ寺）が「高収入寺院（専業可能）」（法人収入 1,000 万 1 円以上）であり、おおよそ檀徒数 251 戸以上が専業可能な寺院とみなせる[8]。

これを踏まえ、非過疎地寺院と過疎地寺院の檀徒数（実数記入形式）を便宜的に 4 区分し、前回の調査の結果と比較すると図 1 の通りとなる。

図 1 によると、檀徒「0 戸」は非過疎地寺院、過疎地寺院ともに、前回の調査から割合が高くなったが、「宗勢 2015」では非過疎地寺院が過疎地寺院よりも 2 倍以上高い割合を示した（11.4%）。非過疎地寺院では、前回の調査の檀徒「1〜150 戸」は 62.4%、檀徒 150 戸以下は合算して 70.4% だった。

「宗勢 2015」では、檀徒 150 戸以下は前回の調査からややポイントを落とし69.3％となった。一方、前回の調査によれば、過疎地寺院の檀徒 150 戸以下は 69.3％である。これに対し、「宗勢 2015」の檀徒 150 戸以下は 68.3％で、非過疎地寺院と同程度の割合となっている。

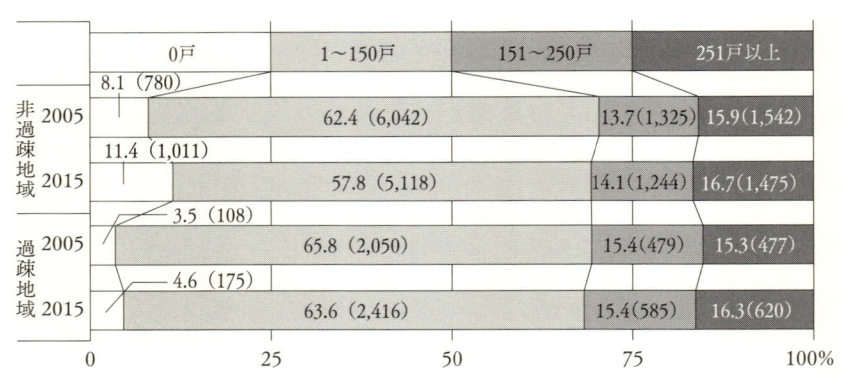

図 1　過疎区分別にみた檀徒数
基数：非過疎地寺院 9,689 ヶ寺（2005）・8,848 ヶ寺（2015）
過疎地寺院 3,114 ヶ寺（2005）・3,796 ヶ寺（2015）

　ここで留意しておきたいのは、寺院ごとの檀徒数の変化である。10 年間における 1 ヶ寺あたりの檀徒数の平均増減をみると、非過疎地寺院では 2.1 戸の増（標準偏差 23.1 戸）であるのに対し、過疎地寺院では 3.9 戸の減（標準偏差 16.5 戸）である（基数：非過疎地寺院 8,488 ヶ寺・過疎地寺院 3,647 ヶ寺）。これを単純に差し引きすれば、10 年で 6.0 戸の差が生じた計算となる。

　「宗勢 2015」では、「檀徒あるいは信徒」が減少した理由を複数回答形式で尋ねているが、それによると「後継者のいない檀信徒の死去によって」「転居など遠方への流出によって」が非過疎地寺院、過疎地寺院ともに約 8 割を占めた（前者：非過疎地寺院 77.3％・過疎地寺院 78.4％、後者：非過疎地寺院 77.6％・過疎地寺院 83.0％。基数：非過疎地寺院 5,722 ヶ寺・過疎地寺院 2,779 ヶ寺）。

　現状において、非過疎地寺院と過疎地寺院の平均檀徒数は 150 戸程度で拮抗している。しかしながら、檀徒の増減では、非過疎地寺院が増加したのとは対照的に、過疎地寺院は減少となっており、檀徒の増減が地域社会の人口・世帯動態と深く関連している状況を考慮すると、近い将来、際立った形で檀徒数の差異が表れてくるものと考えられる（檀信徒については第 4 章を参照）。

(2) 法人収入

　寺院の護持や宗教活動、住職や寺族ら寺院構成員の生活などに必要不可欠なものが法人収入である。さきに用いた法人収入の 3 区分に基づき、非過疎地寺院と過疎地寺院の法人収入（2014 年度）を前回の調査とそれぞれ比較したのが**図 2** である。

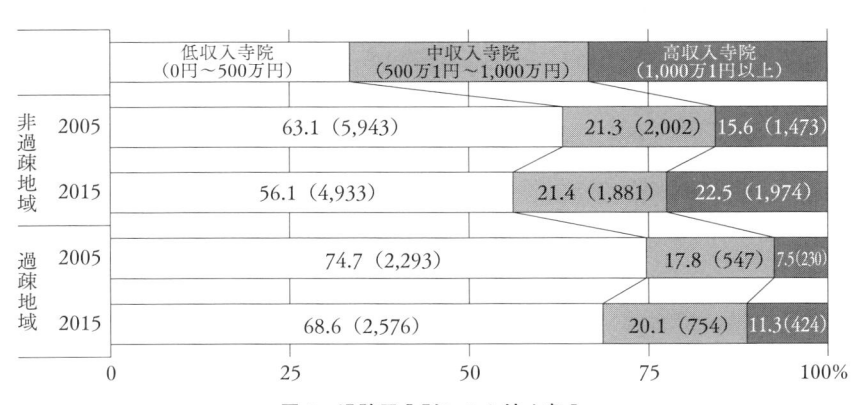

図 2　過疎区分別にみた法人収入

基数：非過疎地寺院 9,418ヶ寺（2005）・8,788ヶ寺（2015）
過疎地寺院 3,070ヶ寺（2005）・3,754ヶ寺（2015）

　図 2 に示したように、非過疎地寺院、過疎地寺院ともに、低収入寺院の割合が前回の調査から減少したのに対し、高収入寺院の割合が増加している。

中収入寺院の割合はそれぞれ 2 割程度で、大きな変化はみられない。「宗勢
2015」における非過疎地寺院の現状をみた場合、低収入寺院が 6 割弱、高収
入寺院が 2 割強を占め、低収入寺院と高収入寺院の二極化が前回の調査より
も鮮明となった。一方、過疎地寺院は低収入寺院の割合がいずれの調査にお
いても非過疎地寺院より 10 ポイント以上高い値を示し、「宗勢 2015」では 7
割弱となった。大勢としては過疎地寺院のほうが「専業不可能」な状態にお
かれている。住職を支える寺院の構成員（住職の家族ら）が、寺院外で就業し
給与を得ることで、家計を支えているところも少なくないだろう。注目した
いのは、過疎地域にあっても専業可能な高収入寺院の割合が 1 割強を占めて
いる点で、過疎地寺院間でも明らかな格差が生じていることが読み取れる
（法人収入の詳細については第 7 章を参照）。

（3）寺院の運営形態（住職の在不在）

　寺院がどのような形態で運営されているかを図るための指標に寺院区分
（本務、兼務、代務・特定代務、無住）がある。本務寺院とは住職が特定の寺院の
代表役員に就任している場合、兼務寺院とは本務寺院の住職が、それ以外の
寺院でも代表役員に就任している場合、代務・特定代務寺院とは、寺院の代
表役員である住職を病気・死亡などの事情により欠き、他寺院の住職または
寺族代表が寺院運営を代行している場合、無住寺院は代表役員である住職を
欠いた状態を指す。非過疎地寺院と過疎地寺院において、前回の調査から寺
院区分にどのような変化があったのかを示したのが**表 3**である（調査年ごとに
非過疎地寺院と過疎地寺院の割合を比較し、割合が高くなっているセルには網掛けを施し
た）。

　これによると、過疎地寺院では前回の調査および「宗勢 2015」ともに、
本務の割合が非過疎地寺院を下回り、反対に兼務や無住の割合が非過疎地寺
院を上回った。「宗勢 2015」では、それぞれ前回の調査から本務の割合が低
下し、兼務の割合が上昇しているが、非過疎地寺院における兼務の上昇幅が

1.9 ポイントであるのに対し、過疎地寺院は 3.4 ポイントの増であり、この 10 年間で非過疎地寺院にまして兼務化が進んだ。一方、過疎地寺院の無住は前回の調査から 0.5 ポイント減少であるが、実数としては増加した。これに対し、非過疎地寺院の無住は 0.4 ポイント増加し、実数も 30 ヶ寺増えた形である。代務・特定代務についてみると、過疎地寺院では前回の調査から 0.3 ポイント減少し、非過疎地寺院と同じ割合となっている。

表 3　非過疎地寺院と過疎地寺院の寺院区分とその変化　　　% （ヶ寺）

	調査年	本　務	兼　務	代務・特定代務	無　住	合　計
非過疎地寺院	2005	79.5 （8,444）	18.6 （1,973）	0.3 （36）	1.5 （163）	100.0 （10,616）
	2015	77.4 （7,861）	20.5 （2,080）	0.3 （27）	1.9 （194）	100.0 （10,162）
過疎地寺院	2005	73.8 （2,536）	22.4 （770）	0.6 （20）	3.2 （110）	100.0 （3,436）
	2015	71.2 （3,113）	25.9 （1,130）	0.3 （12）	2.7 （116）	100.0 （4,371）

　2016 年に浄土宗総合研究所が発刊した『過疎地域における寺院に関する研究』によれば、浄土宗寺院 7,032 ヶ寺のうち、過疎地寺院は 15.1%（1,065 ヶ寺）である。そのうち曹洞宗の本務に相当する正住は 70.3%、兼務は 26.4%、無住は 3.2%。これに対し、非過疎地寺院 5,967 ヶ寺のうち、正住は 80.7%、兼務は 17.3%、無住は 1.9% で、曹洞宗と同様、過疎地域で兼務寺院の割合が高くなっている［浄土宗 2016］。

　住職が特定寺院の代表役員に就任している本務寺院の割合が減少し、本務の住職が別寺院の代表役員を兼任している兼務寺院、あるいは代表役員を欠いた状態である無住寺院が増加していくことは、寺院運営や宗教活動に大きな支障をきたす。もちろん、寺院を兼務することで、住職や寺族らが安定的な収入を確保できるという利点もあるが、1 人の住職が複数の寺院を掛け持つこととなり、必然的に宗教活動や寺院運営の負担が大きくなる。ましてや、兼務の増加は、住職の母数そのものの減少に直結するから、今後もこの状況

が進展するとすれば、教区や管区といった寺院の地域ごとのまとまりで法要
や行事などを催すうえで、深刻な人手不足に直面し、地域の広域的な布教・
教化活動に影響を及ぼしかねない。

　曹洞宗における兼務は、当該寺院を継承する住職が就任するまで、他寺院
の住職が一定期間、当該寺院の宗教活動や運営を兼務する暫定的な制度であ
り、兼務寺院の増加は寺院継承者不在の増加を意味する。過疎地域で足早に
兼務化が進む背景には、檀信徒の減少にともなう法人収入の減少をはじめと
して、本堂や庫裡などの伽藍の維持・管理、寺院後継者の育成など、寺院護
持をめぐる問題がある。「宗勢2015」の自由記述には、過疎地域に所在する
兼務寺院から次のような意見が寄せられた（自由記述は原文のまま一部引用。寺
院や住職、檀信徒の特定につながると判断した内容は●とした。丸付数字は引用の通し番
号、カッコ内は過疎地寺院の所在地である。「檀信徒2012」の自由記述については、年代
と性別も加えた。以下、自由記述の引用はこれに準ずる）。

　①兼務寺院は檀家が無く、収入も無い為、護持、運営（宗費、維持管理等）
　　に関して大変厳しいものがあります。全国的に見ても同じ境遇にあると
　　ころが多々あると思います。宗門全体で真剣に考えていく必要があるは
　　ずです。　　　　　　　　　　　　　　　　　　　　　　　　　　（甲信越）

　②当寺は青空寺院であり檀家は0で、責任役員は本務寺の総代が務めてい
　　る地域住民が寺の名前を残したいとの希望で兼務をしている。寺の行事
　　等も年1回のみであり、聖費は本務寺より支出している現状である。

　　　　　　　　　　　　　　　　　　　　　　　　　　　　　　　（近畿）

　寺院を継承する住職がおらず、兼務化が進む背景には、既に他教団で20
年以上も前から指摘されてきた寺院運営上の諸問題、とりわけ檀信徒数と法
人収入の問題が深く関係していることが自由記述の内容からうかがえる。

　このなかで興味深いのは、本堂や庫裡などの伽藍が存在せず、宗教法人と
して登記のみがある状態のいわゆる「青空寺院」が、檀信徒総代をはじめと
する地域住民らの要請により、他寺院の住職が当該寺院を兼務する形で維持

されている点である。名前だけでも菩提寺を慕う檀信徒とこれに応える兼務
住職の実態は、寺院が地域社会に存在することそれ自体の意義がいかに大き
いものであるかを知ることができる一例といえよう。櫻井義秀・川又俊則に
よれば、「地域社会に寺院があること（Being）が地域社会の人々に安心感や
コミュニティの連帯感に大きな影響を与えている」という［櫻井・川又 2016］。

　この先、寺院の兼務化がどの程度進展するかどうか、正確に予測すること
は困難である。しかし過疎地域に立地する本務寺院の声に耳を傾ければ、兼
務寺院のさらなる増加は避けられない事態であるとみなせる。以下に一例を
紹介しておこう（兼務寺院、無住寺院の実態については、第 3 章を参照）。

　③檀信徒の高齢化と少子化の現状が深刻な傾向を示している。後継者を育
　　成する余裕と保証がない為に当寺の運営と将来の展望が見えない。

（東北）

　④寺院は在家社会の人口動向に密かに関係しており、都会への人口流入が
　　続くかぎり、私共のような山間部の寺院に未来はありません。したがっ
　　て私自身はこのまま何とか続けていくにしても、子弟に（得度はしました
　　が）、在俗の生活をするよう指導しております。　　　　　　（近畿）

　⑤自坊の位置する集落が限界集落となり、過疎化がいちじるしく進んでい
　　ます。檀徒は……数年後には 10 戸以下となり、寺院経営が本務として
　　は不可能になりそうです。　　　　　　　　　　　　　　　（近畿）

（4）寺院継承に対する住職意識と現状

　かくして寺院の兼務化が進む背景には、寺院を継承する後継者の不在とい
う問題がある。そもそも寺院は僧侶が修行を重ね、檀信徒らが集い、ともに
信仰を深める場であるだけに、次世代にわたり寺院運営や宗教活動をしてい
くというのが建前であり、「檀信徒 2012」によれば、檀信徒の約 8 割（5,429
人）が菩提寺の今後の存続発展を願っている（基数：6,530 人）。しかしながら、
過疎地寺院の自由記述には、以下のような意見がみられる。

⑥……檀家がほとんどない、又はない寺院を●ヶ寺かかえ、家族の生活の
　ために、昨年まで公務員をしていましたが、早期退職し、現在は寺の維
　持・管理のために体力はもちろん経済的な負担もあり、個人の力では厳
　しい状況です。……勤めをもった住職という中途半端でその悪循環を感
　じながら生活してきました。……「寺じまい」「還俗」も考慮する必要
　さえ感じています。　　　　　　　　　　　　　　　　　　　　（東北）

引用③④を含め、これは一部の例外的な意見なのだろうか。そこで、住職
の退董（退任）もしくは遷化（死去）後、寺院護持の継承について、どのよう
に考えているのか、その結果をまとめたのが**表4**である。

表4　寺院継承に対する住職の意識　　　　　　　　％（人）

	護持運営を続けてほしい	護持運営を続けてほしくない	わからない	合　計
非過疎地寺院	90.3（6,450）	1.2（85）	8.5（606）	100.0（7,141）
過疎地寺院	89.3（2,516）	1.3（38）	9.3（263）	100.0（2,817）

　表4によると、非過疎地寺院の住職、過疎地寺院の住職はともに約9割が
自身の退任や死去後も寺院を継承して「護持運営を続けてほしい」と考えて
いるのに対し、「護持運営を続けてほしくない」「わからない」は両者合わせ
て約1割に上った。過疎地寺院の住職の方がやや寺院の護持の継承に対して
否定的・判断保留とする割合が高くなっているが、地域による差異が際立っ
ているとはいいがたい。寺院護持の継承については、土屋圭子・小林惇道に
よる「宗勢2015」の分析に示唆されているように、寺院の地域性というよ
りは、むしろ寺院行事や葬儀・年回法要（法事）の執行といった宗教活動に
基づく法人収入の問題に起因するところが大きいものと考えられる［土屋・
小林2017］。

　「宗勢2015」では、自身の退任や死去後も寺院を継承して「護持運営を続
けてほしい」と回答した住職（非過疎地寺院住職6,450人・過疎地寺院住職2,516

人）に対し、寺院の後継予定者がいるかどうかもたずねている。その結果を示すと**表 5** のようになる（「いる」は「実子」「養子」「子の配偶者」「上記以外の親族」「親族以外の法類、またはその家族」「その他」を合算したもの）。

表 5　寺院護持の後継予定者の有無　　　　% （人）

	い　る	いない	合　計
非過疎地寺院	76.9（4,930）	23.1（1,481）	100.0（6,411）
過疎地寺院	74.5（1,864）	25.5　（638）	100.0（2,502）

　この結果によれば、過疎地寺院で後継予定者がいないと回答した住職の割合が非過疎地寺院の住職よりもやや高くなっている。しかしこれもわずか2.4 ポイントの差にすぎない。後継予定者の不在という現状については、曹洞宗寺院全体が抱える問題であり、寺院の動勢（檀信徒数や法人収入など）や住職が後継候補を実子や自身の徒弟に固定化している観念などが影響を及ぼしているものとみられる（寺院後継者については、第 8 章を参照）［土屋・小林 2017］[10]。

（5）宗教活動の現状

　檀信徒や法人収入の減少にともなって引き起こされる事象には、寺院後継者や伽藍の維持・管理の問題にくわえ、宗教活動の停滞もありうる。「檀信徒 2012」によれば、檀信徒が菩提寺の行事に参加するのは、先祖や死者の供養に対する思いに支えられたものであり、こうした檀信徒の思いを共有する形で先祖や死者の供養にかかわる法要が行なわれ、それが曹洞宗寺院の主たる法要となっている［酒井 2017］。供養を紐帯とした寺檀関係の縮小化が過疎地域で先鋭化しているとすれば、おのずと法要への参加者が減り、人手や経費のかかる寺院行事の執行にも少なからぬ影響を及ぼすこととなる。そこで、寺院が行なう主要な宗教活動の一つである恒例法要（毎年定期的に開催される寺院行事）を例に、この問題について押さえておくこととしよう。

　非過疎地寺院と過疎地寺院における恒例法要の実施状況（2014年度）を確認すると、恒例法要の実施率（何らかの恒例法要を開催）は非過疎地寺院で92.8％（8,463ヶ寺）、過疎地寺院で94.2％（3,638ヶ寺）だった（基数：非過疎地寺院9,124ヶ寺・過疎地寺院3,862ヶ寺）。これをもとに、それぞれの実施状況を示したのが**表6**である（非過疎地寺院と過疎地寺院の割合を比較し、割合が高いセルには網掛けを施した。分類名は酒井2017による）。

表6　非過疎地寺院と過疎地寺院の恒例法要実施状況（2014年度）

上段：ヶ寺・下段：％

分　類	先祖供養法要				三仏忌法要			祈願・祈禱法要		祖師方への法要			
法要名	施食会	盂蘭盆会	春彼岸会	秋彼岸会	釈尊降誕会	涅槃会	成道会	大般若会	修正会	開山忌	両祖忌	達磨忌	その他の恒例法要
非過疎地寺院	6,607	5,725	4,088	3,849	3,805	3,211	2,393	3,261	1,540	1,692	1,122	513	2,622
	78.1	67.6	48.3	45.5	45.0	37.9	28.3	38.5	18.2	20.0	13.3	6.1	31.0
過疎地寺院	2,421	2,591	1,881	1,687	1,597	1,630	1,228	1,680	653	739	489	187	1,157
	66.5	71.2	51.7	46.4	43.9	44.8	33.8	46.2	17.9	20.3	13.4	5.1	31.8

基数：非過疎地寺院8,463ヶ寺、過疎地寺院3,638ヶ寺

　表6によると、法要の実施割合が僅差となっていたり、開きがあったりする法要も見受けられるが、13項目中8つの法要とその他の恒例法要は非過疎地寺院よりも過疎地寺院の実施割合が高くなっている。過疎地寺院では寺檀関係が縮小化するなかにあっても、非過疎地寺院にもまして、住職らを中心に恒例法要が営まれていることがわかる。

　しかし、「檀信徒2012」において、過疎地域に居住する檀信徒は⑦「私が住んでいる地域は年々人口が減少していますのでお寺での行事に参加できる奉仕できる方が高令化して、いつまで出来るのかしらと不安を感じています」（北陸・40代・女性）と自由記述に回答し、その将来を危ぶんでいる。「宗勢2015」で過疎地域に立地する本務寺院でも⑧「月忌・法事・葬儀の布施収入と国民年金でどうにか、寺の維持生活をしており、法要を修行すると

赤字になり老令化(ママ)でお参りもへり、……布施で寺を維持することも不可能
になった時……宗門の教義だけでは現在を生きるにはすくなからず維持管理
が出来ないのでは……」（九州・沖縄）と、自由記述にその心情を吐露してい
る。

3. 自由記述からみえる過疎地寺院の運営状況・宗教活動の現状と将来

　過疎地寺院では相対的に寺檀関係が縮小化しており、専業が不可能な低収
入寺院が過半数を占める。そうしたなかで、過疎地寺院では、いかにして寺
院運営や宗教活動を行ない、その将来をどのように考えているのだろうか。
本節では、上記分析と重複するところもあるが、「宗勢 2015」の自由記述に
基づき、過疎地寺院の現状と将来に対する認識をさらに掘り下げて考えてい
くこととしよう。

　⑨過疎化が著しい集落にて何とか寺院、もとより、檀徒の願いを叶えるべ
　　く努めております。自坊では生活する事が出来ず、日々仕事を兼ねてお
　　りますが、高齢化社会の中、檀徒の皆様にご負担する事が出来ません。

　　　　　　　　　　　　　　　　　　　　　　　　　　　　　　　（中国）

　⑩私も先住（先代の住職、筆者註）も教員をしながら寺を維持してきた。し
　　かし、昨今は兼職（教員や公務員など）がむずかしくなってきた。　（東北）

　これらの意見は、寺院実務以外の仕事に従事する「兼職」により、寺院運
営や宗教活動を行なってきた一例である。寺院の収入だけでは住職ら寺院構
成員の生活を支えることができず、教員や公務員、会社員など、寺院とは異
なる就業先から一定の個人収入を得て、生計を成り立たせてきたことがうか
がえる。兼職には、檀信徒にかぎらず一般の人びとに対しても、寺院以外で
の社会経験を活かした住職ならではの対応が可能となり、寺院運営に役立つ
知識や技能を取得する機会ともなるが、その反面、住職が宗教活動に充当す

る時間がひっ迫することになる。過疎地域では就業先も減少し、宗教活動のための休暇をとることのできる職場もかぎられている［櫻井 2017］。兼職による寺院護持には限界が差し迫っており、このような状況下では、次世代の住職に寺院護持をバトンタッチすることも困難になってくるだろう（引用③⑥）。

そうなれば、寺院の兼務や統廃合といった方法が模索されることになる。過疎地寺院の自由記述には、以下のような意見がみられる。

⑪私の年齢からあと 20 年経ると、檀家が半数以下になるような状況です。住職が教化布教に頑張ってもどうにもならない。このままでは日本の人口問題と都市集中経済と連動して消える寺院が増えるのではと考えています。　　　　　　　　　　　　　　　　　　　　　　　　　（甲信越）

⑫檀家さんが●軒と少なく更にこれから減少する事が目前の状態。本堂、庫裡の老朽が激しく（400 年位経過）止むを得ない修繕でも住職の出費が経費の半分位を占める状態です。50 万円位の修繕ならばほぼ 100％個人持ち出しです。どうか「廃寺」や「併合」を真剣に考えて下さい。そんな中で本山の修繕寄附や大遠忌の志納金など非常に複雑な気持ちでおります。　　　　　　　　　　　　　　　　　　　　　　　　　（甲信越）

⑬……後継者たる若者の都市部への生活本拠の移転などにより、当地に残れる者は、高齢者ばかりとなり、年金生活者が多数を占める状況となっています。その残留者も生活困窮や病弱などの理由によって、当地を離れ、都市で生活をする子ども達の許へ転居するなどして、人口減少の歯止めがきかず、「檀徒離れ」が顕著となっています。……（当地で、筆者註）何とか寺院運営がなされる寺院は 2 ヶ寺、後の 4 ヶ寺は檀徒数が激減し、10〜25 軒程の状況で、残りの 1 ヶ寺は、寺院跡のみを残し全檀徒が他宗に離檀いたしました。以上のような現状の中、寺院関係者（住職2 名、兼務住職 5 名）も布教教化に尽力をいたしておりますが、なかなか思うに任せず難渋いたしております。　　　　　　　　　　　（東海）

⑭地方寺院の運営は厳しく、寺院統合を考えるべきと思う。檀徒数 150 戸

以上となる様に願う。　　　　　　　　　　　　　　　　　　（九州・沖縄）

　だが、引用②にもみられるように、過疎地域に居住する檀信徒にとって、菩提寺はかけがえのない存在である。換言すれば、先祖や死者を供養する菩提寺は、一切代わりのきかない「我が寺」なのだ。そのために、過疎地寺院の住職と檀信徒の間で、さまざまな葛藤を生み出すこととなる。これが今後、どのように推移するかはともかく、曹洞宗寺院の数はこの 50 年において、おおむね維持されてきた。そして、それは檀信徒の先祖や死者の供養が世代をわたり、継承されてきたことによる［相澤 2016］。

　とはいえ、2000 年代に入り、地縁・血縁的共同体の紐帯が弛緩の度を強めるなかで、葬祭儀礼はきわめて狭い範囲の人間関係に凝縮する志向性をもつようになっていった［相澤 2014］。それは檀信徒の葬祭によって成り立つ寺院間の相互扶助関係にも影響を及ぼすこととなった。一例を紹介しよう。

⑮……葬式と言えば、導師含めて 3 人又は数人の葬式当たり前でしたが、今は 3 人の葬式が少なくなり、1 人葬式が増えてきた。すると、他寺院の手伝いは必要なくなり、喪主の負担は無くなるが、住職としての収入が激減、近隣の寺が助け合うと言う考え方が地方の小さい寺では不可能になってきている。大きい寺との付き合いも回数激減収入激減です。

　　　　　　　　　　　　　　　　　　　　　　　　　　　　　（四国）

　筆者自身の調査でも、このような声を耳にする機会が多い（葬儀の詳細については、第 4 章を参照）。他教団の調査ではあるが、浄土宗総合研究所が浄土宗の住職と教師を対象として 2009 年に実施した「寺院アンケート」によれば、葬儀を 1 人で行なうことが多いとの回答が 41.0%（基数：2,700 人）でもっとも高い割合を示した［浄土宗 2012］。葬儀規模の縮小化とともに、寺院間の相互扶助の機会が減少しているとすれば、寺院の護持にも支障をきたすこととなる。

　こうしたなかで、少子高齢化が深刻化する過疎地域の檀信徒からは菩提寺を支える中心的な役割を担っている昭和一桁世代、団塊の世代以降の供養の

担い手について、その将来を懸念する意見が多く聞かれる［相澤2016］。供養の継承をめぐる問題について、「宗勢2015」では次のような意見が寄せられた。

⑯都市への転出により地方は過疎化の進行著しく寺院の存続危機が起きて居ます。都市部寺院は葬儀社の紹介で菩提寺が地方に有り、又、墓が地方に有るにもかかわらず、確認も無く受け葬儀を行い、更に檀家増えすぎ大変と言ってはばかりません。宗報で新規檀家受け入れ時には、菩提寺が有るか、墓が地方に有れば菩提寺の確認を求める様、指示をして頂き、更に葬儀社に菩提寺の意義を徹底する様、該当寺院に指導願います。法の伝承、血脈の意義、健全なる寺院運営を図り、宗門の未来存続の為、宜しく御検討願います。
　　　　　　　　　　　　　　　　　　　　　　　　　　　　（北海道）

ここには、地方から都市へと移り住み、菩提寺との関係が疎遠となった宗教浮動人口の問題があろう［藤井1974］。前章でみたように、「檀信徒2012」の自由記述によれば、若い世代の檀信徒は菩提寺との関係が疎遠であり、そもそも菩提寺の宗派が「曹洞宗」であることを知らなかったとする意見も多くみられた。さらに、若い世代の檀信徒には、宗教活動が葬儀のみに特化しているという批判精神や、先祖の供養が曹洞宗でなければならないという必然性を感じないといった考え方さえ見受けられる。寺檀関係はこれまで、親などの身近な人の死を接点として再生産されてきたが、若い世代の檀信徒の意見によるかぎり、今までと同様に寺檀関係が引き継がれるという確証はない。住職ら僧侶にとって、菩提寺や供養の意義を若い世代の檀信徒に伝えていくことが急務となっていよう［相澤2016］。

おわりに

これまでみてきたように、2005年から2015年にかけて、地域社会の過疎化は確実に進展し、これにともない曹洞宗寺院の約3割が人口減少社会の縮

図である過疎地域に立地していることがわかった。過疎地寺院を取り巻く環境は、非過疎地寺院に比べ厳しい情勢下にあり、ほぼ全国的（北陸地方を除く）に人口・世帯数の減少が進んだ。これと連動するのが檀信徒の減少であり、絶家や転居にともなうものが、主たる理由としてあげられている。

ただし、非過疎地寺院においても、過疎地寺院と同様、人口・世帯数の減少にともなう檀信徒の減少に直面し、専業の不可能な低収入寺院が数多く存在することにも注意を払わなければなるまい。平成の市町村大合併にともなう地方行政の広域化により、寺院が立地する細やかな地域の人口・世帯動態、自然的・地理的環境などを統計で把捉することが難しくなっている。「宗勢2015」の自由記述のなかには、人口・世帯数の減少が進む中山間地域を中心とした実地調査を希望する寺院の意見がみられたが、筆者自身もその必要性を強く感じているところである。

非過疎地寺院に先駆けて、過疎地寺院では寺檀関係が縮小化し、寺院運営や宗教活動の先行きが不透明になっており、寺院の存続発展を願う檀信徒の声とは裏腹に、寺院の統廃合による再編を望む声もあがっている。絶家はともかく、転居した檀信徒への対応や働きかけは寺院の場合、地縁関係によって成り立つ神社とは異なり、檀信徒の血縁関係に基づく結びつきを活用できる利点もあるはずだ。「宗勢2015」では、檀信徒全体に占める往復で日帰り（丸一日）以上を要する所に住む檀信徒（以下、遠方檀信徒）の割合をたずねている。それによると、非過疎地寺院では平均6.5％（標準偏差17.1％）、過疎地寺院では平均9.1％（標準偏差17.8％）が遠方檀信徒である（基数：非過疎地寺院8,580ヶ寺・過疎地寺院3,686ヶ寺）。ほぼ同率ではあるが、人口減少とともに一部の特定都市に人口が集中する極点社会の到来が予測されるなかで、都市部では無縁多死にともなう死者の扱いや、深刻な墓地不足が懸念されており、過疎地寺院はこうした遠方檀信徒の受け皿となり、縁を紡いでいくことも宗教集団として課せられた役割といえるのではないか。

とはいえ、「宗勢2015」の自由記述には、過疎地寺院の住職が主体的に檀

信徒に働きかけているにもかかわらず、転居先を教えてもらえなかったり、お盆やお彼岸の棚 経 を断られたりすることがあるとの記載がみられる。転居にともなう檀信徒と菩提寺の空間的な距離の隔たりや生活環境の変化が、必ずしも直接的に寺檀関係の絆に亀裂を生じさせるわけではないだろう。むしろ、住職と檀信徒の日常的な関係のなかで、いかに寺檀関係の絆を深めておくかが、事の正否をわかつのではないか。

　ここで重要な点は、菩提寺に対する住職と檀信徒との認識の乖離である。住職は葬儀や年回法要を執行し、寺院に位牌や墓地をもつ家の人びとを一様に檀信徒と認識するが、そのように認識される側の人びとは、必ずしもみずからを「檀信徒」と位置付けているわけではない。とりわけ、団塊の世代以降の若い人びとは、そうした意識が希薄である。だからこそ、自由記述⑯のような問題も表面化してくるのだろう。団塊の世代以降の若い人びとが、既存の寺檀関係を継承すべきかどうか、いよいよ決断の時が差し迫っている。

註

1) ここでいう調査票回収寺院とは、「宗勢2015」において、調査対象寺院となった14,099ヶ寺（「宗勢2015」に先駆けて実施された事前調査で回答のあった434ヶ寺を除く）のうち、調査票を回収した寺院13,645ヶ寺である（回収率96.8%）。

2) 調査対象寺院14,533ヶ寺（「宗勢2015」に先駆けて実施された事前調査で回答のあった434ヶ寺を含む）に占める過疎地寺院の割合は30.1%である。

3) ここで、他教団の宗勢調査に基づき、各教団の過疎地寺院割合との比較を試みたいが、管見のかぎり2014年4月5日時点の過疎地域自立促進特別措置法によって過疎地寺院割合を算出した教団がないため、それをなしえない。参考までに、前章において、『日本寺院総鑑データCD（2014年度版）』（協栄プランニング）をもとに、過疎地寺院割合を算出した結果を示してみよう。それによると、曹洞宗における過疎地寺院の割合は30.2%であり、この結果は調査対象寺院に占める過疎地寺院の割合（30.1%）とほぼ一緒である。『日本寺院総鑑データCD（2014年度版）』が収録する寺

院数と、調査対象寺院数はそれぞれ調査時点が異なることから、その数は必ずしも一致しないが、『日本寺院総鑑データ CD（2014 年度版）』はおおむね寺院の現況を正しく収録しているとみて大過ないだろう。

　そこで、曹洞宗以外の教団における過疎地寺院の割合を示すと、次のようになる。臨済宗妙心寺派 33.2％、高野山真言宗 30.1％、浄土真宗本願寺派 26.7％、日蓮宗 21.4％、真宗大谷派 20.8％、浄土宗 15.6％、天台宗 14.4％、真言宗智山派 14.1％、真言宗豊山派 13.3％。この結果によれば、曹洞宗は臨済宗妙心寺派に次ぐ割合となっており、日本の仏教教団のなかでも、とりわけ多くの寺院が過疎地域に立脚していることが鮮明となる。

4）ここでいう兼務とは、住職の退董（退任）や遷化（死去）などにより、その後を引き継ぐ副住職や徒弟がいないために、他寺院の住職が当該寺院の代表役員を兼任し、寺院運営や宗教活動にあたるものである。

5）人口減少社会を迎えた近年、寺院や教団の存続を懸念する危機意識の高まりから、この問題に焦点をあてた寺院の調査が教団で相次いでいる。筆者の目にとまった書誌情報のみを掲げておこう。天台宗総合研究センター編「「少子高齢化と寺院運営に関するアンケート」集計報告」『天台宗報』296号（天台宗、2014）、寺院問題検討委員会編『過疎地域に所在する寺院の問題に関する報告書――過疎地域における寺院へのアンケート調査集計』（浄土宗、2015）、日蓮宗現代宗教研究所宗勢調査プロジェクトチーム編『人口減少時代の宗門――宗勢調査にみる日蓮宗の現状と課題』（日蓮宗宗務院、2015）、智山教化センター編『年報 特集：人口減少社会に向けて――家族形態の変化から寺院のあり方を問う』（真言宗智山派宗務庁、2016）、浄土宗総合研究所編『過疎地域における寺院に関する研究』（浄土宗総合研究所、2018）。

6）むろん、檀徒は家を単位として構成されている。人口減少とともに、家を構成する人びとも減少しており、単純な戸数の比較では、寺院と関係のある人びとの人数を把捉することはできない。そこで、「国勢調査 2015」に基づき、曹洞宗寺院が立地する自治体の人口と世帯数から 1 世帯あたりの人員を算出し、これに各寺院の檀徒数（戸）を乗法して 1 ヶ寺あたりの檀徒の人数を求めた。その結果、非過疎地寺院の平均檀徒数は 374.7 人（標準偏差 543.7 人）、過疎地寺院は同様に 400.6 人（標準偏差 565.0 人）だった（基数：非過疎地寺院 8,845 ヶ寺、過疎地寺院 3,796 ヶ寺）。この場合におい

　　　ても、過疎地寺院が非過疎地寺院の数値を超えている。

7）専業とは住職が一寺院の運営、宗教活動を専らとすることを意味する。

8）住職が特定の一寺院の代表役員に就任している本務寺院（10,265ヶ寺）に注目した場合、寺院内には住職のほか、住職配偶者、副住職や徒弟などがいる。このように寺院を構成する人びとは、住職を除き、1ヶ寺あたり約2.4人存在し、住職の家族でほとんど構成されているのが実態である（相澤2017c）。こうした実態を仮に、一般世帯にあてはめてみよう。

　　　厚生労働省が2015年に公表した「国民生活基礎調査」によれば、2014年における1世帯あたりの年収の中央値は約427万円である。寺院の法人収入は一般世帯の年収とは異なり、本堂や庫裡などの維持・営繕費、教化費、法要費などの諸経費が差し引かれ、そこから住職らの給与（人件費）が捻出されて住職ら家族の生活が営まれる。「宗勢2005」によれば、法人収入に占める人件費は、平均45.3％（基数：11,914ヶ寺）で、この結果に基づけば、おおよそ法人収入の半分が住職らの収入となる。この点を考慮し、本書では一般世帯の年収を上回る金額である法人収入「1,000万1円以上」の寺院は、一般世帯の年収中央値以上であり、住職の専業によって家族の生計を成り立たせることができると判断されることから「高収入寺院」とみなした。一方、法人収入「500万円以下」の寺院は、住職を含む家族1人あたりの平均年収が約147.1万円以下（500万円を3.4人で除法）で、一般世帯の人員1人あたりの平均年収約211万円を大きく下回り、住職の専業によってのみ家族の生計を成り立たせるのが不可能であると考えられることから「低収入寺院」とした。この両極に挟まれる「中収入寺院」は法人収入「500万1円〜1,000万円」で、住職の専業によってのみ家族の生計を成り立たせるのが困難な状況にあると判断される。

　　　なお、浄土真宗本願寺派は『第9回　宗勢基本調査報告書』において、寺院の法人収入について、一般世帯の平均年収を基準として、300万円未満を「低収入寺院」（専業不可能）、300万円〜600万円未満を「中収入寺院」（専業が難しい）、600万円以上を「高収入寺院」（専業可能）に分類した。その結果によると、低収入寺院は37.8％、中収入寺院は19.0％、高収入寺院は43.2％だった（基数：5,778ヶ寺［浄土真宗本願寺派2011]）。

9）曹洞宗における寺族とは、寺族得度式または寺族安名親授式を了じ、寺院に在籍する寺族簿に登録されたものである。このうち、准教師の補任

を受け、寺族代表登録簿に登録されたものを寺族代表（1 寺院につき 1 人かぎり）という。

10）仏教教団では、「後継者の不足」が叫ばれて久しい。土屋・小林 2017 で詳細に論じられている通り、曹洞宗も多分に漏れないが、同宗で宗勢総合調査が開始されて以来、寺院数はおおむね維持されており、「寺院を受け継ぐ」という観点では、継承がなされてきたと判断される。この点で、教団全体からみれば後継者不足を論ずることはできないだろう。にもかかわらず、後継者不足が声高にいわれる背景には、住職の後継者に対する認識の存在がある。曹洞宗では、教師資格をもつすべての僧侶が住職となることができるが、実態として住職は後継となるべき人を実子や自身の徒弟に固定化し、実子や徒弟がいないことを理由に後継者がいないと認識しており、そこから後継者が不足しているという認識が広まったと推察されている［土屋・小林 2017］。

11）もともとは、お盆に各家庭で精霊棚を設け、僧侶を招いて供養の読経をあげてもらうことを意味したが、近年では精霊棚が姿を消し、お盆やお彼岸などの機会に仏壇で僧侶に読経してもらうことを指すように意味合いが変化してきている。

参考文献一覧

相澤秀生　2014「新たな葬送の展開」『曹洞宗総合研究センター第 15 回学術大会「葬送儀礼と民俗」刊行記念シンポジウム「これからの葬儀を考える」講演録』曹洞宗総合研究センター。

相澤秀生　2016「過疎地域における供養と菩提寺──曹洞宗」櫻井義秀・川又俊則編『人口減少社会と寺院──ソーシャル・キャピタルの視座から』法藏館。

相澤秀生　2017a「宗派間比較からみた過疎地寺院──曹洞宗を中心に」『跡見学園女子大学文学部紀要』52 号、跡見学園女子大学文学部。

相澤秀生　2017b「はじめに」曹洞宗宗勢総合調査委員会編『曹洞宗宗勢総合調査報告書 2015 年（平成 27）』曹洞宗宗務庁。

相澤秀生　2017c「寺院に在籍・居住する人びとの概要」曹洞宗宗勢総合調査委員会編『曹洞宗宗勢総合調査報告書 2015 年（平成 27）』曹洞宗宗務庁。

酒井克也　2017「恒例法要・臨時法要」曹洞宗宗勢総合調査委員会編『曹洞宗

宗勢総合調査報告書 2015 年（平成 27）』曹洞宗宗務庁。

酒井克也・冬月律　2017「自由記述からみえてきたもの」曹洞宗宗勢総合調査委員会編『曹洞宗宗勢総合調査報告書 2015 年（平成 27）』曹洞宗宗務庁。

櫻井義秀　2017『人口減少時代の宗教文化論──宗教は人を幸せにするか』北海道大学出版会。

櫻井義秀・川又俊則編　2016『人口減少社会と寺院──ソーシャル・キャピタルの視座から』法藏館。

浄土宗総合研究所編　2012『現代葬祭仏教の総合的研究』浄土宗総合研究所。

浄土宗総合研究所編　2016『過疎地域における寺院に関する研究』浄土宗総合研究所。

浄土真宗本願寺派第 9 回宗勢基本調査実施センター編　2011『第 9 回　宗勢基本調査報告書』浄土真宗本願寺派宗務企画室。

土屋圭子・小林惇道　2017「寺院運営と後継者」曹洞宗宗勢総合調査委員会編『曹洞宗宗勢総合調査報告書 2015 年（平成 27）』曹洞宗宗務庁。

日蓮宗現代宗教研究所編　1989『過疎地寺院調査報告　ここまで来ている過疎地寺院、あなたは知っていますか？』日蓮宗宗務院。

藤井正雄　1974『現代人の信仰構造──宗教浮動人口の行動と思想』（日本人の行動と思想〈32〉）評論社。

山下祐介　2012『限界集落の真実──過疎の村は消えるか？』ちくま新書。

龍谷大学過疎地寺院実態調査センター編　1990「過疎地寺院実態調査報告書」『宗報』301 号、本願寺出版社。

付記　本章は相澤秀生「過疎地或における曹洞宗寺院の現状──曹洞宗宗勢総合調査 2015 年に基づいて」（『跡見学園女子大学文学部紀要』53 号、2018年）を改題・補訂したものである。

【第3章】

兼務寺院・無住寺院の実態
——厳しい運営の状況——

平子　泰弘

はじめに

　石井研士は 2014 年 5 月に日本創生会議が発表し話題になった「消滅可能性都市」に宗教法人がどのくらい立地しているかを試算した。その結果全法人（神社や寺院 176,670 法人、但し福島県を除く）の 35.6%（62,971 法人）が消滅する可能性がある自治体に立地するとし、「限界宗教法人」と呼称している［石井 2015］。また鵜飼秀徳は人口減少にともなって衰退していく寺院の現状レポートや新たな取り組みを紹介し、今後多くの地方寺院が直面すると予想される寺院存立の危機を提起し話題となった［鵜飼 2015］。そのなかで取り上げられたのが、「不活動法人」と呼ばれる宗教活動がなされていない寺院や、代表役員たる住職が存在しない「無住寺院」、住職が他の職業に就きつつ寺院も運営している兼職と呼ばれる状態、そして他の寺院住職が併せて住職を勤めている「兼務寺院」である。

　「宗勢 2015」によれば、曹洞宗では「兼務寺院」が 22.2%（3,034ヶ寺）、住職の登記のないいわゆる「無住寺院」が 2.3%（309ヶ寺）ある。そしてその割合は 10 年ごとの調査を追うにしたがい増加している。兼務寺院の多く（71.9%）が今後も兼務を続けていくと回答しているが、兼務寺院数が増加していくなかでこれまでのように継続は可能なのだろうか。

　1 人の住職が複数の寺院の住職を務める兼務や、住職登録者がいない無住寺院は他の仏教教団にもみられる。真言宗智山派の分析では、「平成 27 年現

在、本宗には 2,890 の寺院があり、そのうち兼務寺院（住職不在・代務・特別兼務を含む）は 977ヶ寺である。実に本宗全体の 33.8% の寺院が兼務寺院ということになる」と報告し、地域別の差異を示しながら人口減少や過疎問題とのかかわりを指摘し今後の対応を提案している［智山教化センター 2016］。臨済宗妙心寺派では 2014 年に兼務住職を対象にした調査を実施している。現在、全寺院の 3 分の 1 を占める兼務寺院数がやがて住職のいる寺院数と逆転するかもしれないとの危惧の念から、これを教団として取り組むべき課題としている。調査では主に兼務寺院の経済的状況と今後の展望が尋ねられていて、現在の兼務寺院が今後とのような状況になるかを探っている［臨済宗妙心寺派 2015］。また浄土真宗本願寺派では、これまで住職死亡の場合や病気などで職務を行なえない場合「住職代務」が任期 2 年でおかれていたが、2018 年より任期を 4 年に定めた「兼務住職」が規定された。その背景には相当期間住職不在が継続するケースのあることがあげられている［浄土真宗本願寺派 2018］。代務の 2 年更新に対して、手続きや経費の簡略化を求める声が寺院の現地調査で確認できることから、こうした実状を反映した対策と考えられる。[1] このように他宗派においても兼務についての実態調査や対応策がみられる。

　曹洞宗においても兼務寺院数・無住寺院数が今後増加していくことは避けられないであろう。本章では兼務寺院・無住寺院の現状の姿を確認することを通して増加していく背景を明らかにし、そこに存在する問題を考えていきたい。すなわち、兼務寺院・無住寺院の伽藍や分布の状況、寺院を支える住職や檀信徒などの状況やかかわり方、法要や各種活動の実態や経営状況、そして各寺院が抱えている問題を分析することをもって、兼務や無住の増加が意味するところを考察するものである。

1.　兼務寺院・無住寺院の概要

はじめに曹洞宗における兼務寺院・無住寺院と呼ばれる寺院区分について確認し、これらの寺院に敷設されている建物についてみておきたい。また地域における分布の様子や状況の違いをみておく。

（1）兼務寺院・無住寺院の定義と伽藍の状況

曹洞宗では各寺院の区分を「本務寺院」「兼務寺院」「代務・特定代務寺院」「無住寺院」の大きく4つに分けて通称している。これは各寺院の代表役員の区分の違いと有無に応じての分け方である。

『曹洞宗宗制』において、寺院の代表役員および代務者として「住職」「兼務住職」「代務者」「特定代務者」を規定し、それぞれ寺院（宗教法人）の代表役員となることを定め（「曹洞宗寺院規程」第15条）、その任免についても必要な事項を定めることを謳っている（同上、第16条）。その任免について、兼務住職の規程は「住職が欠けた場合の措置」として次のように記される［曹洞宗 2018］。

> 第17条　住職が欠けた場合において、その後任の住職を選定することができないときは兼務住職を、住職または兼務住職が病気、旅行その他の理由により、3か月以上その職務を行うことができないときは代務者を、それぞれ置かなければならない。（「曹洞宗寺院住職任免規程」）

このように住職が選定できない場合に、「他の寺院の住職が当該寺院の住職を兼務する」ことが規定されている[2]。さらに兼務する寺院は2ヶ寺まで、ただし、寺院規模の小さい寺院についてはそのかぎりではないことが定められ、任期についても5年以内とし、その延長が可能である（「曹洞宗寺院住職任免規程」第18条・19条）。つまりこの兼務の制度は住職が不在になった場合の暫定的な措置である。したがって、曹洞宗においては1ヶ寺に1住職が宗教活動に専念することを建前としている。そうした暫定的な制度であるものの、実

際には次期住職決定までの数年間だけの兼務ではなく、延長を繰り返す恒常的な兼務の状況がみられる[3]。兼務寺院の経過年数については後にみていく。

　兼務寺院に関する規程はこの箇所のみで、規程のなかに「兼務寺院」や「無住寺院」の語は確認できないが、教団内においては便宜的に兼務住職が兼務している寺院を「兼務寺院」、代務者・特定代務者が代表を務めている寺院を「代務・特定代務寺院」、そしていずれの代表者もいない寺院を「無住寺院」と呼び習わしている。これらに対し1ヶ寺のみを住持している住職の寺院や、兼務している住職が以前より住職を務めている寺院を「本務寺」あるいは「本務寺院」と通称している（なお以下の考察では「兼務寺院」「無住寺院」に絞って分析をし、比較の対象として「本務寺院」は参照するが、「代務・特定代務寺院」については分析から外すこととする）。

　では「兼務寺院」「無住寺院」と呼ばれるこれらの寺院の姿はどのようなものか。ここでは各寺院が宗教活動のために敷設している建物について確認しよう。伽藍と総称される寺院敷設の建物は、法要などの宗教活動を行ない、住職等が生活する場として必要な施設といえる。**図1**に示したように、法要などの中心的な場となる「本堂」については、兼務寺院・無住寺院においても8割以上で設置されていることがわかる。本務寺院においては大半の寺院で、「本堂」と住職の生活の場となる「庫裏（くり）」をそなえていて、さらに半数において、檀信徒の先祖をまつる「位牌堂」、接待の場となる「客殿・書院」、歴代住職をまつる「開山堂」をそなえている。一方、兼務寺院・無住寺院においては、本務寺院に比していずれの施設も設置の割合が低くなっている。さらに寺院施設は「なし」との回答が、兼務寺院で8.1％、無住寺院で15.4％存在する。伽藍建物が何もない寺院は「青空寺院」とも呼ばれるが、土地と法人格のみを有する寺院が存在することも事実である。

　こうした伽藍をめぐる実状は、「宗勢2015」の自由記述欄において寄せられた意見に確認することができる（自由記述は原文のまま一部を使用。寺院や住職、檀信徒の特定につながると判断した内容は●とした。カッコ内は寺院の所在地方と寺院区

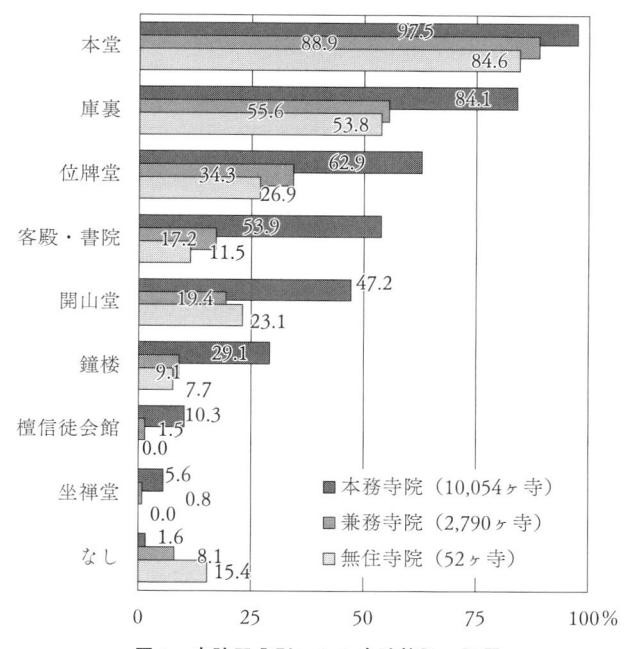

図1　寺院区分別にみた寺院施設の設置

分。以下の自由記述の引用についても同様）。例えば「当該寺院は老朽化により雪重により倒壊、現在、本寺に必要な物を安置しております。お堂位は造りたいと思っておりますが、資金等で実行出来ないでおります。（甲信越、兼務寺院）」との意見からは、伽藍の老朽化にともなう修理修築が難しい実状がみえてくる。無住寺院においても「30年以上無住の状態で本堂は崩壊寸前で危険です。（甲信越、無住寺院）」、「伽藍も老朽化し壊し本堂の方へ仏様を移しました。（甲信越、無住寺院）」など、伽藍の老朽化や倒壊を伝える声もある。

　無住寺院の伽藍の有無や管理の状況については、現地調査からもさまざまな現状が報告されている。そこでは、以前はあった建物が朽ちてしまい現在は民家になってしまっているケースや、立派な本堂を有しながら住職の遷化

後に後継者がなく、無住になっているケース、災害で伽藍が喪失してしまい土地のみを管理しているケースもみられる。また、住職が常住していない寺院でも誰かしらが居住していて伽藍や境内の整備がされているケースや、檀信徒により整備がされているケース、あるいは住民もいない地域の寺院を兼務住職や檀信徒が必死に守っているケースもみられる[4]。このように伽藍の状況は管理の状況とともに個々の違いも確認できるが、伽藍をいかにして維持していくかという問題が存在することと、住職や檀信徒が現状を維持しようとしている様子が確認できる。

(2) 兼務寺院・無住寺院の分布状況

　上述したように「兼務寺院」が 22.2%（3,034ヶ寺）、無住寺院が 2.3%（309ヶ寺）存在するが、その分布はどうなっているか。これについて地方別に兼務寺院の占める割合をみると（図2）、割合の高い順に近畿の 31.3%（376ヶ寺）、北陸の 29.3%（179ヶ寺）、東海の 27.5%（796ヶ寺）と続き、以下は甲信越、中国の順となっている。次に無住寺院の占める割合をみると（図3）、全国平均では 2.3%（309ヶ寺）のところ、北陸で 7.0%（43ヶ寺）、九州・沖縄で 6.4%（54ヶ寺）、甲信越で 4.1%（71ヶ寺）と高い割合を示している。北陸、甲信越では兼務寺院、無住寺院ともに高い割合となっている。一方、近畿や東海、中国では兼務寺院の割合は高いが無住寺院の割合は低く、逆に九州・沖縄では兼務寺院の割合は低いが無住寺院の割合は高い。

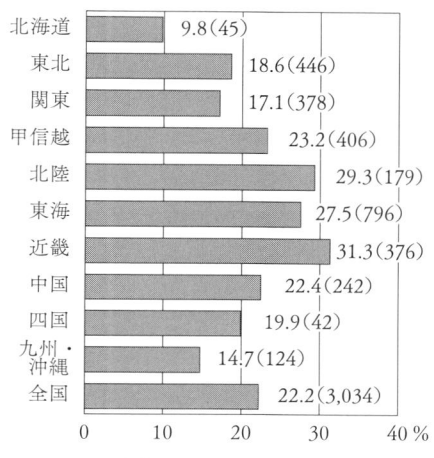

図2　地方別にみた兼務寺院の割合

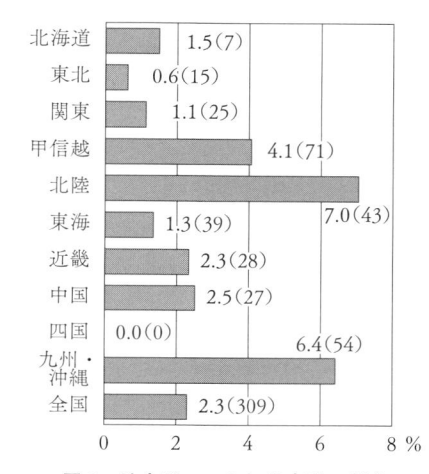

図3　地方別にみた無住寺院の割合

　地方別にみることでその分布に違いが確認できるが、『宗勢2015報告書』ではさらに細かく都道府県別に分布の割合を示している。兼務寺院では「北陸の富山以西の各府県に多い」傾向と、「とりわけ、福井県、三重県、滋賀県、京都府、和歌山県、岡山県、徳島県では、全国平均を10〜20ポイントほど上回っており、寺院の約4〜5割が兼務寺院」であるという。無住寺院では同じく割合の高い地域が「富山県、滋賀県、熊本県、大分県、鹿児島県・沖縄県といった地域で、いずれも全国平均の3倍以上となっている」と報告にある［相澤 2017a］。これについて次の**表1**にあげた各府県は全国平均より割合の高い地域である。和歌山県においては曹洞宗寺院の半数が兼務寺院である。和歌山県下の曹洞宗寺院は62ヶ寺、仏教系宗教団体（『宗教年鑑』平成27年度版）の寺院数は1,590ヶ寺（曹洞宗を含む）で、2015年の和歌山県の人口963,579人で計算すると、10万人あたりの寺院数は165ヶ寺となる。第1章の表1で示した人口と寺院数の関係を参考にすれば、人口に対する寺院数の多いことがわかる。近畿地方は他の地方に比べて寺院数が多いことも確認することができ、人口に対して寺院が多い、いわば寺院の過密状態とい

える。こうした地域ごとの分布の違いが兼務や無住の数とかかわっていることが考えられる。臨済宗妙心寺派の調査では和歌山県の兼務率がもっとも高いとされ（兼務率 63.9%、166ヶ寺中 106ヶ寺が兼務寺院）、同地域では地域人口の激減が寺院の経営的基盤を脆弱化させていることや、とくに山間部では集落が消滅していく危険性があると分析している。そして、この問題は全国の地方寺院にも該当する問題であるとして、適切な対策の必要性を説いている［臨済宗妙心寺派 2015］。また同派では寺院の統廃合にも力を入れており、統廃合の煩雑な手続きを滞りなく進められるよう宗派としてのフォローの必要性と、地元の人びとの思いを尊重しながら問題解決すべきとの方向性を主張している［中外日報 2015］。

表1　兼務（無住）寺院の割合の高い都道府県

	兼務寺院割合 %（ヶ寺）		無住寺院割合 %（ヶ寺）
和歌山県	50.0（31）	大分県	17.8（31）
徳島県	42.1（8）	富山県	14.8（31）
岡山県	41.4（58）	熊本県	9.1（8）
三重県	39.7（163）	滋賀県	8.4（16）
京都府	37.9（134）	鹿児島県 ・沖縄県	7.7（1）
滋賀県	37.7（72）		
福島県	35.6（161）	長野県	5.7（30）
山梨県	35.5（173）	島根県	5.5（17）
福井県	35.0（96）	石川県	4.7（6）
奈良県	31.4（22）	青森県	4.2（7）
静岡県	30.0（334）	新潟県	4.0（29）
熊本県	28.4（25）	茨城県	3.8（7）
岐阜県	28.0（67）	福岡県	3.2（5）
兵庫県	25.8（102）	奈良県	2.9（2）
千葉県	25.2（77）	山梨県	2.5（12）
石川県	25.2（32）	愛知県	2.5（28）
島根県	24.8（76）	長崎県	2.5（3）
埼玉県	24.4（125）	全国平均	2.3（309）
富山県	24.3（51）		
全国平均	22.2（3,034）		

　無住寺院の割合においても県別の差が大きくみられ、大分県の 17.8％
（31ヶ寺）、富山県の 14.8％（31ヶ寺）とそれぞれ県内寺院の 1 割を超えている。
こうした状況については、個別のフィールドワークによる研究の蓄積が必要
だろう。

　地方により兼務・無住の割合が異なる背景の 1 つには、人口減少による影
響があろう。過疎地域および非過疎地域における寺院区分の割合の変化につ
いては第 2 章の表 3 で確認されたように、過疎地域における本務寺院の割合
は今回と前回（2005）の調査ともに非過疎地域での本務寺院の割合を下回っ
ていた。そして、過疎地域における兼務寺院・無住寺院の割合は、今回と前
回の調査ともに非過疎地域での兼務寺院・無住寺院それぞれの割合を上回っ
ていた。また、非過疎地域での兼務寺院割合の上昇率が 1.9 ポイントである
のに対し、過疎地域での兼務寺院割合の上昇率は 3.4 ポイントと高く、より
過疎地域での兼務化が進んでいる。過疎地域であることのみが兼務化や無住
化の理由とはならないが、檀徒の増減をみると非過疎地寺院では増加した一
方で、過疎地寺院では減少を示しており、地域社会の人口減少が檀徒数に深
く関連していることが論じられている（第 2 章 2 項参照）。先述の妙心寺派の
調査においても同様に、地域の人口動態と兼務寺院数の関連が論じられてい
る。

　兼務寺院・無住寺院の分布には地域的な偏りがあり、その背景には地域の
寺院数の違いや人口の変化が大きくかかわっていることが明らかである。

2.　兼務寺院・無住寺院を支える人たち

　兼務寺院は専従の住職がおらず、無住寺院は代表役員たる住職が存在しな
い状態であるが、いずれかの人の関与によって日々の維持や宗教活動などの
運営がなされている。ここでは寺院の維持や運営にかかわっている人たちに
ついて考察していく。

(1) 兼務住職の内状

　まず兼務住職数の地方別の分布状況と、兼務寺院としての経過年数について概観しておく。**表2**は寺院を兼務している住職の割合を地方別に示したものである（網掛け部分は全国平均より高い地方）。全国平均は22.3％であり5人に1人の割合で兼務住職がいる計算になる。この平均を上回るのは近畿32.9％、北陸32.4％、東海26.0％、甲信越25.7％、中国23.8％である。これらの地方では4人に1人から、3人に1人の割合で住職が兼務住職になっていることになる。一方で北海道9.8％、九州・沖縄15.9％、東北17.9％、関東18.3％と全国平均より低く、地方による状況の違いを読みとれる。第1章で仏教5派の寺院分布をみたように、寺院の過密化が進んでいる地域（10万人あたりの寺院数の大きい地域）において、兼務している住職の割合が高くなっていることがわかる。

表2　地方別にみた寺院を兼務している住職の割合

	％（人）
北海道　　（398）	9.8（39）
東　北（1,893）	17.9（338）
関　東（1,755）	18.3（322）
甲信越（1,230）	25.7（316）
北　陸　　（370）	32.4（120）
東　海（1,998）	26.0（520）
近　畿　　（775）	32.9（255）
中　国　　（787）	23.8（187）
四　国　　（166）	20.5（34）
九州・沖縄（641）	15.9（102）
全　国（10,013）	22.3（2,233）

　表3は兼務寺院が兼務の状態になってからの経過年数を地方別に示したものである（網掛け部分は全国平均より高い地方）。『宗勢2005報告書』『宗勢2015報告書』にあるように、兼務寺院数は調査を追うごとにその割合が増加を示

している。そこで、表3をみると全体的な傾向として近年の増加を反映して
か、「10年まで」「11〜20年」「21〜30年」の順に割合が高い。ただしここ
10年間の兼務寺院の増加率（19.5%→22.2%）に比べて「10年まで」の割合
（39.5%、1,101ヶ寺）が高い結果を示しており、ここには寺院が兼務されるよ
うになった年数ではなく、兼務住職自身が兼務してからの年数を回答してい
るものが少なからず含まれていると推察される。これを踏まえつつ表3をみ
ると、関東と東海では20年以上経過の割合が高いが、20年未満では低い結
果である。一方で甲信越、中国、四国、九州・沖縄では経過年数の長いとこ
ろは低く、経過年数の短いところが高くなっており、比較的近年で兼務化が
進んだことがわかる。そして東北、北陸、近畿では20年未満での割合が高
いと同時に、30年以上や40年以上などの割合がそれぞれ高く出ている。

表3　地方別にみた兼務してからの経過年数の割合　　　　%（ヶ寺）

		10年まで	11〜20年	21〜30年	31〜40年	41〜50年	51〜100年	101年以上	わからない
北海道	(40)	52.5 (21)	25.0 (10)	5.0 (2)	10.0 (4)	2.5 (1)	2.5 (1)	0.0 (0)	2.5 (1)
東　北	(408)	36.8 (150)	28.4 (116)	11.5 (47)	10.3 (42)	4.7 (19)	3.9 (16)	1.2 (5)	3.2 (13)
関　東	(357)	33.1 (118)	24.1 (86)	14.8 (53)	9.8 (35)	5.9 (21)	5.9 (21)	2.0 (7)	4.5 (16)
甲信越	(371)	39.6 (147)	27.2 (101)	15.4 (57)	8.4 (31)	4.0 (15)	3.2 (12)	0.5 (2)	1.6 (6)
北　陸	(170)	53.5 (91)	22.4 (38)	14.1 (24)	3.5 (6)	4.7 (8)	1.8 (3)	0.0 (0)	0.0 (0)
東　海	(716)	35.9 (257)	23.2 (166)	17.0 (122)	9.5 (68)	4.6 (33)	3.8 (27)	2.2 (16)	3.8 (27)
近　畿	(349)	40.1 (140)	23.5 (82)	14.6 (51)	7.7 (27)	5.2 (18)	6.6 (23)	0.0 (0)	2.3 (8)
中　国	(224)	44.6 (100)	26.8 (60)	13.4 (30)	5.8 (13)	2.2 (5)	4.9 (11)	0.0 (0)	2.2 (5)
四　国	(40)	65.0 (26)	20.0 (8)	10.0 (4)	5.0 (2)	0.0 (0)	0.0 (0)	0.0 (0)	0.0 (0)
九州・沖縄	(115)	44.3 (51)	23.5 (27)	16.5 (19)	7.8 (9)	1.7 (2)	2.6 (3)	0.0 (0)	3.5 (4)
全　国	(2,790)	39.5 (1,101)	24.9 (694)	14.7 (409)	8.5 (237)	4.4 (122)	4.2 (117)	1.1 (30)	2.9 (80)

　ここに寺院が兼務化される時期の地方的特徴をみてとることができよう。
すなわち、関東や東海のように以前に兼務化が進み、現在は進みが遅い地域、
甲信越、中国、四国、九州・沖縄のように、以前には兼務化の進みが遅かっ
たが近年になり兼務化が進んだ地域、そして東北、北陸、近畿のように、断
続的に兼務化が進んでいる地域に大別できる。

(2) 寺院構成員数と内訳

　寺院の構成員には住職の他に、副住職や徒弟、寺族、その家族などがいて、寺院の運営にかかわっている。兼務寺院・無住寺院ではそうした寺院を支える構成員の状況がどうなっているか確認しておく。

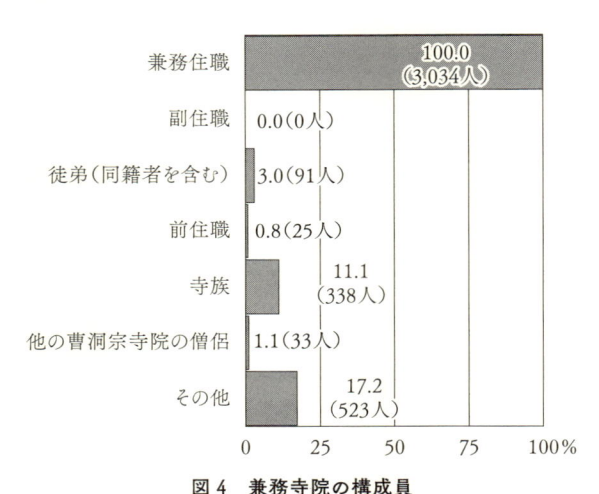

図4　兼務寺院の構成員

基数：3,034

　兼務寺院（3,034ヶ寺）、無住寺院（309ヶ寺）中に、それぞれに所属する構成員の割合と実数を示したのが**図4**、**図5**である。兼務寺院では兼務住職が寺院の代表者となっているが、本務寺院との兼務でその任にあることは先に述べた通りである。『宗勢2015報告書』に示されるように、兼務住職以外には僧侶資格を有する者（徒弟・前住職・他の曹洞宗寺院の僧侶）が計149人、寺族やその他が計861人であるが、兼務住職を除くと兼務寺院の構成人数は平均0.33人となる。兼務寺院においては、兼務住職のほぼ独力で寺院護持にあたっているといえる［相澤 2017b］。その兼務住職においても基本的に本務寺院を中心に活動していることが想定され、兼務住職が兼務に割ける時間はか

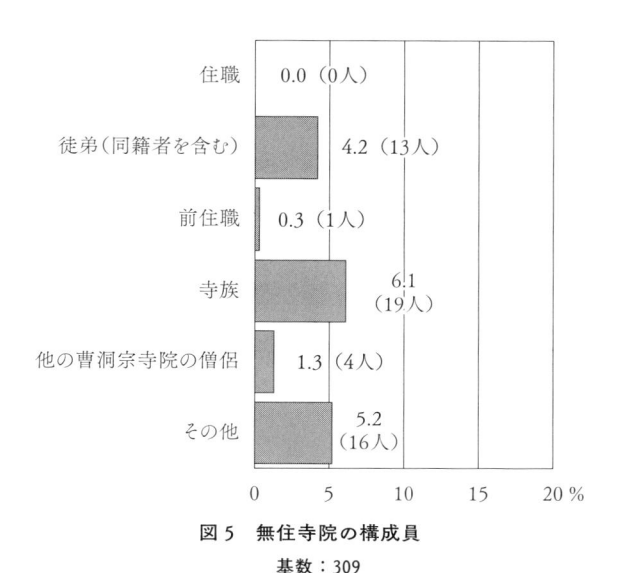

図5　無住寺院の構成員
基数：309

　ぎられる。兼務寺院が複数であればさらにその時間は短くなるであろう。

　無住寺院については当然ながら住職の任に就いている者はいないが、維持・運営等に携わっている構成員が確認できる。僧侶資格を有する者（徒弟・前住職・他の曹洞宗寺院の僧侶）が18人所属し、寺族とその他の構成員が35人所属している。無住寺院という呼称から誰もいないことが想定されるが、僧侶やその他の構成員が居住しているケースもわずかながら存在する［相澤　2017b］。

　兼務寺院のそうした状況を「宗勢2015」の自由記述欄から確認すると、兼務住職以外の構成員がその補助を行ない、日常的に支えていることがわかる。例えば「兼務住職の一人の運営で必要に応じて臨時に徒弟に手伝わせています。（中略）ふだんは無住の状況です。近くに護持会長の自宅があり、毎日見てくれています。私も常在しませんが見に行ってはいます。（甲信越、兼務寺院)」、「前住職の寺族です。●●寺に、息子・従弟としています。勤務の

都合で兼務して、もらっています。（中略）いずれ退職したら住職として勤めてくれると思います。（中国、兼務寺院）」のように、兼務住職の手が回らない分を徒弟が補っている様子や、寺族が日常の維持を努めている様子がうかがえる。

（3）檀信徒と寺院へのかかわり方
①檀徒数と護持会の結成

　一方、檀徒の状況はどうであろうか。そこで、兼務寺院・無住寺院を支える人たちである檀徒数の状況を確認しておきたい。**図6**は兼務寺院・無住寺院の檀徒数の割合を本務寺院のそれと比較したものである。『宗勢2015報告書』によれば1ヶ寺あたりの平均檀徒数は147.2戸（標準偏差215.2戸）であり、全体の傾向として1〜150戸までの寺院が55.1%と過半数を占めている［市田・大橋 2017］。本務寺院もその傾向にあるが、兼務寺院・無住寺院では大きく異なる。まず檀徒のいない寺院（0戸）の割合が兼務寺院で21.6%、無住寺院で39.6%を占めている。また、1〜50戸の寺院割合はともに高い。兼務寺院では1〜50戸が49.3%と約半数を、無住寺院では43.4%と半数近くを占め、ここまでで兼務寺院の70.9%、無住寺院の83.0%を占めている。以上のように檀徒数の少ない寺院がその大部分であることがわかる。

　曹洞宗の各寺院の多くでは、寺院の維持や運営を互助していく檀信徒の組織として護持会が結成されている。護持会はとくに宗費や伽藍の修繕費などの経費を経済的な側面から支える役割を担っている。その結成率を比較したのが**図7**である。本務寺院では75.6%のところ、兼務寺院では60.5%、無住寺院では42.3%の結成率である。檀徒・信徒のいない寺院では護持会の結成自体ができないことから、先にみたように檀徒のいない寺院の割合が高い兼務寺院や無住寺院での結成率が低くなっている。兼務寺院・無住寺院においては檀徒数の少ない寺院が多く存在することと、それゆえに寺院を護持するための護持会の結成も万全ではない実態がみえる。寺院を経済的に支え

る側面をもつ護持会が結成できなければ、おのずとその負担は寺院や住職個人にかかってくることが考えられる。

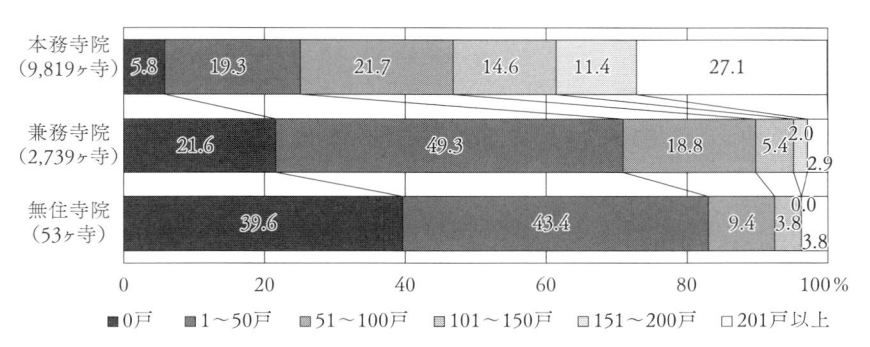

図 6 寺院区分別にみた檀徒戸数の割合

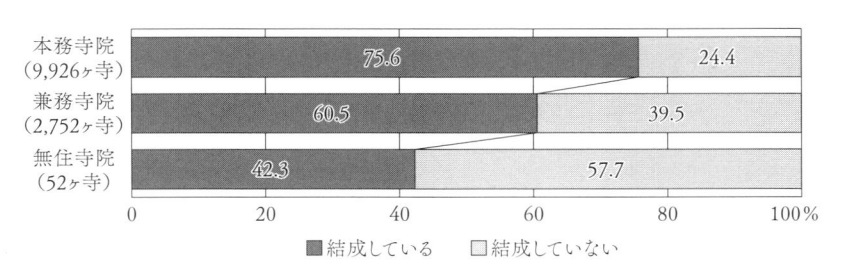

図 7 本兼無住別にみた護持会の結成率

②総代・世話人

兼務寺院・無住寺院を支える人びととして総代・世話人が存在する。寺院において総代・世話人は、檀信徒の代表にして檀信徒全体をリードするほか、法人の責任役員としての面や、寺院の護持や運営の意思決定、運営の補佐を担っている。これまで確認してきたように専従の住職のいない兼務寺院や、住職のいない無住寺院においては支え手となる檀信徒数の少ない寺院も多く、総代・世話人の持つ役割がより大きくなると考えられる。そこで総代・世話

人のそれぞれが担っている寺院内での役割をみたのが**図 8、図 9** である。各役割のなかで兼務寺院での割合が高くなっているのが「本堂や境内の美化・清掃」である。常に住職がいないことが多い兼務寺院での清掃を、総代や世話人が担っていることがわかる。また「檀信徒の葬儀で助言を行なう」や「寺院行事の案内や勧誘」「檀信徒への配布物を配る」でも総代や世話人の役割がわずかであるが本務寺院に比べて高い。これも住職が常住しておらず、寺院と檀信徒をつなぐ役割を本務寺院以上に求められているのかもしれない。

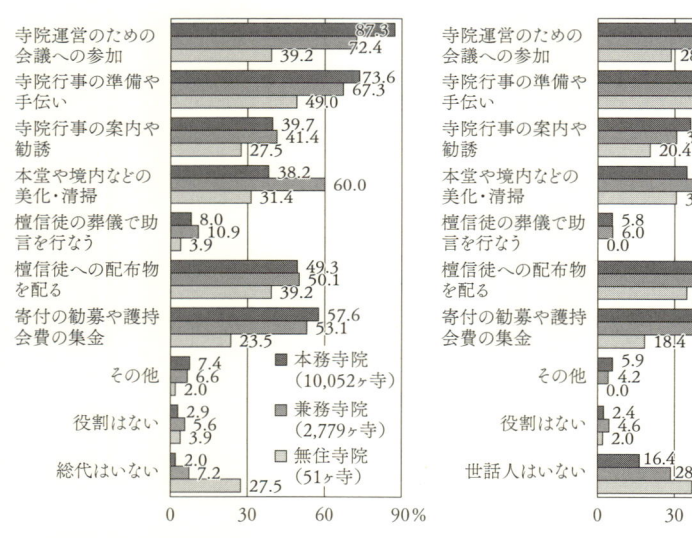

図 8　寺院区分別にみた総代の役割　　**図 9　本兼無住別にみた世話人の役割**

　日常の維持・管理を総代や世話人が勤めている様子は、「宗勢 2015」の自由記述欄の回答に「●●●本堂のみ無人の為、週一度掃除に通っています。総代が時々見てくれて共に協力して護持しています。（関東、兼務寺院）」という現状や、近くに護持会長の自宅があり毎日見てくれているなどの声もある。兼務寺院や無住寺院はこうした近隣に在住する総代や世話人を中心とした檀

信徒によっても支えられていることがわかる。さらに「●●寺は檀家の無い寺ですが、共同墓地として地域の自治会が管理しています。また、公民館（集会場）・ゲートボール場で利用され、地域の皆さんの交流場となっております。（関東、兼務寺院）」との回答もある。これは寺院が檀信徒だけでなく地域住民によって維持管理され、広く利用されている事例である。このように兼務寺院・無住寺院においては兼務住職や寺院の構成員ばかりでなく、総代・世話人をはじめ地域住民の支えによって守られてきている実状がわかる。

3.　兼務寺院・無住寺院の教化と運営

　兼務寺院・無住寺院においては寺院維持の人手が充分といえないなかでも、それぞれに年間を通して教化活動がなされ、一宗教法人として運営されている。本節ではそうした活動内容や運営の状況、そして寺院を運営するうえで生じている問題を確認したい。

（1）教化活動

　まず各寺院で行なわれている講活動や坐禅会などの教化団体の主催有無を確認していく（図10）。本務寺院では73.0％の寺院で何らかの教化活動が主催されているが、兼務寺院での主催率は36.9％、無住寺院では18.4％と、その主催率が低いことがわかる。また、主な教化活動の開催割合を確認する（図11）と、梅花講では本務寺院37.0％のところ、兼務寺院で13.2％、無住寺院で8.2％の開催、坐禅会では本務寺院26.5％のところ、兼務寺院で4.0％、無住寺院で0.0％の開催、観音講・地蔵講などの講では、本務寺院21.8％のところ、兼務寺院で15.0％、無住寺院で10.2％の開催割合となっている。

　教化活動は必ずしも住職が主導するものではないが、住職の住持形態およ

び有無によってその差が生じている。とくに僧侶の指導者を必要とする梅花
講や坐禅会において、開催率の差が生じている。しかし見方を変えれば、兼
務や無住だからといって教化活動が皆無でないことも事実である。そこには
兼務住職の努力や、檀信徒による寺院の宗教活動を求める思いがあり、場合
によっては近隣寺院の住職らの協力などによって支えられている可能性もあ
る。

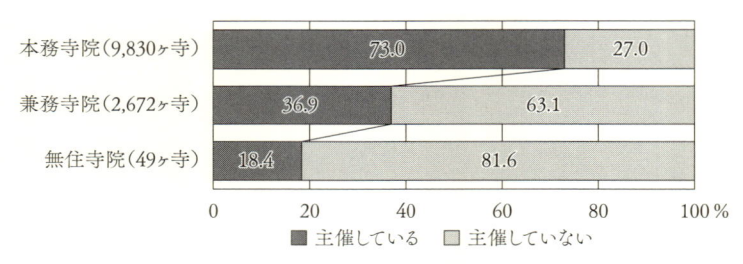

図 10　寺院区分別にみた教化活動の主催状況

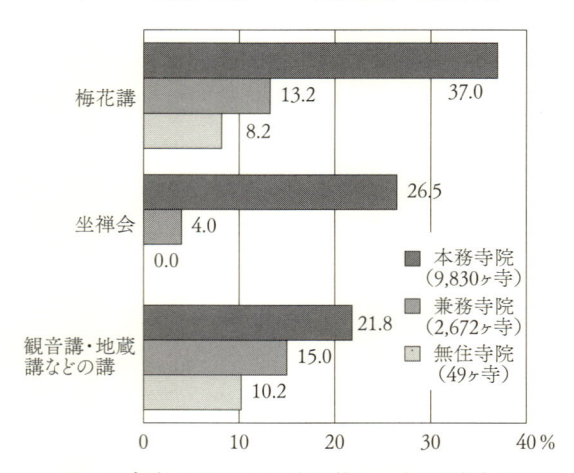

図 11　寺院区分別にみた主要教化団体の開催割合

（2）葬儀や年回法要

　教化団体の活動以上に檀信徒への教化の機会として、葬儀、年回法要（法事）と呼ばれる亡くなった方への供養の実施がある[6]。そうした供養の実施状況についてみていく。**図 12** は兼務寺院・無住寺院における年間（2014 年度）の葬儀実施回数を本務寺院と比較したものである。兼務寺院では年間 1〜10 回が 61.5% とその割合がもっとも高く、次に 0 回が 33.9% であり、年間 10 回までで兼務寺院の 95% を超える。無住寺院では年間 0 回が 51.9% と過半数を占め、次いで年間 1〜10 回が 44.2% であり、兼務寺院と同様に年間 10 回までで 95% を超えている。本務寺院も年間 1〜10 回が 54.0% ともっとも高い割合であるが、年間 0 回は 7.8%、年間 11 回以上は 38.2% で様相は異なる。兼務寺院・無住寺院の多くが葬儀回数の少ない傾向にある。基本的に各寺院では檀信徒の依頼で葬儀を勤めており、前節でみたように相対的に檀徒数が少ないことがそのまま年間葬儀数の少なさに反映されている[7]。

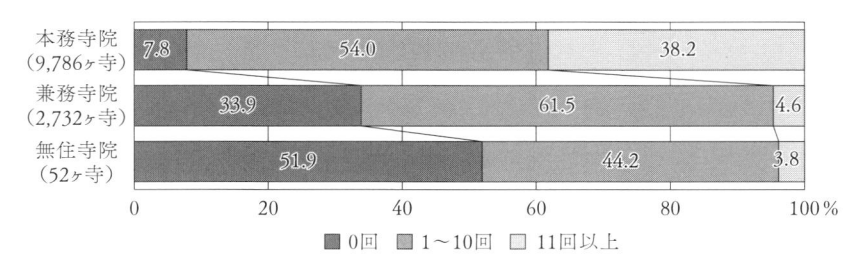

図 12　寺院区分別にみた檀信徒の年間葬儀数（2014 年度）

　では、年回法要（法事）はどうだろうか。これは葬儀後の中陰供養と呼ばれる 7 日ごとの法要に始まり、数年ごとに営まれる年回忌へと続いていくものである。営まれ方は地方により違いがあり、近年ではその執行に省略傾向があるが、檀信徒との教化の接点としても、法人収入を支える布施収入としても重要な寺院の活動といえる。**図 13** は兼務寺院における年間（2014 年度）

の年回法要数を示したものである。兼務寺院では年間 0 回が 23.0%、年間 1～10 回が 45.7% で、ここまでで 7 割ほどを占める。無住寺院では年間 0 回が 41.5%、年間 1～10 回が 39.6% で、ここまでで 8 割を占めている。本務寺院でも年間 10 回以下の寺院も存在するが、年間 11 回以上が 77.1% を占めている傾向とは明らかに状況が異なる。兼務・無住においては葬儀同様に年回法要数の少ない寺院が多くを占める状況が確認できる。

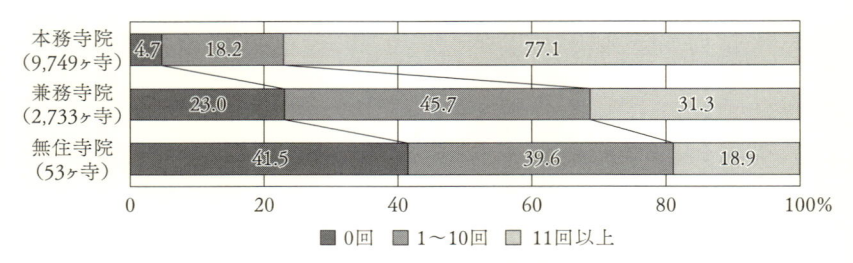

図 13　寺院区分別にみた檀信徒の年回法要数（2014 年度）

「宗勢 2015」の自由記述欄に寄せられた意見にも、「当寺は、全くの無檀家で、信者のみでやっており、それゆえ、葬儀、法要は無く、堂の行持だけでやっております。（近畿、兼務寺院）」と、葬儀・年回法要なしで運営している寺院がある。また檀信徒の移住にともなう変化として「空家がどんどんふえている。でも、都会は墓地が高価なので、葬式終了後、納骨だけふるさとへ来る人がある。（東海、兼務寺院）」と、従来通りの供養が執り行なわれず、納骨以降の供養になってしまっていると思われる声がある。結果として葬儀や年回法要にかかわる機会が失われてしまっていると考える。また年回法要の実態として、「山間部の寺院は（中略）年々家がなくなって居る。自然死の減少と、子供の所へ行く人が多く、檀家がもともと少ないのに加えている。其の上、法事（年忌）は丸めてお寺で年一度と言う事です。（近畿、兼務寺院）」との報告があり、檀徒の離郷などによって、従来のように命日に際して年回

法要をすることが難しくなり、帰郷にあわせて法要を依頼しさらに複数の年回法要をまとめて行なう実態がある。[8]

（3）法人収入

　次に兼務寺院・無住寺院の法人収入についてみていく。寺院おのおのはほぼ例外なく宗教法人格をもち個別に経営がなされている。「宗勢 2015」では各寺院の法人収入額を尋ねている（単一回答形式）が、その選択肢は 0 円から 5,000 万 1 円以上までと幅が広い。その分布傾向をつかむために本書では法人収入を 3 区分した。この区分によると、法人収入 0〜500 万円の寺院は「低収入寺院」、500 万 1 円〜1,000 万円の寺院は「中収入寺院」、1,000 万 1 円以上は「高収入寺院」であり、これに基づいて分析している。**図 14** は兼務寺院・無住寺院の法人収入の割合をこの 3 区分で示し、本務寺院と比較したものである。本務寺院では低収入寺院が半数、中収入寺院と高収入寺院がおのおの 4 分の 1 を占める傾向である。兼務寺院・無住寺院ではその比率がまったく異なることが明々白々だろう。兼務寺院では低収入寺院が 94.5%と大勢を占め、無住寺院では低収入寺院が 98.0%とさらに大きな割合を占めている。兼務寺院・無住寺院はそのほとんどが年間の法人収入 500 万円以下なのだ。

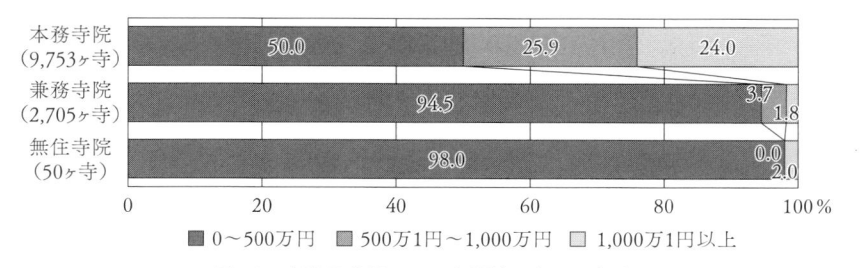

図 14　寺院区分別にみた年間法人収入の割合

　この低収入寺院（0〜500万円）の内訳をさらに細かくみると、0〜100万円までの割合が兼務寺院で 66.5%（1,798ヶ寺）、無住寺院で 72.0%（36ヶ寺）と高い割合になっている。この中には法人収入 0 円の寺院も存在し、兼務寺院では 14.9%（403ヶ寺）、無住寺院では 34.0%（17ヶ寺）となっていて、兼務寺院以上に無住寺院の法人収入は低額域の割合が高いことがわかる。

　『宗勢 2015 報告書』によれば、寺院の法人収入の多くは布施などの宗教活動によっている。またその布施収入の中心となるのは葬儀・年回法要によるものであろう。上記のように兼務寺院・無住寺院の法人収入を確認すると、低収入寺院の割合が高いこと、さらに収入のない寺院（0 円）の割合が高いことがみえてきた。これは法人収入の主となる布施収入が少ないこと、もしくはないことを示している。前節までで示したように兼務寺院・無住寺院においては、檀徒数が少ない寺院が多く、前項でみたように葬儀・年回法要回数も少ない傾向を示していた。寺院の運営を支えるための法人収入であるが、その財源である布施収入、布施収入の元となる宗教活動としての葬儀や年回法要の実施、そしてそれを依頼する檀信徒の多寡が密接につながっていることがわかる。

　そうした状況のなかでも兼務寺院・無住寺院では少ない法人収入、場合によっては法人収入がなくとも運営がなされていることになる。法人収入は寺院施設の維持、宗教活動、住職家族の生活費などに充当されるが、低収入寺院ではそれらの経費を捻出することすら難しいことが想像される。「宗勢 2015」の自由記述欄からそうした現状を伝える声を拾ってみると、「檀家も一軒のみで、お布施などの収入もほとんど（年 5 千円）なく、宗費等の支出は〇万円単位で、経営も非常に困難をきたしています。（中国、兼務寺院）」、「当寺は檀家はなく、地域の住民が祀っているもので、収入はゼロです。（東海、兼務寺院）」といった報告が散見され、檀信徒の少ないこと、収入のわずかななかでの運営の厳しさがうかがえる。さらには「新しい住職を迎える経済的な現状ではない為、なんとか檀務が行なえる現状です。10 年後には維

持が大変むずかしくなる事が予想されます。（東海、兼務寺院）」、「兼務住職の寺は信徒、檀家等全くなく、小さい建物があるだけ、全く無収入で宗門負担金は持出して毎年納めています。（関東、兼務寺院）」といった実状が吐露されている。兼務寺院の経営状態を鑑み、新たな住職をお願いすることもできず、兼務することで維持している様子や、収入が少ないゆえに経費の捻出を本務寺院や兼務住職が肩代わりしている状況がみられる。こうした状況下にあるとすれば、客観的にみて、合併や解散などの寺院の統廃合をはかることによって経営が合理化され、住職にかかる負担を軽減することができると考える。しかし現実にはそうなっておらず、住職はあえて負担の大きい道を選択しているように思われる。そこには、寺院の統廃合にかかる手続きの煩雑さもあるのだろうが、むしろ地域社会のなかで歴代住職や檀信徒らによって寺院が継承されてきた伝統を重んじる姿勢があるのだろう。

（4）寺院運営上の問題

　これまでの分析のなかで多くの兼務寺院・無住寺院が、かぎられた人材によって支えられ、寺院を支える檀信徒の数も少なく、法人収入も充分とはいえない状況で運営されている様子を確認してきた。本項ではそうした兼務寺院・無住寺院が抱える運営上の問題についてみていきたい。

　次の**図15**は寺院運営上で「最も深刻な問題」として回答の割合が高かった項目を抜粋して寺院区分別に示したものである（本務寺院で回答の割合が高かった順に表記）。兼務寺院であげられている問題は割合の高い項目から「伽藍の老朽化」（23.5％）「檀信徒の後継者減少」（19.1％）「寺院の後継者なし」（12.7％）の順になっている。一方、無住寺院では「寺院の後継者なし」（30.8％）「伽藍の老朽化」（20.5％）「寺院運営の負担が大きい」（12.8％）の順で回答が高い結果となっている。

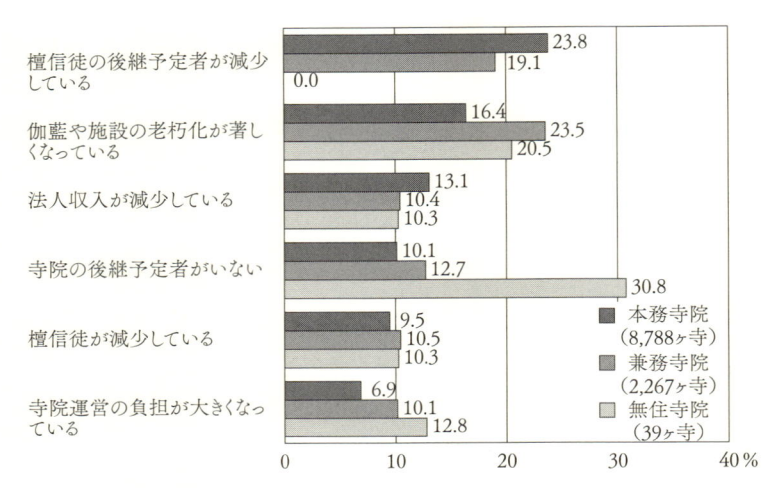

図15　寺院区分別にみた寺院運営上で「最も深刻な問題」

　項目ごとにみていくと兼務寺院では「伽藍の老朽化」が一番割合の高い回答となっている。無住寺院においても２番目に高い割合で回答されており同様の不安を抱えていることがわかる。「宗勢 2015」の自由記述欄においても「本堂、庫裡など大修理を要することが気がかりである。前住職もこのことに付き大変頭を悩ませ高齢で遷化された。（北陸、兼務寺院）」と、伽藍の修理について先代住職時からの問題として不安の意見が寄せられている。兼務寺院・無住寺院においては檀信徒数が少なく法人収入の低い寺院が多く、そうした背景から伽藍の整備への負担や心配が高く示されたといえる。

　そして、無住寺院では「寺院の後継者なし」が１番高い割合となっていて、じつに無住寺院の３割の寺院で「最も深刻な問題」として回答されている。「宗勢 2015」の自由記述欄には「平成 15 年に先住が遷化なされ無住になり娘さんの●●●●さんが堂守りをなされています。兼務の手続きをしようと考えています。（甲信越、無住寺院）」という声や「祖父●●●●が住職をしておりましたが、亡った後は宗費のみ納めさせていただいております。（甲信越、

無住寺院)」といった回答など、住職の後継者がいない状況がつづられている。この他にも住職の後継者がいないために合併や解散を検討しているという意見もみられた。このように無住寺院では目の前の問題として住職後継者不在の状況があり、それが「最も深刻な問題」として表れていることがわかる。「寺院の後継者なし」については兼務寺院でも 3 番目に高い割合で回答されている。兼務住職として現在は務めているが、その寺院の次なる後継者がいないという状況も問題として表れていることがわかる。

　「檀信徒の後継者減少」の項目は兼務寺院において深刻な問題として 2 番目に高い割合だった。本務寺院においても深刻な問題としてもっとも高い割合で回答がされているが、檀徒数の少ない寺院が大多数を占める兼務寺院では数戸の減少であっても、その減少がより大きく運営に影響してくる。檀徒の後継者がいないことは寺院にとって心配な要素となっていることがわかる。

　「寺院運営の負担が大きい」の項目は兼務・無住双方で、本務寺院以上に回答割合が高くなっている。寺院運営の負担としては日常的な事務に始まり伽藍の維持、金銭面のやり繰りなどさまざまな面での負担が考えられる。「宗勢 2015」の自由記述欄にみられる意見では「庫裏もなく周囲の草木の清掃など仕事多忙で維持は大変困難です。(中国、兼務寺院)」と、日常的な負担への心境がつづられ、また「檀信徒数人の兼務寺院運営に疲弊しています。(北陸、兼務寺院)」、「兼務の為、寺の維持していくのが高齢の為に非常にむずかしくなっていくのが現状である。(東海、兼務寺院)」との記述からは、寺院規模や住職の状況から生じる兼務住職の負担感が伝わってくる。さらに負担感は教団とのかかわりにも及んでいる。寄せられている意見には「今後は地方の兼務寺院の維持・管理は不可能であるし、宗費を納める事もできないと思います。(甲信越、兼務寺院)」と、寺院として教団に納める宗費の負担の大きさと今後への不安が読み取れる。

　兼務寺院・無住寺院が抱えている問題は 1 つだけでなく、日常の管理、檀信徒数の減少、法人収入の減少、寺院・檀信徒双方の後継者の問題など、寺

院の存立そのものに大きくかかわる項目から、宗費などの課金にも及ぶことがわかる。これらの問題は自由記述からうかがえるように、それぞれが独立した問題ではなく、複合的に重なることで寺院運営に影響を及ぼしているのである。

4.　兼務寺院・無住寺院のこれから

　兼務寺院・無住寺院の増加が予測されるなか、こうした寺院は今後どのように維持されていくのかを住職たちの意識を通して概観することとしよう。

　曹洞宗では兼務住職の任命期間は 5 年間だが、再任も可能である。長期間にわたって兼務住職を勤めている場合には、この 5 年ごとの申請を繰り返すことになる。したがって、兼務住職にとっては 5 年というスパンで兼務の継続が必要かどうかの判断と、自身が継続していく意思の有無を確認することとなる。

　これにしたがい「宗勢 2015」では、その 5 年の任期終了後に兼務を続けるつもりか否かについて尋ねている。調査結果は「兼務を続ける」が71.9%、「兼務を続けない」が 7.1%、「わからない」が 14.1% となり、7 割の兼務住職がそのまま継続する予定であった（上記以外は無回答 6.9% であった）[平子・川又 2017]。この結果について兼務寺院が立地する地方別に示したのが次の**表 4** である（無回答については除外した上で割合を計算）。網掛けになっている項目は全国平均よりも高い数値を示した項目である。いずれの地方でも「続ける」の割合が高いが、その数値は地方ごとに微妙に異なる。北海道、関東、近畿の各地方では全国平均に比べて「兼務を続ける」の回答割合が高く、「続けない」・「わからない」は低い。東北、甲信越地方では「兼務を続ける」の割合も高いが、「続けない」の回答も高くなっている。一方、九州・沖縄、中国、北陸の各地方では「兼務を続けない」と「わからない」の回答が高くなっている。そして東海、四国地方では「わからない」の回答に

表 4　地方別にみた兼務の継続への意識　　％（人）

		兼務を続ける	兼務を続けない	わからない
北海道	（39）	84.6（33）	2.6（1）	12.8（5）
東　　北	（418）	78.7（329）	8.4（35）	12.9（54）
関　　東	（360）	82.8（298）	7.5（27）	9.7（35）
甲信越	（374）	79.4（297）	8.6（32）	12.0（45）
北　　陸	（171）	68.4（117）	9.9（17）	21.6（37）
東　　海	（727）	76.3（555）	6.3（46）	17.3（126）
近　　畿	（354）	80.8（286）	4.8（17）	14.4（51）
中　　国	（224）	69.2（155）	10.3（23）	20.5（46）
四　　国	（41）	70.7（29）	4.9（2）	24.4（10）
九州・沖縄	（116）	69.8（81）	13.8（16）	16.4（19）
全　　国	（2,824）	77.2（2,180）	7.6（216）	15.2（428）

高い結果が出ている。

　前項でみたように、多くの兼務寺院では本務寺院にもまして、寺院運営上の問題を抱えている。「兼務を続ける」の回答した寺院でも、当然そうした問題を抱えつつも、それを承知のうえで運営を続けていきたいという意思が働いているものと考える。一方「わからない」との回答には、兼務を続けることが可能か、あるいは続けるべきかの判断が難しい状況にあるのだろう。伽藍や檀信徒数、法人収入などの状況に、兼務住職自身の都合も重なり、判断を保留しているのではないだろうか。そして「兼務を続けない」との回答は、自身での兼務は続けないことは明確にしているが、その後の兼務寺院の処遇についてはさまざま考えられる。「宗勢 2015」ではこの「兼務を続けない」と回答した兼務住職（216 人）にその後の兼務寺院の予定を尋ねている。その回答では半数が「新たな住職を迎え本務してもらう」と回答（50.0%）し、以下「他の住職に兼務を引き継いでもらう」が 24.1%、「自身が本務住職になる」が 9.7%、「その他」が 12.0%、「わからない」は 2.8% となっている［平子・川又 2017］。

　この「兼務を続けない」場合の今後の予定について、地方別に回答をみたのが次の**表 5** である（網掛け部分は全国平均よりも高い数値を示した項目）。北海道、東北、関東、甲信越、九州・沖縄の各地方では、全国の傾向以上に本務住職

を迎える割合（「新たな住職を迎え本務してもらう」と「自身が本務住職になる」の合算）が高くなっている。一方、北陸、近畿、四国の各地方では「他の住職に兼務を引き継いでもらう」の割合が高く、兼務寺院として継続してもらうことを考えるケースが多いようだ。そして、東海と中国地方では「その他」と「わからない」の割合が高くなっている。「その他」の内容についてはここでは不明だが、選択肢としては合併や解散が考えられる。「宗勢 2015」の自由記述欄の意見でも、伽藍がなく檀家もいない寺院において合併や解散を考えているという意見が数件確認できた。「わからない」の回答は、自身での兼務はしないつもりだが、その寺院の行く末は決まっていない状況といえる。ここには兼務寺院の将来を兼務住職の一存で決められないことや、兼務の継続や引き継ぎが容易ではない状況が予想される。

表5　地方別にみた兼務を続けない場合の寺院の今後の割合

% （人）

	新たな住職を迎え本務してもらう予定	自身が本務の住職となる予定	ほかの住職に兼務を引き継いでもらう予定	その他	わからない
北海道　（1）	0.0 (0)	100.0 (1)	0.0 (0)	0.0 (0)	0.0 (0)
東　北　（35）	45.7 (16)	17.1 (6)	28.6 (10)	8.6 (3)	0.0 (0)
関　東　（27）	66.7 (18)	3.7 (1)	14.8 (4)	7.4 (2)	7.4 (2)
甲信越　（32）	53.1 (17)	15.6 (5)	15.6 (5)	15.6 (5)	0.0 (0)
北　陸　（17）	35.3 (6)	5.9 (1)	52.9 (9)	5.9 (1)	0.0 (0)
東　海　（45）	51.1 (23)	4.4 (2)	22.2 (10)	15.6 (7)	6.7 (3)
近　畿　（15）	40.0 (6)	13.3 (2)	40.0 (6)	6.7 (1)	0.0 (0)
中　国　（23）	43.5 (10)	4.3 (1)	26.1 (6)	21.7 (5)	4.3 (1)
四　国　（2）	50.0 (1)	0.0 (0)	50.0 (1)	0.0 (0)	0.0 (0)
九州・沖縄（16）	68.8 (11)	12.5 (2)	6.3 (1)	12.5 (2)	0.0 (0)
全　国　（213）	50.7 (108)	9.9 (21)	24.4 (52)	12.2 (26)	2.8 (6)

　以上のように兼務寺院の今後の予定をみてきたが、それぞれの兼務寺院の事情は「宗勢 2015」の自由記述欄にも確認することができる。「歴代、兼務

住職地です。後任住職がいないため止むを得ず兼務しております。（甲信越、兼務寺院）」と兼務として継続していける場合もあれば、「無収入の中からもち出しで宗ヒの負担は年々大変になりましたが。（中略）いよいよ合併の手つづきをさせていたゞこうと思っています。（甲信越、兼務寺院）」と法人の合併化に向かおうとするケースもある。法人収入についてみたように法人として充分な収入を得ている兼務寺院は少数であり、今後の人口減少社会のなかで兼務寺院の維持が難しくなり、合併や解散へと舵を切るケースが多くなることが予想される。そこで問題となるのは檀信徒や地元の住民の寺院への思い入れであろう。「当寺は青空寺院であり檀家は0で、責任役員は本務寺の総代が務めている　地域住民が寺の名前を残したいとの希望で兼務をしている。寺の行事等も年1回のみであり、聖費は本務寺より支出している現状である。（近畿、兼務寺院）」というように、伽藍もなく檀信徒もいない寺院であるが、地域の存在として必要とされていることから、負担があっても寺院を存続させている様子がうかがえる。

　「宗勢2015」では、無住寺院の今後を問う質問を設けていない。法人として代表役員である住職の登録はなくても、檀信徒や近隣の住職、元住職の家族などによって維持されている寺院が存在することは、これまでに確認したとおりである。「宗勢2015」の自由記述欄に寄せられた意見で、無住寺院からの意見は十数件と少数であるが、いくつかの傾向がみられる。まず指摘できるのは「住職遷化による無住化」という実状である。そして今後の方向性として「無住のままの維持」と「兼務化」、そして「合併」への見解が示されている。また問題として「伽藍の維持への不安」と「宗費への負担感」が述べられているのも共通している。兼務寺院の今後についてと同様に、住職の後継者問題と伽藍の維持、そして財政面が問題として存在していることがわかる。

　今後さらに寺院の兼務化や無住化が深刻化していくとすれば、その行きつく先にあるのは、寺院の合併や解散だろう。「宗勢2015」の自由記述欄には

次のようにある。

　・●●●●宗ム所は10年後には半数以上兼務住転（ママ）となると予想される。
　　寺院合併を簡単にして無住寺院を増加させないようにすることである。

（中国、本務寺院）

　・過疎地域で人口流出を止めることが困難な状態　宗門として法人の合併
　　等を積極的に勧めるべきでは。でないと兼務・無住寺院ばかりになる。

（近畿、本務寺院）

　寺院の合併や解散を視野に入れた教団による取り組みの必要性が現場の寺
院から求められているといえよう。

おわりに

　兼務寺院・無住寺院がどのように維持され運営されているのかを、「宗勢
2015」の数量的データと質的データから概観してきた。兼務寺院の多くは兼
務住職のほぼ独力で日々運営され、総代・世話人も境内・伽藍の維持管理に
寄与している。無住寺院においては寺院有縁の寺族や徒弟などの関係者や近
隣の総代・世話人がその運営に寄与することによって支えられている状況に
ある。かぎられた人員によって護持されている各寺院の種々の活動は当然、
本務寺院に比べて活発になることは難しい。しかし、葬儀や年回法要はもち
ろん、梅花講などの教化活動もさまざまな人の協力のもとで行なわれている
状況もみられる。また、地域の人びとが集まる場所として有効に活用されて
いる事例からは、住職が不在ながらも檀信徒が主体的に寺院護持にかかわっ
ている様子もうかがえ、兼務寺院・無住寺院が必ずしも活動の脆弱な寺院と
言い切ることはできない。

　兼務寺院・無住寺院がそれぞれこのような形態で継続している理由には、
直接的には住職後継者の有無があるが、それを左右する要素として檀信徒数
と、それに相即する法人収入の多寡が間接的にかかわっている。寺院の法人

収入が低く、住職やその家族の生活がままならない場合、これまで住職は寺院以外の就業先から収入を得ることで生計を成り立たせてきた。しかし、筆者の聞き込みによる現地調査によれば、近年では就業先での勤務体系の厳密化などから兼職が難しくなっているという。住職といえども家族を養うことが優先されるので、兼職することで生活を成り立たせ、表面的には住職として寺院護持を継続できるが、法要や宗教活動には支障をきたしていて、いわゆる二足のわらじを履くことが難しくなっていると聞く。あるいは自身は住職を継いでいるが、寺院の収入が低くその将来を見通すことが難しいため、後継者となる子弟は他の職業に就かせ、引き継ぎは考えていないという意向も現地で聞かれる。こうした状況が寺院の兼務化や無住化の増加を促しているとみて誤りないだろう。

　以上のように兼務寺院・無住寺院における実態は、決して楽観視できる状況ではない。しかし兼務寺院の住職にその継続を問えば、多くの住職が継続の意思を示している。そこには地域内での寺院の存在感が地域住民に強いことや、長い歴史のある寺院は消滅させてはいけないものという思いがはたらいているのではないだろうか。とはいえ地方によっては継続への不安意見もある。人口減少社会が進むなかで兼務寺院だけでなく本務寺院も檀信徒数や法人収入に変化が生じるのは確実である。寺院の護持と檀信徒の教化に努めつつ、住職自身の生活を成り立たせられるか、さまざまなせめぎあいのなかで住職がどのような選択をするか、今後の動向が注目される。とくに経営的に難しい兼務寺院を支えているのは、兼務住職の宗教者としての使命感によるものであり、これを次世代にバトンタッチできるかどうかも重要なポイントになる。

註

1）筆書が参加した 2017 年 8 月実施の石川県七尾地域の現地寺院調査や、各地の浄土真宗本願寺派僧侶への聞き取り調査において、兼務住職について

の意見が確認された。

2）曹洞宗では上記条文にあるように、住職・兼務住職がその職務を行なうことができない場合に、代務者を置くことを定めている。また曹洞宗宗制では住職が死亡により欠けた場合、直ちにその後任の住職・兼務住職を選定できないときは、当該寺院の寺族代表を特定代務者として、当該寺院の代表とすることができることを定めている（「曹洞宗寺院住職任免規定」第22条）。この「寺族」とは「本宗の宗旨を信奉し、寺院に在住する寺族簿に登録された者」〈『曹洞宗宗憲』第32条〉であり、多くは住職の配偶者や家族、親族である。「寺族代表」とは上記の寺族簿に登録された者であり、かつ准教師に補任された者のうち、1寺院あたり1人にかぎり寺族代表登録簿に登録された者をいう（「曹洞宗寺院住職任免規程」第23条）。実際には住職後継者が決定するまでの間、あるいは資格取得までの間を寺族代表が代表を務めることがある。

3）暫定的な措置であることは、本文に示した5年以内の任期の条において、「後任候補その他についてやむを得ない事情があるときは、申請により、その期間を延長することができる」〈同規程第19条〉とされている点や、代務者の退任の届け出について、「住職は、当該代務者の就任の理由がなくなったときは、遅滞なく、その旨を総務部長に届け出なければならない」とされている点からも読み取ることができる。ただし、現実には暫定的な代表者というよりも、5年の任期の延長を繰り返して常態的に代表者となっていることが多い。そこでは新たに住職を求めることの難しさと、寺院を存続させるために兼務や代務を続けている様子があり、数十年にわたり兼務の状態にある寺院も存在している。

4）［川又2014］では兼務寺院の状況を事例紹介している。また川又俊則が2018年4月に実施した三重県中部地域や伊勢志摩地域、滋賀県甲賀地域の現地調査によれば、無住寺院であろうとも、檀信徒が本堂などを管理し守っているところがあるとの報告がされているが、同時に檀信徒によるこうした護持は次の世代には難しいであろうとの見解が指摘されている。筆者が2012年7月に同行した科研費基盤研究（C）「過疎地域の宗教ネットワークと老年期宗教指導者に関する宗教社会学的研究」代表川又俊則（鈴鹿大学）の現地調査にて、三重県南部熊野地域の曹洞宗寺院での聞き取り調査でも、複数の寺院を兼務する実態が確認された。さまざまな実態があ

る様子はその後の各地での住職への聞き取り調査からも同様に確認されている。

5) 各寺院が包括法人である教団に毎年納める賦課金のこと。教団ごとに寺院の規模や檀信徒数などによってその金額が決定される。

6) 『檀信徒意識調査 2012 報告書』において、檀信徒が寺院に行く機会として回答の割合が高かったものは「葬儀や年回法要（法事）を頼むとき」76.1％、「葬儀や年回法要（法事）に参加するため」70.4％の順であった。また住職に会う機会についても同様に「葬儀や年回法要（法事）を頼むとき」80.1％が回答としてもっとも割合が高かった（基数：6,530）。

7) 『宗勢 2015 報告書』の分析にて、葬儀や年回法要を行なう主体である檀信徒数と法人収入とは大きくかかわっていることが論じられている。檀徒戸数の少ない寺院ほど法人収入の低額域での割合が高く、檀徒戸数の多い寺院になるほど法人収入の高額域の割合が高くなる傾向がみられ、正の相関にあることが示されている。

8) 筆者が 2018 年 3 月に石川県珠洲市で実施した現地寺院調査においても、命日に際しての年回法要ができないため、帰省などに際していくつかの年回法要をまとめて修する場合が多いことが檀信徒から聞かれた。また各家単位での法要開催が負担となることから、寺院で複数の檀信徒が合同して法要を開催する提案もなされていた。

9) 『宗勢 2015 報告書』で宗教活動による布施などの収入割合 81〜100％の寺院が全体の 75.1％を占めていることが報告されている。そしてその布施収入の中心となるのは葬儀と年回法要による布施収入となるとの見方をしている。宗教活動による布施が収入の基盤になっていることは『宗勢 2005 報告書』においても同様の傾向が報告されている。

参考文献一覧

相澤秀生　2017a「曹洞宗寺院の概況」曹洞宗宗勢総合調査委員会編『曹洞宗宗勢総合調査報告書 2015 年（平成 27）』曹洞宗宗務庁。

相澤秀生　2017b「寺院に在籍・居住する人びとの概要」曹洞宗宗勢総合調査委員会編『曹洞宗宗勢総合調査報告書 2015 年（平成 27）』曹洞宗宗務庁。

石井研士　2015「宗教法人と地方の人口減少」『宗務時報』120 号、文化庁。

市田雅崇・大橋早帆　2017「寺檀関係」曹洞宗宗勢総合調査委員会編『曹洞宗

宗勢総合調査報告書 2015 年（平成 27）』曹洞宗宗務庁。

鵜飼秀徳　2015『寺院消滅──失われる「地方」と「宗教」』日経 BP 社。

川又俊則　2014「人口減少時代の宗教──高齢宗教者と信者の実態を中心に」『宗務時報』118 号、文化庁。

浄土真宗本願寺派　2018「録事〈宗派〉」『宗報』2018 年 5 月号、「宗門総合振興計画 vol8-19 寺院の適切な管理運営について」『宗報』2018 年 11・12 月合併号、本願寺出版社。

曹洞宗　2018『曹洞宗宗制』（第 45 号、2018 年 7 月改定）曹洞宗宗務庁。

智山教化センター　2016「教化推進レポート特集　人口減少社会に向けて──家族形態の変化から寺院のあり方を問う」『智山教化センター年報』第 20号、智山教化センター。

中外日報　2015「時事点描　寺の統廃合に悩む過疎地」2015 年 1 月 30 日付、中外日報社。

平子泰弘・川又俊則　2017「兼務寺院の現状と今後」曹洞宗宗勢総合調査委員会編『曹洞宗宗勢総合調査報告書 2015 年（平成 27）』曹洞宗宗務庁。

臨済宗妙心寺派　2015『平成 26 年度被兼務寺院調査報告書』臨済宗妙心寺派宗務本所。

第**II**部
寺院と檀信徒

【第4章】

人口減少社会における葬儀と寺檀関係

相澤　秀生

はじめに

　日本社会が人口減少に差し掛かったとされる 2005 年、くしくも前回の宗勢総合調査が実施された。人口減少問題は死亡数が出生数を継続的に上回ることで引き起こされる社会現象にほかならない。『宗勢調査 2005 報告書』では、こうした問題を見据え、日本の死亡数と出生数、死亡数に占める曹洞宗寺院全体の葬儀の割合について、現状（2005 年）と将来（2010 年から 2055 年まで）について分析を試みている。

　その結果によれば、死亡数の増加、出生者の減少とともに、葬儀の平均回数は 2040 年まで上昇を続けるが（17.8％）、それ以降は下降線をたどり、2055 年には 16.7％になるという［徳野 2008］。つまり、人口減少社会において、死亡数がピークに達するとされる 2040 年までは、寺院全体として葬儀の件数が増加するとの試算だ。

　これまで人の死をほぼ一手に引き受けてきたのは仏教寺院であり、葬儀は寺檀関係を次世代に架橋する要として機能してきた。だが、現在、菩提寺を支える中心人物は、昭和一桁世代、団塊の世代の檀信徒であるが、その次世代を担うであろう人びとの多くは故郷を離れ、菩提寺とは疎遠な関係にある（第 2 章参照）。そうしたなかで、葬儀を行なわず火葬のみとする「直葬」や、宗教者による葬儀の司式を行なわない「無宗教葬」など、新たな葬送サービスが 2000 年以降、葬祭業者によって大きく展開するようになってきた［相

澤 2014]。くわえて、『檀信徒 2012 報告書』によれば、自分自身の葬儀について、「特に希望はない」「考えられない」と回答する檀信徒があわせて約4分の1程度（23.7%）存在しており、今後も今までと同様、寺檀関係を引き継ぐとみなされる人びとが、菩提寺に葬儀を依頼するという見通しを単純に描くことはできなくなっている（基数：6,530人）。

　本章では以上を前提として、檀信徒（在家信者）に対する仏式葬儀の意義と役割を確認し、次いでこれに対する檀信徒の葬儀に対する認識を探っていく。そのうえで、葬祭団体における葬儀の現状を押さえ、寺院における葬儀と寺檀関係の実態について分析を行ない、その将来を改めて見つめ直してみたい。

1. 仏式葬儀の意義と役割

　現在、日本の仏教教団の多くでは、在家信者の通夜の翌日に行なわれる葬儀の際、死者に授戒し、仏弟子としている（没後作僧）。つまり、葬儀において、導師は在家信者だった死者を僧侶に準じた形として儀礼を執り行なっているのである［藤井 1977]。

　曹洞宗を例にすれば、葬儀で死者を仏弟子とすることは、儀礼の法式を定めた『昭和修訂 曹洞宗 行持規範』に明記されており［曹洞宗 1988]、現在執り行なわれる葬儀の司式の内容は、寺院によって差異がみられるが、おおよそ以下のような流れをとる。

①剃髪………死者の髪を剃って僧形にする儀礼
②洒水………死者の煩悩を除き、道場を清浄にする儀礼
③授戒………死者に仏弟子としての戒を授与する儀礼
④血脈授与…死者を導師の弟子とする儀礼
⑤入棺諷経…死者の入棺の際に読経し、その功徳を死者にめぐらす儀礼
⑥棺前念誦…入棺された死者に読経し、その功徳を死者にめぐらす儀礼

⑦挙棺念誦…棺を葬場へと送る葬列の出発の際に読経し、その功徳を死者にめぐらす儀礼

⑧引導法語…葬場に到着した棺を安置し、火葬の場合は法炬（土葬の場合は鑼子）を振るい、法語を唱え死者を仏道に導くための儀礼

⑨山頭念誦…火葬（土葬）の際に読経し、その功徳を死者にめぐらす儀礼

⑩葬送諷経…火葬（土葬）後、死者を見送るために読経し、その功徳を死者にめぐらす儀礼で、ここで参列者の焼香が行なわれる

　⑦から知られるように、曹洞宗の葬儀の司式内容は、かつて日本社会で葬列が行なわれていたころの名残をとどめているものである。しかし現在では、葬列が日本社会から姿をほとんど消し、見かけることのほうが例外になってしまった。

　かくして葬列を前提とした曹洞宗の葬儀において、⑦までがその前半部分にあたり、⑤〜⑦を内諷経という。葬儀の前日に営まれる通夜から内諷経までは、もともと喪家で行なわれていたものであるが、現在は通夜から葬儀のすべてを民間の斎場で営むことが一般的になってきた。

　このうち、葬儀に焦点をあてよう。「宗勢2015」によれば、2014年度に葬儀のあった寺院（10,627ヶ寺）のうち、葬儀を営んだ檀信徒の88.6％が「民間団体・民間企業の斎場」で実施しているのに対し、「檀信徒の家」は23.8％だった[1]。葬儀の場所が斎場に移行することで、①〜⑩をすべて葬儀当日の一日に圧縮して行なうケースも増えてきており、参列者にとっては①〜⑩のそれぞれがもつ意味内容がみえにくくなってきているのが現状だろう［山田2014］。

　檀信徒が葬儀の意味をどのように考えているかは、次節で紹介することとして、それに先立って住職の葬儀に対する意識を確認しておきたい。「宗勢

2015」で「檀信徒の葬儀には授戒が必要である」という意見を掲げ、住職に5段階評定（「まったくそう思わない」「そう思わない」「どちらともいえない」「そう思う」「非常にそう思う」）で尋ねたところ（問19-7）、「そう思う」（「非常にそう思う」「そう思う」の合算）と回答したのは84.6%を占めた（基数：無回答を除く9,913人）。住職にとって、葬儀の際に在家信者を授戒して仏弟子とすることが重要であると認識されている結果を示すものといえよう。

　ただし、曹洞宗で在家信者に授戒し仏弟子とすることがその理念に掲げられていても、現実には判断を保留したり（13.0%）、否定的見解（「そう思わない」「まったくそう思わない」を合わせた2.4%）をもつ住職も存在する。現状、曹洞宗における在家信者の葬儀では、死者を授戒し、仏弟子にしたとしても、そこで与えられる戒名は出家者である僧侶のものとは異なる［椎名2008］。つまり、戒名は在家信者としての名前が与えられるのである。こうした曹洞宗における葬儀の課題が判断保留や否定的見解につながる一因にあげることができるのではないだろうか。

2. 檀信徒からみた葬儀

　曹洞宗における葬儀の意味が死者を仏弟子にすることであるとすれば、檀信徒らはこれをどのように考えているのだろうか。以下では、まずこれと密接に関連する檀信徒の他界観を「檀信徒2012」に基づき、その特徴を概観することとしよう。

(1) 檀信徒の他界観

　「檀信徒2012」では、檀信徒に対して、亡くなった身近な人は死後、どこにいるのかを複数回答形式で尋ねている（問18-イ）。もっとも高い割合を示したのが「あの世（天国、地獄、極楽浄土）」の66.6%だった（基数：6,530人）。これに「お墓」42.3%、「仏壇」33.6%、「親族や身近な人のそば」29.6%が

続く。死者はあの世に旅立ちながらも、檀信徒の身近にも存在するものとして認識されている様子がうかがえるだろう。

こうした死者が最終的にどのような存在になるのかを単一回答形式で尋ねた設問（問20）によると、「先祖」が32.2％でもっとも高い割合となった。これに次ぐのが「ホトケ」の17.7％で、以下、「何かになることはないけれども存在している」13.0％、「わからない」12.1％と続く（基数：6,530人）。いずれも過半数に満たないが、相対的にみて、檀信徒においては死者が「ホトケ」になるという人よりも、先祖になるという意識をもつ人びとが多い結果となった。

であるとすれば、そもそも葬儀は一体何のために行なわれるのだろうか。檀信徒に葬儀の目的について、1番そう思うものから3番目までを単一回答形式で尋ねた設問（問9-ロ）によると、1番そう思うものとしてもっとも回答の割合が高かったのは「故人を成仏させるため」の58.3％である。「遺族が故人を弔うため」の30.2％がこれに次ぎ、「残された者の心の救済」「故人の死を世間に知らせるため」「慣例的な人生儀礼だから」といった選択肢はいずれも1割に満たない（基数：6,530人）。

一連の結果を踏まえていえば、檀信徒にとって「成仏」とは文字通り「仏弟子」になるということを意味するものではないだろう。むしろ、この世に何らかの未練を残していったであろう身近な人を、葬儀によって苦しみのない安らかな世界である「あの世」に送り出すものと認識されているというほうが実態に近い。

そしてあの世へと送り出された死者はやがて「先祖」となり、墓や仏壇を拠りどころとして檀信徒の身近にも存在し、彼らに寄り添い、時として彼らに降りかかる災いを振り払うものと認識されている（『檀信徒2012報告書』）。

こうした葬儀に対する檀信徒の認識をみれば、曹洞宗が掲げる葬儀の意味が檀信徒に広く浸透していない実態が透けてみえてくるようである。むろん、住職はその努力を怠っているわけではないだろう。「宗勢2015」において、

通夜・葬儀で法話を行なっている住職 7,493 人に対し、法話で重点をおく内容を複数回答形式で尋ねた結果、もっとも高い割合となったのが「故人の戒名の意味」の 70.8％である。以下、遺族の「死の受け止め方や今後の生き方」67.2％、「仏教や曹洞宗の教え」66.0％、「故人の生前の様子・生きざま」59.3％の順で、いずれも過半数となった。一方、「葬儀における儀礼や経文の解説」は 49.4％、「故人の死後のゆくえ」は 23.1％で、いずれも過半数に満たなかった。

　このように、住職が葬儀において、死者に戒名を与えその意味や、仏教・曹洞宗の教えが説かれており、身近な人の死をいかに受け止め、今後遺族がどのように生きていくべきかという指針が通夜・葬儀の場において示されているのである。しかし現実には、葬儀において死者を仏弟子とするということが広く檀信徒に認識されているわけではない。このことは、死者が仏弟子となり、釈迦とともに大いなる仏道に励んでいくという、いわば「死後のゆくえ」が住職に多く語られない実態にも起因するところがあろう。

　釈迦は人の死後のゆくえについて、弟子たちに「無記」の立場を貫いた。すなわち、死後の世界に思い煩うのではなく、自分自身がいかに生きていくべきかどうかに思いを向け、仏教の教えによって仏道修行者として精進するべきことを説いた。そのためもあってか、通夜・葬儀の法話において、死後のゆくえが語られることは相対的に低い。葬儀における意味内容が理念と現実のはざまで乖離している現実は今後どのように変化していくのだろうか。

(2) 葬儀に対する意識

　檀信徒の他界観に次いで確認しておきたいのは、葬儀に対する意識である。葬儀を支えてきた地縁・血縁的共同体の弛緩とともに、葬祭業者が葬儀を差配する重要な役割を果たすようになっている。「宗勢 2015」では、檀信徒が 2014 年度、葬儀をどのように営んだのか、その傾向を単一回答形式で寺院に尋ねた（問 47）。その結果によると、檀信徒が葬儀を行なう際、「葬儀社が

運営の中心となり、地域の住民は手助けを行なっている」と回答した寺院は全体の 50.9％、「葬儀社が運営の中心となり、地域の住民は参列するのみ」が 36.3％で（基数：無回答と葬儀を行なわなかった寺院を除く 10,984ヶ寺）、葬儀社が中心となって葬儀が営まれたケースがあわせて 9 割弱にのぼる。これに対し、地域住民が葬儀の運営の中心となるケースは 1 割に満たず、もはや現在では葬儀社の関与なしに葬儀を営むことがほぼできないといって大過ない状況である。

　こうした現状と並行し、葬祭業者は 2000 年代頃から「直葬」「無宗教葬」のほか、家族のみで葬儀を行なう「家族葬」といった新たな葬送サービスを展開している。身寄りが少ない、宗教者による司式を必要としない、葬儀に費用をかけたくない、死者の個性をあわせた葬儀にしたいといった、さまざまなニーズをもつ人びとの受け皿となっている。しかも、近年では、既存の寺檀関係をさらに相対化する動向として、通夜・葬儀・追善供養といった仏事について、インターネットを介して僧侶を派遣する民間のサービスにも注目が集まっている。

　こうした動向を踏まえ、「檀信徒 2012」では、自分自身が希望する葬儀の形式を単一回答形式で尋ねている。その結果によると、「仏式の葬儀をしてほしい」が 71.2％で過半数を占め、もっとも高い割合となった（基数：6,530人）。これに次ぐのが「特に希望はない」の 18.5％である。この結果は、マスコミ各社が実施した調査とは明らかに結果が異なる。

　すなわち、マスコミ各社の調査では、何らかの宗教に基づいた葬儀を希望する人が 4〜5 割程度を占める一方、宗教色のない葬儀を希望する人も 4〜5割程度を占める。一般に実施される意識調査では、葬儀希望は宗教色のあるものと、ないものでおおよそ二分される結果なのである。[2]「檀信徒 2012」はあくまで、菩提寺と関係のある檀信徒を対象としており、調査対象者や設問内容といった相違点はあるが、檀信徒の 7 割以上が仏式の葬儀を希望している点には注意を払うべきではないか。一連の設問は今後の見通しを尋ねたも

のであり、世論調査の結果のみをもって仏式葬儀の衰退を論じるべきではない。将来、どのような形態の葬儀が営まれるか、現時点では未知数にほかならないからだ。

　しかしながら、留意しなければならないのは、「特に希望はない」とする人びとの存在である。年齢層別に「特に希望はない」とした檀信徒をみると、葬儀に対する希望をもちあわせていないのは、青年期（〜29歳）・成人期（30歳〜64歳）が多く、高齢期（65歳〜）が少ない[3]。つまり、寺檀関係の中核を担っているであろう高齢期の檀信徒よりも、次世代の寺檀関係を担うとみなされる青年期・成人期の檀信徒のほうが葬儀に対する希望をもちあわせていない人が多いのだ。

　だとすれば、寺檀関係を再生産、すなわち寺院と次世代の檀信徒の懸け橋となる大前提として機能してきた葬儀が今後、その役割を担うことが厳しくなってくることが予見される。「檀信徒2012」の自由記述によれば、青年期や成人期の檀信徒には次のような意見がみられる（自由記述は原文のまま一部引用）。

・正直な所、お寺は葬儀・法事・お盆・彼岸等に必要と感じる位の認識です。たまたまわが家は曹洞宗であったという事で、本来、宗派というこだわりはあまりありませんでした。　　　　　　　　　（中国、50代、女性）

・曹洞宗やお寺に不満があるわけではありません。ただ、先祖を供養するのはあたり前の事だとは思いますが、宗教には特に何もこだわりはありません。　　　　　　　　　　　　　　　　　　　　　　（九州、30代、女性）

・お寺は、曹洞宗だからではなく、先祖が埋葬されているから、関わりを持っていたように感じます。他の宗派との違いについてなど、深く考えたことがありません。　　　　　　　　　　　　　（甲信越、50代、女性）

・私の家では、曹洞宗の禅宗で、だん家であるが他の宗教も入っているので、あまりこれでいい宗教だと思わない。それぞれで教えもあると思う。先祖代々からの宗教なので、そうゆうもんだと思っている。

　ここにみられる意見の特徴は、死者や先祖の供養は大切だとしながらも、特定の宗派にはこだわりがないというもので、菩提寺が属する曹洞宗に対して深い帰属意識（曹洞宗寺院の檀信徒であるという自覚）をもちあわせているわけではないということである。自身の菩提寺が偶然にも曹洞宗であっただけであり、宗派への特別な思い入れは取り立ててないといってよいだろう。これらの意見の傍証として興味深いのは、「檀信徒 2012」において、曹洞宗・菩提寺・住職のうち、檀信徒が優先する帰属対象を単一回答で尋ねた設問（問 21）の結果である。すなわち、「曹洞宗であることは誇りである」と回答したのは、高齢期に多く、青年期・成人期に少ない。[4]

　このように寺檀関係の次世代を担う世代の檀信徒は、故郷を離れ、祖父母や父母とは異なる別世帯で生活を営むことが多くなっている［山下 2012］。この現状を考慮すれば、葬儀に際して、煩わしい付き合いの多い寺檀関係よりも、自分たちのライフスタイルに見合った便宜的かつ簡素的な方法を選ぶことになろう。そこでは僧侶派遣も選択肢の 1 つに入ってくることとなり、寺院から「檀信徒」だとみなされても、親以前の寺檀関係を前提とした葬儀を選択するとはかぎらない時代に差し掛かったのだ。仏教界の全体の救いとしては、供養を僧侶に依頼するということにあるのだろうが、それはともかくとして、次節では、檀信徒の葬儀に欠かすことができなくなった葬祭業団体の現状を報告することとしたい。

3. 葬祭業者における葬儀の現状

　筆者の生まれ育った新潟県の南西部に位置する上越地方は、新潟県第 3 位の人口 20 万人弱を有する上越市を中心とし、周辺の糸魚川市、妙高市の 3 市からなる。地勢的には北側に日本海が広がり、後背には北アルプスを抱え、全国屈指の豪雪地帯として知られる。3 市ともに「過疎地域自立促進特別措

置法」の適用を受けた自治体であり（2015年時点）、地域社会における少子高齢化が深刻化している。

　上越地方でも20数年前までは、自宅で通夜・葬儀を営むことが一般的だった記憶がある。そこで必要となる祭壇、五具足（蠟燭立て一対、花瓶一対、香炉）、木魚や鏧子といった仏具は寺院が用意して喪家に貸し出し、四華花のような枕飾りのほか、野位牌、塔婆、七本塔婆、棺、死装束（笠、白衣、杖、足袋、草鞋、頭陀）といった葬具は喪家が葬祭業者に手配し、葬具には寺院が戒名や経文などを書きつけた（この慣習は現在でもみることができる）。自宅が斎場となる場合、参列者に御斎（通夜・葬儀後に用意されるお膳）を振る舞ったり、故人の死を告げたりするため、近隣住民の協力が欠かせなかった。

　こうした地域社会においても2000年以降、都市部と同様、葬祭業団体が自前の斎場を設け、これを提供しはじめるようになる。開設された当初、自宅での通夜・葬儀というのが世間一般の常識で、葬祭団体の施設でこれを営むことは、忌避される傾向にあった。だが、地縁・血縁的共同体の紐帯が弛緩の度を強め、成員の高齢化が進むようになると、その対価とは裏腹に、便利さに気がつきはじめ、葬祭業団体の施設を斎場とする通夜・葬儀が一般的になった。

　自宅葬の場合、参列者を迎え入れるため、掃除や料理の支度、斎場の設営、参列者の受け付けなど、準備に多くの人出と労力を必要とする。参列者は畳敷きの仏間で、長時間座ることに耐えなければならない。公共交通機関がかぎられ、自家用車を使用した参列が主流となるなかで、自宅に駐車スペースの用意がないという地域社会ならではの問題もある。こうした喪家にかかる問題を解決するものとして、葬祭団体の存在が一躍高まりをみせるようになった。

　上越地方のある葬祭団体（以下、A団体）に調査した例を次に紹介しよう。A団体では、葬祭専門のホールを設け、喪家の依頼に基づいて、遺体の処置・搬送、火葬予約、葬具の貸し出し・販売、司式者との調整、通夜・葬儀

の司会進行、参列者の送迎などを行なっている。2017 年、管内死亡者 684 件のうち、387 件を取り扱った。取り扱い 387 件の内訳をみると、A 団体のホール葬は 343 件で、じつに 88.6％が葬祭団体のホールで通夜・葬儀を営んだ。一方、自宅・寺院葬は 39 件、割合にして 10.1％で、全国的な傾向と符合している。興味深いのは、直葬の 5 件である。割合では 1.3％で 1 割にも満たないが、故郷を離れ、地元に身寄りの少ない人に選ばれるという。

　また取り扱いのあった 387 件のうち、仏式は 385 件、神道式は 2 件で、A 団体での通夜・葬儀は仏式が圧倒している。管内にはキリスト教会もあるが、2017 年の取り扱いはなかった。管内では、真宗大谷派、曹洞宗の寺院が多く、仏式に占める割合も両者が多くなるようだ。仏式の場合、傾向として、司式にかかわる宗教者は真宗の場合、通夜 1 人、葬儀 1〜2 人、曹洞宗の場合、通夜 1 人、葬儀 1〜3 人だが（曹洞宗では葬儀に先立ち、家の先亡諸霊を供養する「施食」が併修される場合がある）、ここ数年で通夜・葬儀ともに 1 人で執り行なうケースが増えているという。[5]

　参列者について、ホール葬にかぎってみると、2017 年の通夜の参列者平均は約 50 人、葬儀は 35 人である。5 年程前と比較し、通夜が 3 人減、葬儀が 10 人の減である。[6]喪家の意向にくわえ、故人の高齢化にともなって地縁・血縁的関係性が薄らいだことがその背景にあるのだろう。

　世の常は老いたものから先に死を迎える順縁である。介護支援法に基づく要介護・要支援世帯の過半数を老老介護世帯が占める日本社会において［厚労省 2018］、親が亡くなる頃には子どもが定年退職し年金受給者となっていることも当たり前となってきた。いわば「老壮葬祭」から「老老葬祭」の時代に差し掛かったのである。そのなかにあって、親子ともども葬儀を簡素にという思いで一致するのは、ごく自然な流れであり、葬儀費用に対するシビアな意見がこれまで以上に高まりをみせているのも首肯できるところだろう。

　ここで改めて「檀信徒 2012」に立ち戻って考えてみたい。「檀信徒 2012」では、葬儀に対する満足度を尋ねている（問 27 − イ）。それによると、「葬儀

社の対応」「葬儀会場の設備」「宗教者（僧侶）の儀式」「宗教者（僧侶）の法話」の４項目については、「満足」（「大変満足」「やや満足」を合算）とする意見がいずれも過半数となった。これに対し、「葬儀費用」については、「満足」が20.5％、「不満」（「大変不満」「やや不満」を合算）が13.5％、「どちらともいえない」が43.1％で、相対的に判断保留の割合が高くなっている（基数：6,530人）。この結果からは、批判というより、むしろ疑問のほうが大きいように思える。例えば、「檀信徒2012」の自由記述には、次のような記載がみられる。

　　　葬式の時、法上様へのお布施がマチマチで、又、法事等のお布施も、私
　　　達年金生活者にゆとりがないので、お寺さんには、ちゃんとしなければ
　　　と思いますが、子供達も、ゆとりが無くて、死後の始末を…。目安がほ
　　　しいです。　　　　　　　　　　　　　　　　　　（九州、80歳代、男性）

　檀信徒の考える葬儀費用には、葬祭団体のサービス利用料金、香典返しのほか、僧侶への布施が含まれるだろう。僧侶に対する布施をめぐる批判は何も今日に始まったわけではない。現代社会において、葬儀費用に対する批判や疑問の声が否応なしに高まりをみせることになったのは、これに葬祭団体のサービス利用料金が加わったことによるものだろう。そうしたなかで、葬祭団体が提供を開始したのが、新たな葬送サービスであり、喪家のニーズにあわせた葬儀を選ぶことが可能な時代になってきたのである。

4. 寺院における葬儀の実態と将来

(1) 葬儀の現状

　では、寺院における葬儀の現状はどうなっているのだろうか。地方別に檀徒数、檀信徒および檀信徒以外の葬儀数（2014年度）、檀徒の増減（2005～2014年度）の平均を算出したのが**表1**である（平均値が全国平均を超えるセル〈マス目〉には網掛けをした）。

表 1　地方別にみた平均檀徒数・平均葬儀数・檀徒の平均増減

地方ブロック	檀徒数（戸）		檀信徒の葬儀数（回）		檀信徒以外の葬儀数（回）		檀徒の増減（戸）	
	平均値	標準偏差	平均値	標準偏差	平均値	標準偏差	平均値	標準偏差
北海道	314.8	628.3	20.7	28.5	1.7	4.7	0.9	38.7
東　北	233.7	250.2	16.0	17.0	0.8	2.7	2.2	29.0
関　東	170.5	171.9	11.3	11.1	1.6	5.4	3.1	25.1
甲信越	142.3	194.6	9.2	12.6	1.1	4.4	-1.5	14.4
北　陸	36.1	50.7	2.5	3.6	1.1	3.3	-1.8	5.2
東　海	104.9	143.9	7.2	9.5	0.8	3.7	0.6	19.2
近　畿	71.8	99.2	5.4	7.8	1.5	6.3	-2.8	10.6
中　国	121.3	122.6	7.9	8.4	0.8	2.5	-1.3	15.0
四　国	152.3	130.7	10.7	8.5	0.6	1.6	-2.3	15.4
九州・沖縄	116.1	149.2	8.5	10.5	1.0	3.7	-2.2	16.0
全　体	147.2	215.2	10.0	13.2	1.1	4.2	0.3	21.5

　曹洞宗寺院全体の状況を確認すると、2014 年度における檀徒数は 147.2 戸（標準偏差 215.2 人）、檀信徒の葬儀数の平均は 10.0 回（標準偏差 13.2 回）、檀信徒以外の葬儀数の平均は 1.1 回（標準偏差 4.2 回）である（問 35・問 45）。

　葬儀数と檀徒の増減について、それぞれの関係に注目してみよう。葬儀数は 2014 年の単年度、檀徒の増減は過去 10 年の状況を尋ねている。葬儀数は寺院ごとに年度によって変動はあるが、これを仮に 10 年間の通算平均に置き換え（以下、葬儀数と檀徒数の比較については、これに準じる）、檀徒増減と比較してみると、檀徒数が約 150 戸の寺院で月に 1 回弱、檀信徒の葬儀があり、年に 1 回程度、檀信徒以外の葬儀があって、檀徒数は 0.3 戸の増となる。檀信徒の葬儀は檀徒数の維持、または減少を意味し、檀徒数の増加に直接つながるとは考えにくい。葬儀で檀徒の増加が見込まれるのは、檀信徒以外の葬儀である。1 つの目安ではあるが、それぞれのバランスによって檀徒数はこの 10 年で減少することなく、おおむね維持されてきたとみなされる（ただし、檀徒の世帯を構成する世帯構成員は 10 年で減少しており、これを人数に換算した場合、実質的に寺檀関係は縮小化したといえる［佐藤・相澤 2017］）。

　各地方に目を転じてみよう。檀徒数が全国平均よりも高い北海道、東北、関東の３地方では、檀信徒の葬儀数は全体平均を超え、東北以外の２地方では檀信徒以外の葬儀数も全国平均を上回る。檀徒数が多いのにあわせ、おのずと葬儀回数も増えるということになる（檀徒数と檀信徒の葬儀は強い正の相関にある。相関係数は 0.8）。北海道、東北の寺院は過疎化の著しい地域に多く立地し、単独高齢世帯が増加している今日の現状を考慮すれば、葬儀によって檀徒が失われることも想定される。しかし、それに反して平均値を超え檀徒増となっているのだ。北海道では、檀信徒と檀信徒以外の葬儀のバランスによって、既存の寺檀関係をおおむね維持しているといえるだろう。これに対し、東北では檀信徒の葬儀回数は全国平均を超え、檀信徒以外の葬儀が全国平均を下回るものの、檀徒増減は関東に次ぐ 2.2 戸の増である。この結果からすると、檀信徒以外の葬儀とは異なる要因を探る必要があろう。東北では、檀信徒の増加理由として、「墓地を必要としていたから」という回答が７割程度となっている。このことから、東北では既存の寺檀関係を基礎としつつ、墓地を機縁として新たな寺檀関係が切り開かれているのだろう（第５章参照）。東北と関東が異なるのは、檀信徒以外の葬儀の平均値が全国平均を超えるかどうかである。関東でも墓地の必要性から檀信徒が増加したとの回答が６割強を占めると同時に、檀信徒以外の葬儀回数は年２回程度で全国平均よりも高い。これと呼応するかのように、全国でもっとも多い檀徒数の増となった。総じていえば、寺檀関係が生産、再生産され、拡大化している地方とみなせよう。

　一方、檀徒数が全国平均を下回る甲信越以下、九州・沖縄までの６地方では、四国を除き檀信徒の葬儀数は全国平均よりも低い。また檀信徒以外の葬儀は全国平均と同程度であるか、これを下回るところが多い。６地方のうち、東海を除き、檀徒数は軒並み減少している。ここで注目したいのは、近畿、中国、四国、九州・沖縄である。これらの地方に立地する北海道や東北の寺院と同様、過疎化が進む地域に立地する寺院が多い。近畿、中国、四国、九州・沖縄の寺院について、しいていえば、檀信徒の葬儀で北海道や東北のよ

うに寺檀関係が再生産されるというよりは、むしろ葬儀によって檀徒が失われる機会が多く、寺檀関係の基盤を揺るがす事態が生じていることを意味する。檀徒数および檀信徒の葬儀数が全国平均よりも高い四国もこの範疇に加えることができるだろう。

　一連の分析は仮定に基づく試論ではあるが、理論上、檀徒数の多寡にかかわらず葬儀は寺檀関係を再生産する紐帯として機能し、寺檀関係を深めるための玄関となるはずである。しかし、関東を境として葬儀が既存の寺檀関係を維持できるのかどうか、対照的な結果が示唆されたのは、興味深いことではないだろうか。

（2）葬儀の発生率

　葬儀は寺檀関係を再生産する紐帯であると同時に、寺院の宗教活動を支える経済的基盤でもある（詳しくは第7章参照）。本項では視点を変え、寺院における檀信徒の葬儀の発生率を確認することとしたい。**表2**は檀徒数の平均値から算出した檀徒総数に基づいて、檀信徒の葬儀が発生する割合を算出したものである（全国平均を超えるセルには網掛けをした）。

　これによると、檀信徒の葬儀の発生率は全体で6.78％だった。檀徒数が15戸程度の寺院で年約1回、葬儀があるということになる。全国平均を超えるのは、東北、北陸、東海、近畿、四国、九州・沖縄である。このうち、檀信徒の葬儀の発生率がもっとも高い近畿を例にしてみよう。その発生率は7.53％で、全国平均と約1ポイントの差があるから、檀徒100戸の寺院で年1回程度の差が生じる。

　ここで注目したいのは、近畿、四国、九州・沖縄で、さきにみたように、これらの地方では2014年度までの10年間で檀徒減となった。このことと、檀信徒の葬儀の発生率が相対的に高くなっていることは決して無関係ではなかろう。すなわち、檀信徒の高齢化にともなって葬儀の発生件数が多くなるとともに、その後を引き継ぐ後継者の不在、すなわち絶家によって、檀徒の

減少が加速しているものとみられる。

表2　地方別にみた檀信徒の葬儀の発生率（2014）

地　方	寺院数 （ヶ寺）	檀信徒の 葬儀総数 （回）	檀徒総数 （戸）	葬儀発生率 （％）
北海道	458	9,485.6	144,199.0	6.58
東　北	2,398	38,368.0	560,520.5	6.85
関　東	2,206	24,940.1	376,158.3	6.63
甲信越	1,747	16,147.1	248,526.5	6.50
北　陸	611	1,534.8	22,085.8	6.95
東　海	3,082	22,196.9	323,271.0	6.87
近　畿	1,011	5,467.6	72,618.1	7.53
中　国	1,079	8,501.6	130,901.0	6.49
四　国	211	2,250.7	32,142.1	7.00
九州・沖縄	842	7,165.8	97,778.1	7.33
全　体	13,645	136,316	2,009,089.8	6.78

＊葬儀総数、檀徒総数はそれぞれ応答数が異なる。そこで基数をあわせるため、各地方の平均値に寺院数を乗法し算出した。世帯数は「国勢2015」に基づき、曹洞宗寺院が立地する市区町村に絞り込んだ世帯数を合算したものである。

（3）葬儀の将来推計

　葬儀が寺檀関係や寺院の宗教活動において重要な位置を占める現状において、寺院によって執り行なわれる葬儀は今後どのように推移していくのだろうか。以下では、その将来を展望してみたい。

　『宗勢2005報告書』では、日本の死亡数に占める曹洞宗寺院全体の葬儀の割合に基づいて、葬儀数の将来推計を行なっている。しかしながら、葬儀そのものは家を単位とし、檀信徒であれば菩提寺、檀信徒でなければ居住地に近い寺院に依頼することが通例であるとみられる。そこで、本章での分析については、一般世帯数から葬儀の発生率を算出し、これに基づいて将来推計を行なうこととする。

　将来推計にあたって、葬儀の発生率を求める必要がある。そこで、表1の檀信徒と檀信徒以外の葬儀の平均に寺院数を乗法し、それぞれ葬儀総数を算出した。これを分子とし、「国勢2015」に基づく地方別の一般世帯数を分母として、割合を算出したのが葬儀発生率である（**表3**）。この葬儀発生率と既存の寺院数が今後も同数を維持するという仮定のもと、この数値に基づいて一般世帯数の将来推計から檀信徒と檀信徒以外の葬儀総数を算出し、この結果にしたがって地方別に寺院1ヶ寺あたりの葬儀数の推移をみたのが**表4**である。これをさらに視覚化し、**図1・図2**にまとめた。

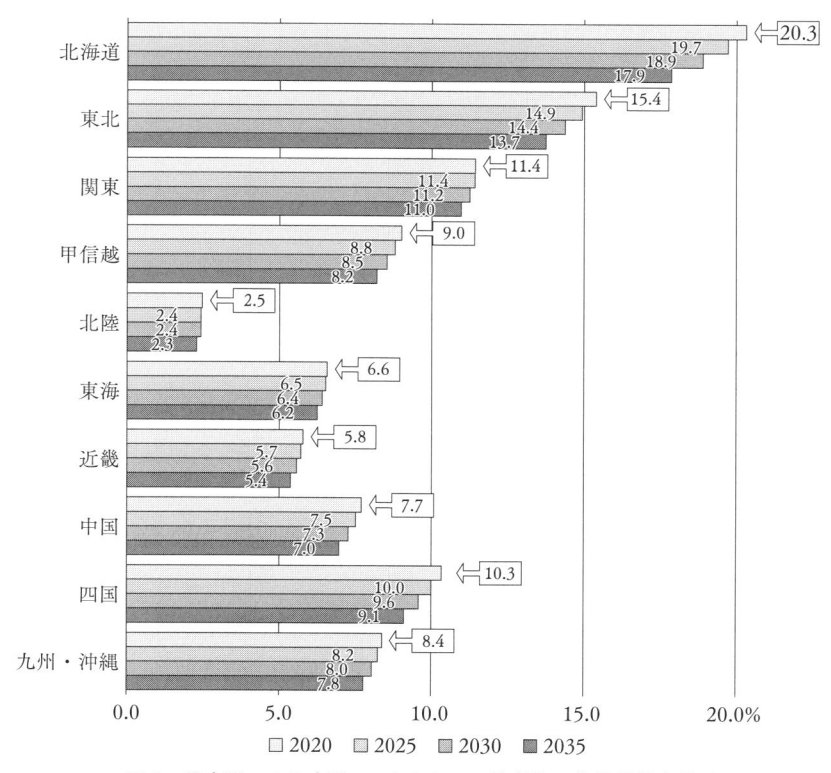

図1　地方別にみた寺院1ヶ寺あたりの檀信徒の葬儀数将来推計

地方ブロック	寺院数（ヶ寺）	一般世帯数（戸）				葬儀発生率（％）	葬儀数（回）
		2020	2025	2030	2035		
北海道	458	2,391,514	2,321,162	2,224,677	2,102,748	0.39	9,
東　北	2,398	3,320,237	3,220,530	3,100,775	2,965,122	1.11	36,
関　東	2,206	19,077,846	19,061,226	18,783,660	18,306,020	0.13	25,
甲信越	1,747	1,932,949	1,886,898	1,826,930	1,755,528	0.81	15,
北　陸	611	1,098,326	1,079,473	1,051,587	1,015,676	0.14	1,
東　海	3,082	5,921,471	5,877,285	5,774,331	5,628,951	0.34	20,
近　畿	1,011	8,872,374	8,769,207	8,545,839	8,239,744	0.07	5,
中　国	1,079	2,986,135	2,915,577	2,818,769	2,701,360	0.28	8,
四　国	211	1,561,085	1,510,461	1,447,639	1,374,348	0.14	2,
九州・沖縄	842	5,891,236	5,797,286	5,656,324	5,465,772	0.12	7,
全　体	13,645	53,053,173	52,439,105	51,230,531	49,555,269	0.26	135,

＊一般世帯数については、国立社会保障・人口問題研究所「日本の世帯数の将来推計（都道府県別推計）」（2014
で除法して算出した。

表4　地方別にみた寺院1ヶ寺あたりの葬儀数の将来推計

地方ブロック	檀信徒の葬儀数（回）				檀信徒以外の葬儀回数（回）			
	2020	2025	2030	2035	2020	2025	2030	2035
北海道	20.3	19.7	18.9	17.9	1.7	1.7	1.6	1.5
東　北	15.4	14.9	14.4	13.7	0.8	0.7	0.7	0.7
関　東	11.4	11.4	11.2	11.0	1.7	1.7	1.6	1.6
甲信越	9.0	8.8	8.5	8.2	1.1	1.1	1.1	1.1
北　陸	2.5	2.4	2.4	2.3	1.2	1.1	1.1	1.1
東　海	6.6	6.5	6.4	6.2	0.8	0.8	0.8	0.7
近　畿	5.8	5.7	5.6	5.4	1.7	1.7	1.6	1.6
中　国	7.7	7.5	7.3	7.0	0.8	0.8	0.8	0.7
四　国	10.3	10.0	9.6	9.1	0.8	0.8	0.8	0.7
九州・沖縄	8.4	8.2	8.0	7.8	1.4	1.4	1.3	1.3
全　体	9.9	9.8	9.6	9.3	1.2	1.2	1.1	1.1

　『宗勢2005報告書』によれば、死亡数の増加とともに、2040年まで葬儀平均回数は上昇を続けるとされた。しかし、今回の結果からみると、檀信徒の葬儀については2020年以降、全国的に減少する見込みである。2020年か

葬儀の将来推計

信　徒			檀信徒以外				
数 2025 回）	葬儀数 2030 （回）	葬儀数 2035 （回）	葬儀発生率 （％）	葬儀数 2020 （回）	葬儀数 2025 （回）	葬儀数 2030 （回）	葬儀数 2035 （回）
, 030. 3	8, 654. 9	8, 180. 5	0. 03	799. 1	775. 6	743. 3	702. 6
, 806. 8	34, 475. 4	32, 967. 1	0. 05	1812. 9	1758. 5	1693. 1	1619. 0
, 172. 6	24, 806. 0	24, 175. 3	0. 02	3694. 3	3691. 1	3637. 3	3544. 9
, 371. 2	14, 882. 7	14, 301. 0	0. 10	2004. 2	1956. 4	1894. 2	1820. 2
, 477. 1	1, 439. 0	1, 389. 8	0. 06	702. 7	690. 6	672. 8	649. 8
, 086. 5	19, 734. 7	19, 237. 8	0. 04	2412. 9	2394. 9	2352. 9	2293. 7
, 774. 7	5, 627. 6	5, 426. 0	0. 02	1776. 0	1755. 3	1710. 6	1649. 4
, 104. 9	7, 835. 8	7, 509. 4	0. 03	882. 1	861. 3	832. 7	798. 0
, 109. 9	2, 022. 2	1, 919. 8	0. 01	171. 2	165. 6	158. 8	150. 7
, 939. 2	6, 770. 5	6, 542. 4	0. 02	1169. 0	1150. 4	1122. 4	1084. 6
, 034. 0	130, 944. 9	126, 663. 0	0. 03	16139. 6	15952. 8	15585. 1	15075. 5

） によって作成。葬儀発生率については「国勢 2015」に基づき、一般世帯数を葬儀総数（葬儀の平均×寺院数）

　ら 35 年にかけて、とくに減少するとみられるのが北海道と東北で、1ヶ寺平均で 2 回ほどの減となる（図1）。一方、檀信徒以外の葬儀回数については、20 年以降 35 年まで、全国的に同水準を保つものと見込まれる（図2）。総合的にみて、葬儀による寺檀関係の生産（檀信徒以外の葬儀）よりも、再生産（檀信徒の葬儀）の縮小幅が大きい。既存の寺檀関係が縮小化することは、この将来推計からも示唆されるだろう。

　もちろん、この将来予測はあくまで 2014 年度の葬儀の発生率と世帯動態からみた試算にすぎない。より確度を高めるためには、単年度ごとの葬儀の発生率を持続的に捉え、これを推計に反映する必要があろう。

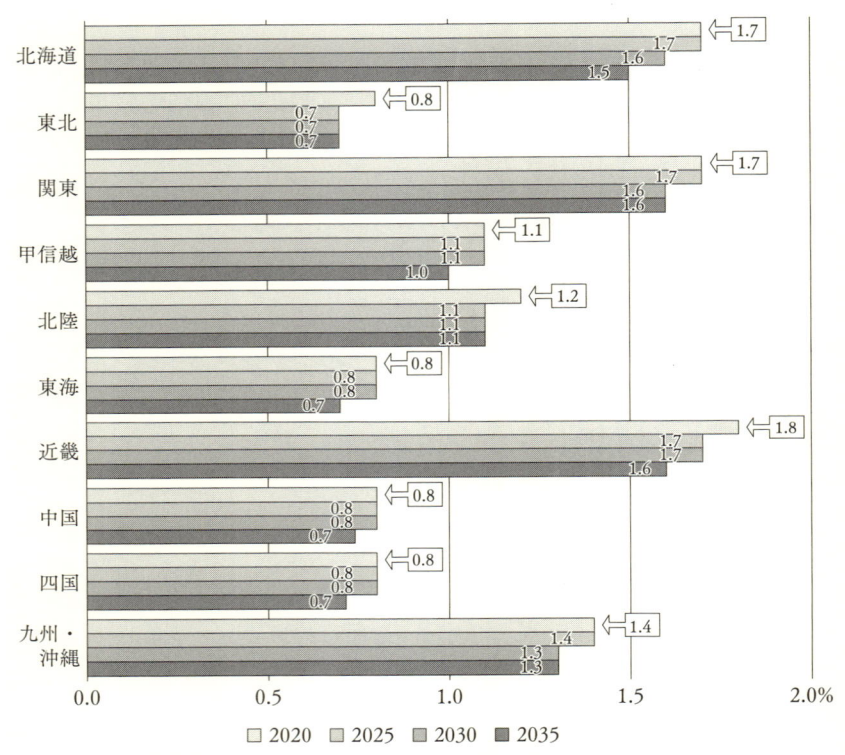

図2　地方別にみた寺院1ヶ寺あたりの檀信徒以外の葬儀数将来推計

5. 寺檀関係の今後

　葬儀が寺檀関係にとって重要であることは、住職の認識にも示されるところである。「宗勢2015」によれば、「先祖や故人の供養が寺檀関係の要である」という項目に対し、82.1％の住職が「そう思う」（「非常にそう思う」「そう思う」の合算）と回答した（問19‑16／基数：10,265人）。檀信徒にとっても、住職にとっても、供養という宗教実践は寺院と檀信徒を結びつける役割を担っているという認識でほぼ一致しているといえよう。

　「檀信徒 2012」によれば、こうした既存の寺檀関係について、檀信徒はおおむね満足している。すなわち、「今の住職に満足しているか」という項目について、「そう思う」（「非常にそう思う」「そう思う」の合算）は 77.8% で 8 割弱を占めた（基数：6,530 人）。ただしそれは現状に満足しているだけであって、必ずしも現状を肯定しているわけではない点に注意が必要である。檀信徒は葬儀・年回法要（法事）の執行など、供養を中心とした寺院の役割を期待する一方、寺院が苦しみ悩む生者を受け入れたり、社会に開かれた場所になっていくことを求めているのだ（『檀信徒 2012 報告書』）。

　さきに葬儀の将来推計を示したが、今後も既存の寺檀関係が引き継がれていくものとみた場合、檀徒数はどのように推移していくのだろうか。以下では既存の寺院数が維持されるものとみなしたうえで、檀徒数の将来について一考してみたい。

　表 5 は「国勢 2015」の一般世帯数を檀徒総数で除法し、一般世帯に占める檀徒の割合から檀徒総数の将来推計をみたものである。ここで算出した檀徒総数を寺院数で除法すれば、1ヶ寺あたりの平均檀徒数を算出することが可能だが、世帯動態と檀徒の増減には地方ごとに差異がみられる。そこで、「国勢 2005」と「国勢 2015」の世帯増減率と 2014 年までの 10 年間における檀徒の平均増減に基づいた係数を算出し、世帯増減率から檀徒の平均増減を表 6 にまとめた。

表 5　地方別にみた檀徒数の将来推計

地　方	寺院数 (ヶ寺)	檀徒総数 (戸)	一般世帯に占める檀徒の割合 (%)	一般世帯数 (戸)				檀徒総数 (戸)			
				2020	2025	2030	2035	2020	2025	2030	2035
北海道	458	144,199.0	5.9	2,391,514	2,321,162	2,224,677	2,102,748	141,437.6	137,276.7	131,570.6	124,359.5
東 北	2,398	560,520.5	16.2	3,320,237	3,220,530	3,100,775	2,965,122	539,299.5	523,104.2	503,652.7	481,618.8
関 東	2,206	376,158.3	2.0	19,077,846	19,061,226	18,783,660	18,306,020	379,995.2	379,664.2	374,135.6	364,621.9
甲信越	1,747	248,526.5	12.5	1,932,949	1,886,898	1,826,930	1,755,528	242,358.9	236,584.9	229,065.9	220,113.3
北 陸	611	22,085.8	2.0	1,098,326	1,079,473	1,051,587	1,015,676	21,626.4	21,255.2	20,706.1	19,999.0
東 海	3,082	323,271.0	5.0	5,921,471	5,877,285	5,774,331	5,628,951	294,735.5	292,536.2	287,411.8	280,175.6
近 畿	1,011	72,618.1	0.9	8,872,374	8,769,207	8,545,839	8,239,744	77,599.1	76,696.8	74,743.2	72,066.0
中 国	1,079	130,901.0	4.3	2,986,135	2,915,577	2,818,769	2,701,360	127,813.1	124,793.0	120,649.5	115,624.1
四 国	211	32,142.1	2.0	1,561,085	1,510,461	1,447,639	1,374,348	31,141.8	30,131.9	28,878.6	27,416.6
九州・沖縄	842	97,778.1	1.6	5,891,236	5,797,286	5,656,324	5,465,772	96,221.4	94,686.9	92,384.6	89,272.3
全 体	13,645	2,009,089.8	3.8	53,053,173	52,439,105	51,230,531	49,555,269	1,998,593.6	1,975,460.7	1,929,931.9	1,866,822.3

＊檀徒総数は地方別の平均檀徒数に寺院数を乗法して算出した。一般世帯に占める檀徒の割合は、[国勢 2015] の一般世帯数を檀徒総数で除法して求めたものである。2020 年以降の一般世帯数については、国立社会保障・人口問題研究所「日本の世帯数の将来推計（都道府県別推計）」（2014 年 4 月推計）によって作成した。

表 6　地方別にみた世帯増減率と檀徒の平均増減

地　方	(a) 世帯増減率 2005→2015 （％）	(b) 檀徒の平均増減 （戸）	(b)/(a) 係数	世帯増減率 （％）				檀徒の平均増減 （戸）			
				2015 ↓ 2020	2020 ↓ 2025	2025 ↓ 2030	2030 ↓ 2035	2015 ↓ 2020	2020 ↓ 2025	2025 ↓ 2030	2030 ↓ 2035
北海道	2.9	0.9	0.31	-1.9	-2.9	-4.2	-5.5	-0.6	-0.9	-1.3	-1.7
東　北	5.3	2.2	0.42	-3.8	-3.0	-3.7	-4.4	-1.6	-1.3	-1.6	-1.8
関　東	13.7	3.1	0.22	1.0	-0.1	-1.5	-2.5	0.2	0.0	-0.3	-0.6
甲信越	3.7	-1.5	-0.40	-2.5	-2.4	-3.2	-3.9	1.0	1.0	1.3	1.6
北　陸	5.7	-1.8	-0.31	-2.1	-1.7	-2.6	-3.4	0.6	0.5	0.8	1.0
東　海	9.2	0.6	0.06	-8.8	-0.7	-1.8	-2.5	-0.5	0.0	-0.1	-0.2
近　畿	8.5	-2.8	-0.33	6.9	-1.2	-2.5	-3.6	-2.2	0.4	0.8	1.2
中　国	5.0	-1.3	-0.27	-2.4	-2.4	-3.3	-4.2	0.6	0.6	0.9	1.1
四　国	2.1	-2.3	-1.08	-3.1	-3.2	-4.2	-5.1	3.4	3.5	4.5	5.5
九州・沖縄	6.7	-2.2	-0.32	-1.6	-1.6	-2.4	-3.4	0.5	0.5	0.8	1.1
全　体	8.7	0.3	0.03	-0.5	-1.2	-2.3	-3.3	0.0	0.0	-0.1	-0.1

　表 7 は表 5 の檀徒総数を寺院数で除法した 1 ヶ寺あたりの平均檀徒数から表 6 の檀徒の平均増減を加法し、地方別に 1 ヶ寺あたりの平均檀徒数をみたものである。これを図示すると、図 3 のようになる。表 7 によれば、世帯動態から檀徒の推移をみると、全体では 2035 年までに 9.8 戸の減である。図 3 から明らかなように、地方別にみても檀徒数は減少傾向にあるが、全体 9.8 戸減を目安とすると、檀徒の減少が著しいのは、北海道（38.4 戸減）、東北（24.3 戸減）、甲信越（12.1 戸減）、中国（10.8 戸減）、四国（15.5 戸減）である。このように全国のなかでも檀徒の減少が加速するとみられる地方を中心として、寺院の兼務や無住、統廃合といった問題がこの十数年で先鋭化してくるものとみられる。

表7　地方別にみた1ヶ寺あたりの檀徒数推計

地　方	檀徒数（戸）			
	2020	2025	2030	2035
北海道	308.2	298.8	286.0	269.8
東　北	223.3	216.9	208.5	199.0
関　東	172.5	172.1	169.3	164.7
甲信越	139.7	136.4	132.4	127.6
北　陸	36.0	35.3	34.7	33.8
東　海	95.1	94.9	93.2	90.8
近　畿	74.5	76.2	74.8	72.5
中　国	119.1	116.3	112.7	108.3
四　国	150.9	146.3	141.3	135.4
九州・沖縄	114.8	113.0	110.5	107.1
全　体	146.5	144.7	141.4	136.7

　ただしこれはあくまで供養を前提とした寺檀関係がこの先も引き続くものと仮定しての試算である。次世代を担うであろう檀信徒が必ずしも菩提寺に葬儀を依頼するとはかぎらない。あるいは、その逆に、住職らの不断なる働きかけで供養の重要性とそれを曹洞宗寺院で執り行なう必然性を次世代の檀信徒候補に説くことで、既存の寺檀関係を維持しつつ、新たな檀信徒を獲得することもまた可能である。しかし、人びとは寺檀関係にみられる葬儀や年回法要の執行といった非日常的な関係性のみならず、現世の苦難に対応しうる日常的な関係性を求めているのも事実である（『檀信徒2012報告書』）。供養を紐帯としながらも、こうした日常的関係を紡いでいかなければ、発展的な寺檀関係の将来像を描くことはできないといってよいだろう。

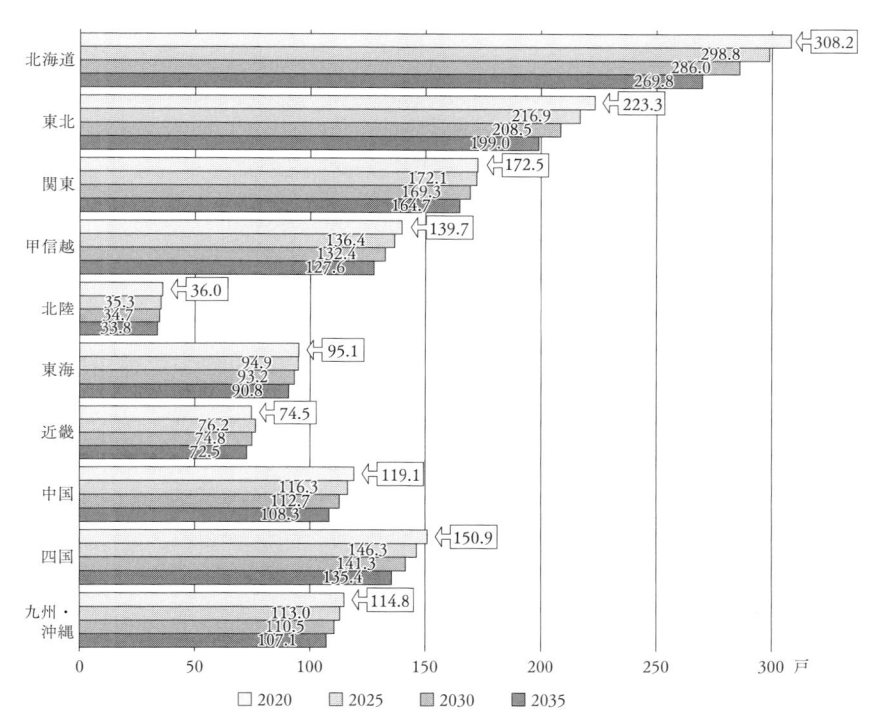

図3　地方別にみた寺院1ヶ寺あたりの檀徒数将来推計

おわりに

　以上、人口減少社会における葬儀と寺檀関係について、現状の実態分析を踏まえつつ、その将来を展望してきた。葬儀数や檀徒数といった将来推計については、仮説に基づく1つの試論にすぎない。しかし人口減少社会における地方の寺院の将来を展望するとき、供養を結びつきとした家との関係を前提とするだけでは、この先十数年で寺院の宗教活動に大きな支障をきたすであろうことは確実である。ただし、第2章でも論じたように、都市部で予見される無縁多死にともなう死者の扱いや、深刻な墓地不足に対応するセーフ

ティーネットとして活路を見出すこともできよう（墓制については第5章参照）。

　何もこれは曹洞宗にかぎった話ではない。仏教寺院全体が供養を媒介とする寺院と家との関係性のなかで、それぞれの教線を維持していることは疑いのない事実である。だからこそ、それぞれが独自色を前面に出した宗教活動を行ない、寺檀関係を維持していかなければ、仏教界全体が地盤沈下する。

　しかしながら、こうした取り組みを難しくしているのは、寺院と包括法人の関係性である。仏教寺院の多くは、新宗教教団の本部‐支部制とは異なり、一宗教法人が教団と包括関係を結ぶことで存在している。本部‐支部制をとる教団ならば、本部の立場から宗教活動の立ち行かない支部を統廃合し、地方の実情にそくした教団運営が可能である。一方、仏教寺院は一宗教法人であり、包括法人である教団が寺院個別の宗教活動に立ち入ることができないという問題が存在する。寺檀関係をいかに切り拓いていくかは、住職の手腕によるところが大きいのだ。こうしたなかで、既存の寺院と家との関係を見直し、会員的な個人との結びつきを重視した寺院との関係を取り結んでいくことで、安定的な寺院運営を図っていこうとする動きもある［橋本2014］。

　ただ、それは一握りの住職にかぎられるだろう。「宗勢2015」の自由記述をみれば、先細りする寺院の宗教活動を維持するための施策を、教団への批判を交えつつ求める声が多いからである。批判は期待の裏返しともいえる。批判がなくなれば、教団への関心そのものが失われたことを意味する。それだけ教団の取り組みに期待を寄せているのだ。本書の各章では、そうした声に応えうる現場からの切実な要望を多数取り上げている。教団はそれら現場の声に耳を傾け、後支えをしていくのだろうか。あるいは、斜陽化する地方の寺院と命運をともにしていくのだろうか。人口減少社会において、寺院にとっても教団にとっても、難しい舵取りが迫られている。

註

1) こうした傾向は民間の調査からも知られる。例えば、日本消費者協会が 2013 年に実施した『第 10 回　葬儀についてのアンケート調査』によれば、葬儀場所は「葬儀専門式場」との回答が 81.8％を占めた（基数は直近 3 年に葬儀のあった 576 人。調査は郵送およびインターネット回収方式で実施。サンプル数は全国消費者協会連合会会員、消費生活コンサルタントら 2,020 人。回収率は 81.8％、有効回答 1,618 人だった）。

2) 例えば、読売新聞の調査では、「葬式」は約 6 割が「慣習やしきたりにこだわらなくてもよい」とし、約 9 割が簡素化を希望。「直葬」は 72％、「散骨」「樹木葬」は 82％が「問題はない」と回答した。調査は 2012 年 2 月〜3 月中旬、全国有権者 3,000 人を無作為抽出し郵送方式で実施。有効回答は約 73.1％（2,195 人）だった（読売・東京 12/04/07）。

3) ここでいう「多い」「少ない」とは、クロス集計表における χ^2 検定によって表側データと表頭データに関連性があり（有意確率 5％以下）、それを踏まえた残差分析の結果、「調整済み残差」が ± 1.96 を上回るか下回るか、統計的な判断に基づいて判定したことによるものである（＋1.96 を上回った場合は「多い」、−1.96 を下回った場合は「少ない」と判定）。

4) 註（3）に同じ。

5) 浄土宗総合研究所が 2009 年に実施した「寺院アンケート」によれば、葬儀を 1 人で行なうことが多いとの回答が 41.0％（基数：2,700 人）でもっとも高い割合を示した［浄土宗 2012］。

6) 本章では葬儀に焦点を絞ったため、葬儀後の追善儀礼（法事）については取り上げていない。ただし、法事は寺檀関係を深める重要な機会であると考えられることから、A 団体が取り扱った法事について、若干の紹介をしておく。A 団体が 2017 年に取り扱った法事の件数は約 800 件。その大分部分が自宅で行なわれ、残る 70 件程度が寺院、40 件程度が A 団体のホールでの開催だった。法事の開催場所については、通夜・葬儀と異なり、自宅での開催が主流である。これについては、稿を改めて考えてみることとしたい。

参考文献一覧

相澤秀生　2014「新たな葬送の展開」『曹洞宗総合研究センター第 15 回学術大

　　会「葬送儀礼と民俗」刊行記念シンポジウム「これからの葬儀を考える」
　　講演録』曹洞宗総合研究センター。

厚生労働省　2018『国民生活基礎調査の概況』厚生労働省政策統括官付参事官
　　付世帯統計室。

佐藤憲昭・相澤秀生　2017「おわりに」曹洞宗宗勢総合調査委員会編『曹洞宗
　　宗勢総合調査報告書 2015 年（平成 27）』曹洞宗宗務庁。

椎名宏雄　2003「没後作僧の意義と課題」曹洞宗総合研究センター編『葬祭──
　　現代的意義と課題』曹洞宗総合研究センター。

浄土宗総合研究所編　2012『現代葬祭仏教の総合的研究』浄土宗総合研究所。

曹洞宗　1988『昭和修訂 曹洞宗行持規範』曹洞宗宗務庁。

徳野崇行　2008「教化活動の地域差と「葬祭仏教」の進展」『曹洞宗宗勢総合
　　調査報告書 2005（平成 17）年』曹洞宗宗務庁。

橋本英樹　2014 『お寺の収支報告』祥伝社新書。

藤井正雄　1977『仏教儀礼辞典』東京堂出版。

山下祐介　2012『限界集落の真実──過疎の村は消えるか？』ちくま新書。

山田慎也　2014「死と葬儀」互助会保証株式会社一般社団法人全日本冠婚葬祭
　　互助協会編『冠婚葬祭の歴史』水曜社。

【第5章】

寺院と墓地の現在
——「墓じまい時代」の課題——

問芝　志保

はじめに——「墓問題」の現在

　1974年（昭和49）に刊行された宗教学者の藤井正雄による著書『現代人の信仰構造』では、都市の墓問題として何よりもまず墓地不足が挙げられている。激増する都市人口に対して墓地が全く不足しており、民営の公園墓地（霊園）や納骨堂が郊外に続々と建てられているという。また都市計画により都心の寺院墓地には郊外への移転が求められており、都市寺院には先祖供養よりも教化活動に従事するなどの改革が迫られるだろうと論じられている[藤井1974]。

　それから40年以上が経過した今日、墓地不足が解消されたわけではないが、メディアで取り沙汰される墓問題は大きく様変わりしたといえよう。詳しくは後述するように、家族観や家族形態、宗教とのかかわり方、死生観、ライフスタイルの変化などを背景に、「永代供養」や「樹木葬」といった新しい形態の墓や葬法が次々と現れている。さらには、こうした墓の選択肢の拡大と並行して、「終活」や「墓じまい」という新語も登場した。既存の墓・墓地を考え直す、あるいはそれから離反しようとする動向に、これまで墓地の管理運営に深くかかわってきた仏教寺院は否応なく巻き込まれているのではないだろうか。一方で、今日、都市や近郊の寺院のなかには、墓地を整備して新たな販売に乗り出したり、ビル型の納骨堂を建てたり、積極的にそれらの宣伝を行なっているところもある。こうした動きからは寺院におけ

る先祖供養という役割が依然として強いことがうかがえ、先述した藤井の予測とは少々異なる潮流を見出しうるようにも思われるのである。

　以上のような動向を念頭に置きつつ、本章は現代の寺院と墓・墓地の実態を「宗勢2015」のデータを用いて把握し、その今日的課題を明らかにすることを目的とする。具体的には、寺院における墓地・納骨堂等の所有状況の実態、檀信徒と墓参りの実態、「墓じまい時代」に仏教寺院が抱える課題、という3つのテーマに分けて、データの整理と考察を行なう。

　各宗派によって抱える事情や問題は異なる部分もあろうが、日本最大の宗派である曹洞宗を対象にした「宗勢2015」のデータを用いることで、寺院と墓・墓地の関係をめぐる今日的状況をかなりの程度まで浮き彫りにすることができると考えられる。なお、とくに墓に関する慣行は地域的差異が大きいことが想定されるため、地域ブロック別のクロス集計結果を活用することでそうした差異を捉えていく。

1.　寺院における墓地・納骨堂の所有状況

（1）日本における墓地経営主体と「寺院墓地」

　本題に入る前に、まずは日本における墓地所有権・使用権、および墓地経営形態について簡単に整理しておきたい。墓地はその所有・経営主体によって次の4種類に大きく区分することができる。各墓地数は「平成28年度衛生行政報告例」（厚生労働省）に基づいている。

　①公営墓地──地方自治体が所有、経営。全国に3万1,367ヶ所。

　②宗教法人営墓地──宗教法人が所有、経営。全国に5万8,056ヶ所。A「事業型墓地」とB「寺院墓地」に分けられる。

　③民営墓地──公益社団・財団法人等が所有、経営。全国に584ヶ所。

　④その他──「墓地、埋葬等に関する法律」（通称「墓埋法」）施行以前に開設された墓地。共同墓地（血縁・地縁・宗教集団等が所有）、個人墓地（個人

もしくは一家が所有)、「みなし墓地」など。全国に約 79 万ヶ所。

　現行の墓埋法において、墓地を経営するためには都道府県知事（市・特別区では市区長）の許可が必要とされている。その主体は①市町村等の地方公共団体が原則で、これによりがたい事情がある場合にも②宗教法人または③公益法人等にかぎられている。墓地の永続性および非営利性の確保の観点から、営利法人による墓地経営は適当ではないと考えられているためである。[3]

　②宗教法人営墓地はさらに、宗教法人が運営しながらも使用者の宗教・宗旨を不問とし、規模の大きな霊園の形態をとる場合の多い②－A「事業型墓地」と、寺院の檀（門）信徒に利用を限る②－B「寺院墓地」とに分けられる。寺院墓地に新たに墓を求める場合は通常、その寺院の檀信徒になること（入檀）が求められる。ただし寺院墓地と事業型との間には明確な境界線を引きがたく、さらにいえばいわゆる「名義貸し」が問題視されているように、③民営墓地との境界も曖昧になってしまっている実態がある。

　④その他の墓地とは、墓埋法施行前に既に開設され、古くから地縁集団や血縁集団などの共同体によって使用されてきたいわゆる"村の共同墓地"や、一族・一家で継承されてきた個人墓地を指す。こうした墓地の運営は当地の慣習によっている。そのため、長年にわたり登記等の手続きが不十分のままにおかれている場合があり、墓地の名義人が不明であったり、実際の使用者と異なっていたり、地目が農地や山林になっていたり、しかも当事者間にその認識が無いこともある。寺院をめぐっても、例えば住民の墓地管理組合が運営する共同墓地において登記上の管理者が寺院住職となっているケースや、逆に外見上・事実上は寺院墓地にみえる墓地の登記が檀家総代や第三者名義となっているケースなど、さまざまな事例があるようである。普段使用している分には登記などは形式上のものに過ぎず、支障は生じないものだが、まれにトラブルが生じ訴訟にまでおよぶこともある［森茂 2013］。

　一般に「寺院墓地」といえば②－Bが想起されるが、上述のような事情から、寺院・僧侶が運営管理に関与する墓地は決して②－Bには限られない。

「宗勢2015」は寺院が「所有」する墓地（および納骨堂）について尋ねているので、基本的には②−A・Bが対象となる。ただし、「宗勢2015」があくまで住職による自己申告に基づいている以上、回答のなかには誤認のため③④が混入したり、抜け漏れがあったりする可能性もあることを付記しておきたい。

　また、納骨堂とは墓埋法によれば「他人の委託をうけて焼骨を収蔵するために、納骨堂として都道府県知事の許可を受けた施設」をいう。例えば墓への埋葬前に一時的に寺院の一角に安置するだけならば「収蔵」とはみなされないので、納骨堂の許可は不要であり、したがってそれは法的には納骨堂ではない。ただし「宗勢2015」では、墓地と同様、納骨堂についても住職の認識に基づいている。

（2）墓地・納骨堂の所有状況の地域比較

　前項で示したように、現在の日本には約5万8,000ヶ所もの宗教法人営墓地がある。その所有者の多くは寺院だと推測されるが、それでは、どれほどの寺院が墓地を所有しているのだろうか。一般には「お寺といえばお墓」、「お寺は墓地経営で儲けている」といったような認識をもつ人も少なくないように思われるが、この認識はどれほど正しいのだろうか。

　「宗勢2015」では曹洞宗寺院に墓地・納骨堂の所有状況を尋ねている（問51−イ[4]）。その結果を地域ブロック別に集計すると、次の**表1**のようになる。

　まずは最下段、全国での所有状況をみると、「墓地のみを所有」している寺院が61.8%、「墓地と納骨堂の両方を所有」が15.5%、「納骨堂のみを所有」が4.5%という結果になっている。この「墓地のみ」と「墓地と納骨堂の両方」の数字を合算した77.3%（9,870ヶ寺）という数字が、全国で（納骨堂の所有を問わず）「墓地を所有」している寺院の割合ということになる。曹洞宗寺院の約8割が墓地を所有しているのである。なお、（墓地の所有を問わ

ず）納骨堂を所有しているという寺院は 18.7% であった。一方、「墓地も納骨堂も所有していない」寺院は 18.2% であり、曹洞宗寺院 5〜6ヶ寺に 1ヶ寺は、墓地も納骨堂も所有していないことが判明した。

表 1　地域ブロック別の納骨・埋葬施設所有状況　　　　　　% （ヶ寺）

	墓地のみを所有	墓地と納骨堂の両方を所有	納骨堂のみを所有	墓地も納骨堂も所有していない	合　計
北海道	3.4 （15）	30.8 （135）	56.3 （247）	9.6 （42）	100.0 （439）
東　北	71.7 （1,641）	16.8 （384）	0.9 （21）	10.7 （244）	100.0 （2,290）
関　東	71.7 （1,511）	20.3 （428）	0.9 （20）	7.1 （149）	100.0 （2,108）
甲信越	72.6 （1,162）	9.6 （154）	0.9 （14）	16.9 （270）	100.0 （1,600）
北　陸	59.9 （322）	10.6 （57）	2.4 （13）	27.1 （146）	100.0 （538）
東　海	63.5 （1,707）	12.1 （325）	1.4 （37）	23.0 （619）	100.0 （2,688）
近　畿	54.5 （608）	11.1 （124）	3.0 （33）	31.5 （351）	100.0 （1,116）
中　国	56.1 （568）	14.4 （146）	2.5 （25）	27.0 （273）	100.0 （1,012）
四　国	42.1 （83）	20.8 （41）	4.1 （8）	33.0 （65）	100.0 （197）
九州・沖縄	34.8 （269）	24.6 （190）	20.2 （156）	20.4 （158）	100.0 （773）
全　国	61.8 （7,886）	15.5 （1,984）	4.5 （574）	18.2 （2,317）	100.0 （12,761）

　さらにこの割合を地域ブロック間で比較してみる。地域ブロックごとの所有割合について、全国平均よりも高い割合を示すセル（マス目）を網掛けで示したところ、地域的な差異が顕著となった。「墓地のみを所有」している割合が全国平均と比べて明らかに高いのは、東北・関東・甲信越であり、いずれも 7 割を超えている。さらに「墓地のみ」と「墓地と納骨堂の両方」の数字を合算すると、東北は 88.4% （2,025ヶ寺）、関東は 92.0% （1,939ヶ寺）におよび、甲信越でも 82.2% （1,316ヶ寺）となる。東北・関東・甲信越の寺院の 9 割程度は墓地を有していることがわかる。

　次に、「墓地を所有せず納骨堂のみを所有している寺院」の割合に注目したい。全国平均でみると 4.5% にとどまるが、北海道の寺院においてはじつに半数以上（56.3%）という際立った値を示しており、また九州・沖縄でも 2 割（20.2%）を占めていることが目を引く。この傾向は決して曹洞宗寺院に

かぎったものではなく、「平成28年度衛生行政報告例」によれば、北海道と九州にある納骨堂の数を合計すると（8,243ヶ所）、日本全体の納骨堂数（12,440ヶ所）の約3分の2におよぶ（66.3％）。

　このように納骨堂が日本の南北の端に多い理由について、九州では戦後に集落ごとに土葬の共同墓地を納骨堂に転換した例が多くみられること、北海道では開拓期に定住がまだ不確実である場合に寺院に遺骨を預けたこと、またそれが位牌堂を兼ねていたことや、寒冷で積雪の多い冬期にも参拝が可能なため現在も好まれていることが指摘されている［山田慎2018］。さらに北海道の場合、明治以降の法制下では寺院墓地の開設認可が下りにくかったという事情も関連していると考えられる［問芝2016］。いずれの場合にも、歴史・地理的特性が深く関連していることが理解されよう。

　また、「墓地・納骨堂、いずれの施設も所有していない」寺院の全国平均（18.2％）の値を上回るブロックは、近畿（31.5％）、四国（33.0％）で3割を超え、北陸（27.1％）、東海（23.0％）、中国（27.0％）、九州・沖縄（20.4％）で2割を超えている。

　この結果から、東日本の寺院は墓地の所有率が高く、納骨堂の所有もあわせるならば、基本的に墓・遺骨の供養の場としての機能を確かにもっているということができよう。一方、東海を境として西日本では相対的に墓地の所有率は低くなり、反対に納骨堂の所有率がやや高まり、墓地・納骨堂を所有していない寺院の割合も高い傾向にあることが判明した。曹洞宗寺院における墓地・納骨堂の所有状況は、各地域の文化慣習に大きく影響を受けていることが示唆される［問芝2017］。

　なお、ペット用の納骨・埋葬施設については4.0％の寺院が所有していると回答しており、そのなかには、ペット用の納骨・埋葬施設は所有しているがヒト用は所有していないという、ペット供養専業と思しき寺院も12ヶ寺あった。周知のように日本では古くから道具の供養（針供養など）や動植物の供養（鯨供養、軍用馬供養など）の慣習があり、近世中期からは武家や商人層を

中心に死んだペットの墓を寺院に建立して供養することも行なわれてきたという［松崎 2004］。とはいえ、1990 年代頃からペットと飼い主が一緒に埋葬される霊園やペット専用霊園が相次いで開園してきたことは、家族形態の変化とともに、ペットをかけがえのない"家族"と捉える傾向の高まりと符合するものとして注目に値する［山田昌 2004］。また、現代の教化活動の課題として「ペットの供養やその往生が成立するのか」といった教義的問題の整理・再考を求める動きもあり（『中外日報』2016 年 10 月 7 日）、今後の展開が注目される。

（3）寺院の墓地・納骨堂を利用する檀信徒の割合

「宗勢 2015」では、墓地・納骨堂を所有する寺院（10,444ヶ寺）に対し、檀信徒全体を 100% としたとき、当該寺院の墓地・納骨堂を使用している檀信徒の割合がどのくらいになるかを実数記入形式で尋ねた（問 51 - ロ）。回答を10% ごとに分類しグラフにしたものが**図 1** である。

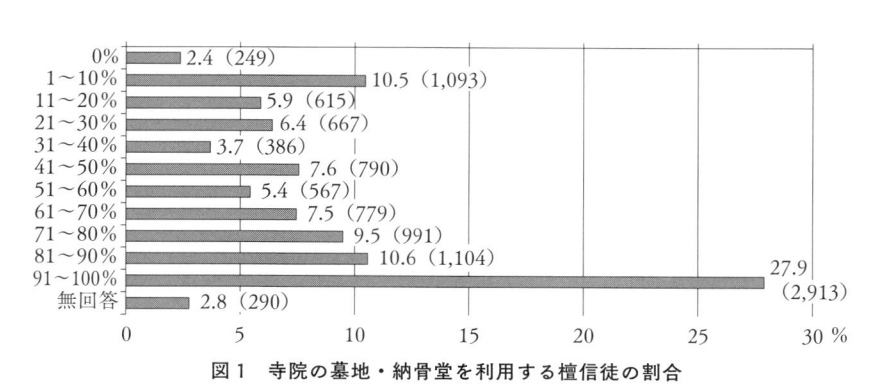

図 1　寺院の墓地・納骨堂を利用する檀信徒の割合

基数：10,444ヶ寺

「91%以上の檀徒が調査対象寺院の墓地・納骨堂を使用している」との回答が 3 割弱（27.9%）あり、「81〜90%程度」との回答（10.6%）とあわせると

全体の4割弱（38.5％）にのぼる。つまり、墓地・納骨堂を所有する寺院のうち4割弱の寺院においては、檀信徒の大部分がその寺院の墓地・納骨堂を使用している、ということになる。

　しかし全体としては寺院によってさまざまとみるべきであろう。平均の利用率は63.6％（標準偏差34.0％）であった。「1〜10％」（10.5％）と「0％」（2.4％）を合わせた10％以下の割合は1割強（12.8％）となる。今回の調査からその詳しい事情を知ることはできないが、墓地が狭小というケースや、檀信徒の多くが菩提寺以外の墓地（共同墓地、霊園、本山納骨）を使用しているケース、檀信徒と寺院墓地使用者が必ずしも一致しない慣習（いわゆる「墓地檀家」）などが想定される。いずれにせよ、墓地は所有していても、檀信徒がほとんど菩提寺の寺院墓地・納骨堂を利用していないと回答した寺院が1割強存在していることがわかった。

　地域間での違いを明らかにするために、各ブロック別に寺院の墓地・納骨堂を利用する檀信徒の割合の平均値を算出すると、**表2**のようになる。全国平均の63.6％よりも高い割合を示すセル（マス目）は網掛けで表した。このように全国平均と比較すると、東北、関東、北陸、東海では割合が高く、北海道、甲信越、九州・沖縄、近畿、中国、四国では割合が低いことがわかる［問芝 2017］。

　この結果はあくまでブロックごとの平均値の比較であり、当然、個別の寺院や地域ごとに状況は異なるだろう。とはいえ全体として（1）とも同様の傾向が看取されることは指摘できよう。東日本においては菩提寺に遺骨を納めるという慣行がおおむねみられるが、それに比べれば西日本ではその傾向が弱い。四国を例にとれば、墓地を所有する寺院は約6割にとどまり（62.9％、表1参照）、さらにそのなかでもその墓地を利用する檀信徒は約4割である（43.0％）。単純計算で、四国にいる曹洞宗寺院の檀信徒のうち菩提寺に墓をもっている人は3割に満たないことになるのである。

　以上のように、寺院における墓地・納骨堂の所有状況は地域ごとに特色が

みられ、またその性質も多様であることが示された。

表2　地域ブロック別にみた、「寺院の墓地・納骨堂を利用する檀信徒」の割合

地域ブロック	平均値	実　数	標準偏差
北海道	60.2	395	24.7
東　北	70.0	1,992	31.2
関　東	69.7	1,897	31.0
甲信越	60.1	1,296	36.2
北　陸	67.6	377	34.5
東　海	69.1	2,003	32.9
近　畿	55.1	740	37.2
中　国	37.0	723	31.1
四　国	43.0	130	35.2
九州・沖縄	59.7	601	33.8
全　国	63.6	10,154	34.0

2.　檀信徒と墓参り

(1) 墓参りの実修率

　日本の墓は「建てておしまい」のものではなく、定期的な墓参りが行なわれることが前提となっている。そもそも墓参りは主に、①墓の掃除・除草などの手入れや、②故人の祭祀・供養・鎮魂などの宗教的儀礼、故人への祈願・哀悼・報恩・報告、③気分転換・安らぎを得ること、④家族・親族・関係者間の行事として紐帯の確認・強化、といった目的で行なわれると考えられるが、このうち①は多くの墓地で使用者の義務となっているためである。一方、②③④は全く各家や各個人の心情によるものであり、またそれらの手段が必ずしも墓参りである必要はない。日本人にもっとも多くみられる宗教的行動は墓参りであるといわれるが、まずは、各種の世論調査等へと視野を広げて、現代において墓参りがどれほど行なわれているのかを確認しておきたい。

　はじめに NHK による「「日本人の意識」調査[6]」をみると、「年に 1、2 回程度は墓参りしている」と回答した人の割合は、1973 年の 62.0％という回答から徐々に右肩上がりの漸増を見せ、2013 年には 72.0％に及んでいる。また「読売新聞全国世論調査[7]」でも、「宗教に関することの中で、現在あなたがなさっているもの」として「盆や彼岸などにお墓参りをする」と回答した人は増加傾向にあり、1979 年の 69.3％から、2008 年には 78.3％に達している。國學院大學日本文化研究所が継続的に実施している「学生宗教意識調査[8]」をみても、去年のお盆に墓参りに行ったかどうかを尋ねた問いに対し、「家族と行った」もしくは「家族とは別に自分だけで行った」と回答した学生の割合は、1995 年には 45.8％であったが、それ以降は緩やかな増加傾向を示し、2015 年には 56.4％と半数を超えている。以上のように広く一般を対象とした数量的調査で墓参りの実修率はかなり高いといってよく、しかも増加傾向にあるのである。

　また「檀信徒 2012」でも墓参りの実修率はきわめて高く、年 1 回以上墓参りをする檀信徒は実に 97.0％、4 回以上という回答も実に 59.7％という高い割合を示している（『檀信徒 2012 報告書』、53 ページ）。

　「宗勢 2015」でも、「檀信徒が寺院に来るのはどのような機会か」との設問（問 44）に対し、「墓参りのため」が 68.4％と高い割合を示していることが注目される（『宗勢 2015 報告書』、66 ページ）。また、住職の意識として「先祖や故人の供養が寺檀関係の要である」かどうかをたずねた設問（問 19）で、「非常にそう思う」23.6％、「そう思う」58.5％をあわせると 8 割を超えていることも注目される（同、133 ページ）。もちろん実際には、墓参りの頻度や熱心さは地域によって異なるし、墓参りに訪れても寺院には参拝や挨拶もせず“素通り”してしまう人が多いとの話はよく聞かれるところであり、必ずしも墓参りが寺院と檀信徒が接触する機会となるわけではない。また、そもそも先述のようにすべての寺院が墓地・納骨堂を所有しているわけでもない。ただ全体としては、高齢者から子供まで、墓参りは依然として大変熱心に行

なわれていると語る住職は少なくないだろう。筆者の観察の限りでも、地方在住者は近隣に墓所を有している場合が多いため日常的に墓参を行なうことができるし、さらには都市在住者であっても墓参を帰省の際の主要な家族行事の1つとしている様子がみられる。墓参の機会はとくに春秋の彼岸、盆、月命日、祥月命日、法事などに多いと考えられるが、このうち彼岸や盆、法事においては、寺院が檀信徒の依頼によって塔婆を作り、法要の後に墓に塔婆をおさめる慣行もみられる。先祖や故人の供養は、やはり全体として寺院の果たす大きな役割だと認識されており、なかでも多くの人びとにとって大切な供養の場である墓地は、寺檀関係をつなぐ1つの要となりうると考えられる。

　檀信徒に限らず、なぜ一般の人びとの墓参りの実修率が維持されているのか。その理由の詳細な検討については紙幅の都合上、稿を改めることにするが、ここでは、墓参りの実修率が減少していない理由のヒントの1つを、近年増加している都市型の納骨堂の利用方法のなかに探ることを試みたい。

　都市型納骨堂の利点は、アクセスの良さと、天候や時季を問わずに墓参りできることにある。ここで指摘したいのは、風雨や砂埃にさらされず、管理者によって堂内の掃除も行き届いているという特徴から、納骨スペースを任意の供物や装飾物で華やかに飾り付けたものが多くみられるという点である。

　例えば札幌市にある墓石型の納骨堂では、カラフルな造花や、菓子、飲料、酒、タバコ、ぬいぐるみ、折り鶴、遺品、遺影、家族写真、食物を模した玩具[9]、故人へのメッセージカードやメッセージノートなどが、墓石の上に供えられている。線香やロウソクはもちろん、お鈴や小さな仏像などの仏具も置かれており、その利用の仕方はもはや墓というより仏壇に近い（図2）。あたかも墓・仏壇・位牌の融合が進みつつあるように思わせる、このような墓・納骨堂の利用形態は、決して札幌市だけに限らず全国のロッカー型や仏壇型の納骨堂でも同様によく見られる。

図2　札幌市の宗教法人営納骨堂「北の杜
御廟」において 2012 年筆者撮影

　こうした現象を、近年指摘されている、仏壇や位牌をもつ家庭の減少や、葬儀や法要の簡素化とのかかわりで捉えることもできよう。本来、曹洞宗において仏壇とは「家庭の中のお寺」であり、仏のいる須弥山を表し、本尊を祀るものと位置づけられている（「曹洞禅ネット」）。しかし多くの檀信徒や一般の人びとは仏壇を故人を祀る場と認識してきた（『檀信徒 2012 報告書』、48ページ）。したがって仏壇は家屋内に安置する、死者の霊魂のための場ともいえる［ボクホベン 2005］。しかし周知のように、都市では家に仏壇を置かず、法事も省略する人は少なくない。そうした人びとにとっては、遺骨を納めた墓や納骨堂こそが死者に対する語りかけや供養、家族の絆の確認といった実践（すなわち先述した墓参りの機能の②③④）を果たす場としてほとんど唯一残されたものとなっているのではないか。換言すれば、生活様式の変化のなかで人びとの日常的な生活空間・時間から死者が遠ざけられてきた結果、折に触れ故人と何らかの接点をもちたくなったとき、あるいはそれを通して社会関係の維持強化を図りたいときに、人びとにとって墓という場所、墓参りとい

う機会が重要になってきているのではないだろうか。本事例からは、死者や
仏壇、墓をめぐる観念の変容が示唆されよう。

（2）「墓地需要により新檀信徒を獲得した寺院」

　先祖や故人の供養のために寺院墓地に墓を求める人がいれば、寺院はそう
した人を新たな檀信徒として迎え入れることができる。そこで以下では、
「宗勢 2015」のうち、墓地のニーズを契機として新たに檀信徒を獲得した寺
院の存在に焦点を当てて検討していきたい。

　「宗勢 2015」では「檀信徒が増えた」と回答した寺院（5,676ヶ寺）に対し
（問 37）、「檀信徒が増えた理由」を複数回答で尋ねている（問 38）。そのうち、
「墓地を必要としていたから」と回答した寺院数は 3,074ヶ寺であった。以
下では、「檀信徒が増えた」かつそれが「墓地を必要としていたから」と回
答したその 3,074ヶ寺を「墓地需要により新檀信徒を獲得した寺院」と呼称
し、それらの寺院がどのように分布しているのかについて、3 つほどの切り
口から分析を試みる。

　まずはこの回答に関し、地域ブロックによるクロス集計を行ない、各地域
ブロックの寺院数に占める割合を算出すると次の**表 3**のようになる[10]。この割
合について、全国 13,645ヶ寺における割合（22.5％）と比較して高い値を示
しているセル（マス目）を網掛けで示した。関東・東北ブロックでは、「墓地
需要により新檀信徒を獲得した寺院」の割合が他のブロックに比べて相対的
に高いことがわかる。とくに、関東ブロックの 37.0％という高い数値が目
を引くであろう。

　同様に、過疎区分とのクロス集計の結果は**表 4**のように示される。非過疎
地域のみが、全国の割合（22.5％）と比較して高い割合となった（そのセル
〈マス目〉を網掛けで示した）。「墓地需要により新檀信徒を獲得した寺院」の割
合は、過疎地域と比べて非過疎地域の寺院の方が 2 倍以上高くなっているこ
とがわかる。

表3　各地域ブロックの寺院数にしめる「墓地需
要により新檀信徒を獲得した寺院」の割合

地域ブロックの寺院の実数（ヶ寺）	「墓地需要により新檀信徒を獲得した寺院」の割合（％）と寺院の実数（ヶ寺）
北海道　（458ヶ寺）	8.1%　（37ヶ寺）
東　北（2,398ヶ寺）	29.5%　（708ヶ寺）
関　東（2,206ヶ寺）	37.0%　（817ヶ寺）
甲信越（1,747ヶ寺）	21.7%　（379ヶ寺）
北　陸　（611ヶ寺）	5.4%　（33ヶ寺）
東　海（2,891ヶ寺）	22.0%　（636ヶ寺）
近　畿（1,202ヶ寺）	10.8%　（130ヶ寺）
中　国（1,079ヶ寺）	16.9%　（182ヶ寺）
四　国　（211ヶ寺）	12.3%　（26ヶ寺）
九州・沖縄（842ヶ寺）	15.0%　（126ヶ寺）
全　国（13,645ヶ寺）	22.5%　（3,074ヶ寺）

表4　過疎区分ごとの寺院数にしめる「墓地需要により
新檀信徒を獲得した寺院」の割合

過疎区分ごとの寺院の実数（ヶ寺）	「墓地需要により新檀信徒を獲得した寺院」の割合（％）と寺院の実数（ヶ寺）
非過疎（9,562ヶ寺）	27.3%　（2,608ヶ寺）
過　疎（4,083ヶ寺）	11.4%　（466ヶ寺）

表5　収入区分ごとの寺院数にしめる「墓地需要により新檀信徒を獲得した寺院」の割合

問55（イ）法人収入（前年度）にもとづく収入区分ごとの寺院の実数（ヶ寺）	「墓地需要により新檀信徒を獲得した寺院」の割合（％）と寺院の実数（ヶ寺）
「低収入寺院」（7,509ヶ寺）　　　　（0〜500万円）	13.7%　（1,026ヶ寺）
「中収入寺院」（2,635ヶ寺）（500万1円〜1,000万円）	33.7%　（887ヶ寺）
「高収入寺院」（2,398ヶ寺）　　（1,000万1円以上）	45.8%　（1,098ヶ寺）

　そして2014年度の法人収入（問55-イ）をもとにした収入区分、すなわち
「低収入寺院」（0〜500万円）、「中収入寺院」（500万1円〜1,000万円）、「高収入

寺院」（1,000万1円以上）によるクロス集計表は**表5**の通りとなった[11]。なお、法人収入が無回答だった寺院（63ヶ寺）を除外して割合を算出している。これまでと同様に全国の割合（22.5%）よりも高い割合を示すセル（マス目）を網掛けとした。

表5で明らかなように、「墓地需要により新檀信徒を獲得した寺院」の割合は、法人収入が多いほど高い傾向があることがわかった。とくに法人収入が1,000万円を超える「高収入寺院」の4割以上が、墓地を求める人びとを新たな檀信徒として獲得できているという事実は注目に値する。別言すれば、法人収入の多い寺院の方が、少ない寺院よりも、墓地のニーズのある人びとを檀信徒の獲得につなげることができているのである。

以上の結果からは、墓地需要という契機において、地域や収入による格差が厳然と存在していることがみえてくるだろう。

3.「墓じまい時代」と寺院

(1) 新しい葬送の登場と檀信徒のニーズ

本章冒頭でも述べたように、近年は新たな「墓問題」が生じている。その背景を少々振り返ってみたい。

明治以降、寺請制度が廃止され、人びとは必ずしも寺院と寺檀関係を結ぶ必要はなくなった。戦後には、宗教・宗旨不問で契約が可能できる広大な霊園（公園墓地）が都市郊外に数多く開発され、まずは都市に家庭をもつ人びとが「○○家」の墓を購入するようになった。そして昭和という時代を通じてほぼ全国的に「○○家」タイプの墓が普及していったのである［問芝 2018］。

しかし時代が平成に移った頃から、「○○家」の墓を建てたり、そこに入ったりすることを望まない人びとが現れてきた。その背景の1つには家族形態の変化があるといわれる。戦後には民法が改正され、（少なくとも法制度上は）直系家族制から夫婦家族制へと移行するとともに、高度経済成長期以

降には核家族が急激に増加していく。ただし、この時期までは家系を代々継いで「家」の連続性を維持しようとする意識は残っていたと考えられている［森謙 2018］。しかし 1990 年代頃からは晩婚・非婚化、少子化、ライフスタイルの多様化が加速して単身世帯が増加、家族の規模は縮小してきたとされる。こうしたなかで、墓を子孫末代まで相続するという観念が弱まり、子に墓守の負担をかけたくないと希望したり、家墓を継ぐ子孫がいないなどの事情があったりと、後継ぎの必要がない墓や葬法が求められるようになったのである。さらには、宗教に親しみがない世代のなかには、墓の購入や維持にかかるコストや、あまりにも商業化した葬送産業への拒否感を表明し、供養を求めるのではなく、自分らしい葬送や自然に還る葬送を望む人びとも現れた［井上 2003；槇村 2013］。加えて、平均寿命が男女ともに 80 歳を超え、人びとが長い時間をかけて自らの葬送や死後を考えるようになったことも、新しい葬送へのニーズを促したといえるであろう。リタイア後に「終活」を始め、「エンディングノート」を執筆し、「子供に迷惑をかけない」葬法を生前に選定する人びとも少なくない。

　こうしたニーズを受けて、石材店など葬送関連の事業者や市民団体、一部の寺院などは、「永代供養」「散骨」「樹木葬」「合葬墓・合祀墓」[11]「手元供養」[12]「電動搬送式納骨堂」等々の新しい形態の墓や埋葬方法を次々と生み出している。これらの多くは既存の家墓よりも低価格で、かつ管理を事業者や寺院等に委託することを前提とした商品やサービスである。とくに散骨や手元供養とは特別な用地や公的認可が不要のため参入障壁が低く、新会社や異業種からの参入が相次いでいる。既存の墓・墓地に近い形態にしても、これまでのように郊外の大型霊園の広々とした区画よりも、アクセスが良い都心に立地した墓地で、かつ大きさがコンパクトで、デザインの美しい墓の広告を多く見かけるようになった。人びとにとってみれば、アクセスや費用、イメージ、管理方法などを考慮して、遺骨をどうするか、埋葬しないという手段までも含めてさまざまに選択できる時代になったといえよう。

郵 便 は が き

6 0 0 8 7 9 0

1 1 0

京都市下京区
　　正面通烏丸東入

法藏館 営業部 行

愛読者カード

本書をお買い上げいただきまして、まことにありがとうございました。
このハガキを、小社へのご意見またはご注文にご利用下さい。

|||||||||||||||||||||||||||||||||||||||||||||||||||||||||||||||

お買上 **書名**

＊本書に関するご感想、ご意見をお聞かせ下さい。

＊出版してほしいテーマ・執筆者名をお聞かせ下さい。

お買上
書店名　　　　　　　　区市町　　　　　　　　　　　　　　　　　　書店

◆新刊情報はホームページで　http://www.hozokan.co.jp
◆ご注文、ご意見については　info@hozokan.co.jp　　　19. 1. 50000

 ご氏名		年齢　　　歳　　男・女

☎□□□-□□□□　　　電話

ご住所

ご職業 （ご宗派）	所属学会等

ご購読の新聞・雑誌名
　（ＰＲ誌を含む）

ご希望の方に「法藏館・図書目録」をお送りいたします。
送付をご希望の方は右の□の中に✓をご記入下さい。　　□

注 文 書

月　　　日

書　　　名	定　価	部　数
	円	部
	円	部
	円	部
	円	部
	円	部

配本は、○印を付けた方法にして下さい。

イ. 下記書店へ配本して下さい。
（直接書店にお渡し下さい）

― （書店・取次帖合印）―

ロ. 直接送本して下さい。

代金（書籍代＋送料・手数料）
は、お届けの際に現金と引換
えにお支払下さい。送料・手数
料は、書籍代計 15,000 円未満
774 円、15,000 円以上無料です
（いずれも税込）。

**＊お急ぎのご注文には電話、
　ＦＡＸもご利用ください。**
　電話 075-343-0458
　FAX 075-371-0458

書店様へ＝書店帖合印を捺印の上ご投函下さい。

（個人情報は『個人情報保護法』に基づいてお取扱い致します。）

　さて、このような状況下で、今日の檀信徒は寺院や寺院墓地に対して何を求めているのだろうか。「檀信徒 2012」の自由記述からそのニーズを拾い上げてみたい。

- 後継者がいない、一人暮しの身で死後の事を考え、昨年菩提寺にお願いして、先祖からの名前を墓誌に刻み、最終的に永代供養塔に移して頂く事にしました。　　　　　　　　　　　　　　　　　　（近畿、80 歳代、女性）
- 子供達は故郷を離れて、都会に就職したり、嫁いで行ったりとお墓参りに来るのは年に何回かで、私の死後は（中略）菩提寺で永代供養をしていただけたら、嬉しいなあと思っています。最近、都会に住んでみえる子供さん達がお墓を移される方がいますが、この町で生まれ、育った者として、この土地に残りたいと思います。　　　　（東海、60 歳代、女性）

このように子供がいない、または子供が故郷を離れているといった理由により、死後は寺院墓地の合葬墓での永代供養が望ましいとの声が散見される。

　また、「宗勢 2015」での寺院による自由回答にも、永代供養墓への申込者が増えているとの回答が複数みられた。「宗勢 2015」では、墓地を所有する寺院（9,870ヶ寺）のうち 3 割弱（27.7%）の寺院（2,734ヶ寺）がいわゆる合葬墓を所有していると回答している。こうした合葬墓は各地域の古くからの慣習か、あるいは無縁改葬用として設けられている場合も多いと考えられるが、上記のようなニーズを鑑みれば、むしろ現代にこそ大きな意義をもつ形態なのではないだろうか。

(2)「墓じまい時代」の到来

　前項でみたような新しい葬送形態の登場に加え、近年は「墓じまい」という新語がにわかにメディアに登場し、「墓じまい」にかかわる諸手続きを代行する事業者なども現れていることが注目される。少子高齢化、人口減少時代における先祖供養の継承の困難さを反映した現象の 1 つと考えられよう。

　いうまでもなく、寺院にとって「墓じまい」は檀信徒の離檀に直結する大

きな問題である。そこで「宗勢2015」では、過去10年間に何件の「墓じまい」（檀信徒の墓石の撤去・合葬墓への埋葬）を行なったか、実数記入形式で尋ねた（問52）。ただしこれらの回答のなかには、檀信徒による自発的な「墓じまい」だけではなく、寺院主導による無縁墓の撤去や改葬、あるいは災害など何らかの特別な理由があり墓地の大規模移転、改葬が行なわれた場合など、さまざまな事情によるものが混在している可能性があることを断っておきたい。

　回答結果を10件ごとに分類・集約すると、次の**図4**のようになる。

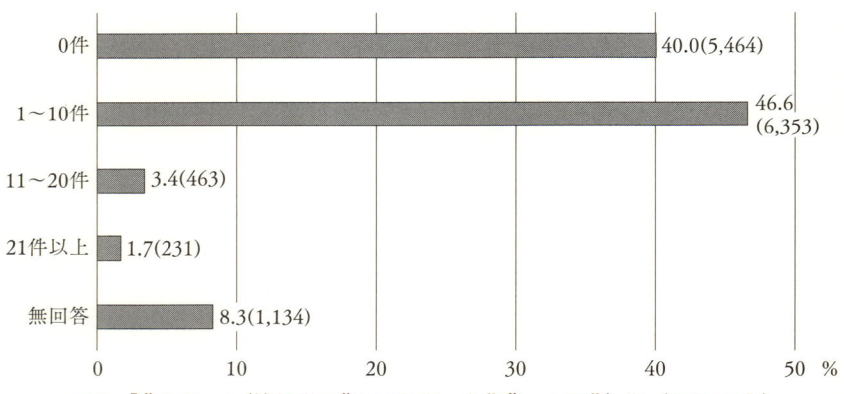

図4　「墓じまい」（檀信徒の墓石の撤去・合葬墓への埋葬）数（過去10年）
基数：13,645ヶ寺

　過去10年間（2006〜2015年）での「墓じまい」の実施数「0」との回答が40.0％、「1〜10件」が46.6％であった。10年で10件以下だったという寺院が8割以上（86.6％）であったことになる。平均件数は3.4件（標準偏差9.0件）だった。ここ10年で、数件を整理したか、ほぼ現状維持というのが大方の寺院墓地の状況であるといえる。

　ただし10年で11〜20件と、年に平均して1〜2件行なったという寺院も

少なからず存在し（3.4%）、21 件以上という規模の「墓じまい」を実施した寺院も数でみれば231ヶ寺にのぼる（1.7%）。もちろん、もともと各寺院墓地に建立されている墓の数は異なるであろうし、先述したように何らかの特殊な事情による大規模な墓地移転などの可能性もあろう。しかしそれを考慮しても、この数を軽視することはできない［問芝 2017］。

　「墓じまい」の実施数はどのような地域に多いのか、「宗勢 2015」上記のデータを地域ブロックや過疎区分によりクロス集計を行なったが、際立った差はみられなかった。しかし下記のような自由記述欄の記述からは、その実情が窺われよう。

・少子化と家名存続の意識低下により、墓仕舞いの相談が近年増えてきました。更に、息子夫婦の関東（東京近郊）移住が多くなり、将来的に、檀信徒と寺のつながりが難しくなると予想され…（後略）。　　　　（近畿）

・檀家の後継者が都会へ出て働き、都合で田舎には帰らない。そのため残された高齢の父母が家や墓を守るという状況の中、その後継者もいない（子息の未婚）檀家が目に見えて増えているのが現状。私の年齢からあと20 年経ると、檀家が半数以下になるような状況です。　　　　（甲信越）

また、「檀信徒 2012」にも次のような記述がみられる。

・近頃は、菩提寺からお墓を移して他所に再埋葬する家が少しづつ増えているように思われます。子供達が大人になり生家より出て他の所に住んでいるためと聞きます。　　　　（東海、年齢と性別は無回答）

・今母が一人で実家に住んでいます。実家は古く寺は実家のご先祖が今の地に作った程の地主でした。（中略）私の子も妹の子も後を継ぐ気もないし、それぞれ独立してしまって継げません。87 歳の母が大いに悩んでいましたが今はもうあきらめたのか、なるようにしかならないと言っています。後処理は私の仕事のようです。（中略）全国で悩んでおられる方たくさんいると思います。どうすればよいのでしょうか？

　　　　（東北、60 歳代、女性）

　過疎地域では現在、主に高齢者世帯によって家と墓が守られていると考えられる。もしその子供の世代が都市に定住していたり、孫世代がいなかったりすれば、そう遠くない将来に「墓じまい」が行なわれ離檀につながるだろうことが予想される。

（3）寺院墓地における無縁墓の割合

　「宗勢2015」で「寺院運営上の問題」を複数回答型式で尋ねたところ（問59）、「寺院墓地で供養する親族がいない墓が増えている」ことをあげた寺院は21.1%（2,883ヶ寺）にのぼった。そのように、供養や祭祀を行なうべき親族等がいなくなってしまった墓は一般に「無縁墓」と呼ばれるが、実際に寺院墓地において無縁墓の割合はどのくらいになるのだろうか。

　「宗勢2015」では、「個人や家の墓」を所有する寺院（9,330ヶ寺）に対し、「個人や家の墓」の総数を100%とした場合、「供養する親族がいない個人や家の墓（無縁墓）」が何%を占めるのかを実数記入形式で尋ねた（問51-ニ）。回答が20%以下に集中したため、理解のしやすさを考慮して、変則的ではあるが便宜的に「0%」と「1～10%」でそれぞれ区切って集約し、11%以降を20%刻みで集約したのが次の**図5**である。

　無縁墓が「0」の寺院が約3割（32.5%）、「1～10%」と回答した寺院が約半数（49.7%）であった。所有の墓地に個人や家の墓がある寺院のうち、8割以上の寺院（82.2%）が無縁墓の割合は「10%以下」であると回答していることになる。15.6%の寺院が、墓地内で1割以上が無縁墓となっていると回答している。無縁墓の割合は平均すると8.8%（標準偏差16.8%）であった[問芝2017]。この数値をどのように捉えるべきであろうか。

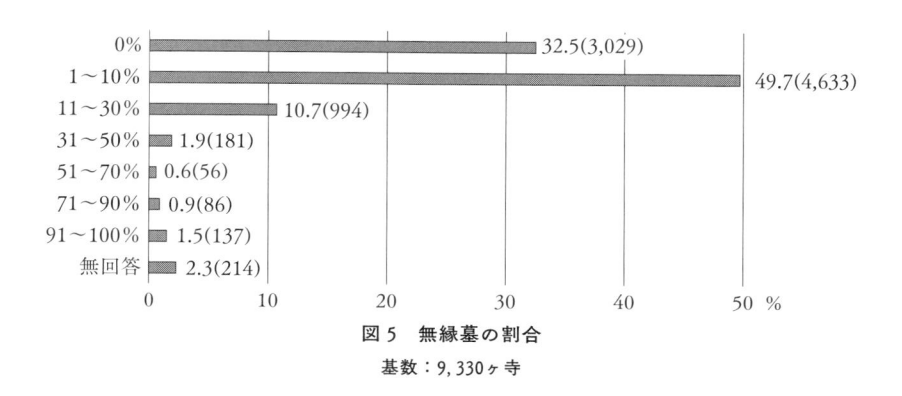

図5　無縁墓の割合
基数：9,330ヶ寺

　先述のように、2割以上の寺院が無縁墓は「増えている」との実感を抱いているが、長い歴史を振り返れば、今日において無縁墓の数が「増えている」とは必ずしも断言できないところもある。近世にさかのぼってみると、たとえば江戸の寺院では墓地が狭小なため「甚しきは三年附届これ無く候えば、無断墓所取り払い候」、すなわち3年間付け届けが無ければ墓を撤去し、石塔は石垣や踏み台などに再利用し、墓地には次々と新たな埋葬を行なっていたという〔西木2004〕。こうした研究が示すように、近世都市下層民の墓は無縁化が前提となっていたといってよい。村落社会においても、ほとんどの寺院墓地や共同墓地には無縁供養塔がある。つまりもともと無縁墓は当然発生するものとして、社会のなかでしかるべく対処が取られていたと考えることができるのである。しかし、明治になって状況は一変する。政府は、すべての死者は墳墓もしくは納骨堂に葬られるべきこと、そして墳墓は原則「永遠保存スヘキモノ」（1874年〔明治7〕「東京墓地取扱規則」）であるとの墓観念を提示した。それによって、祀り手を失った墓がいつまでも撤去されないという事態が生じ、無縁墓が「問題」化していったのである。例えば1920年（大正9）、当時の東京市が行なった調査では、青山墓地にある2万1,993基の墓のうち、6,312基、すなわち約28％が無縁化していた〔井下1936〕。東京

のような都市社会では人口の流動性が高く、しかも個人墓や夫婦墓が多かったため、無縁墓が大量発生したのであった。こうした事態は改葬を法制化する必要性を喚起し、1932 年（昭和 7）には「無縁墳墓改葬規定」が設けられることとなった。要するに、無縁墓自体は今日突如出現したわけではない。もともと存在していたものが、近代墓地法制および土地活用問題の観点から「問題」化されたのである。

　くわえて、大正期頃から社会格差が拡大し、そのなかで貧困層が「社会問題」「救済されるべき対象」として可視化されるようになり、亡くなった場合には無縁物故者追悼法要で弔われ合葬されるという自治体の社会事業の対象とされるようになった。つまり意識という面でも、すべての人が墓に葬られ、弔われるべきとの意識が高まったことで、無縁墓が「問題」として前景化してきたといえるのである。

　戦後には、人口とともに墓の数が増えたことにくわえ、人口移動が増加し家族変動が進行したことで、無縁墓の増加の「問題」視は定着するに至った。1980 年代から無縁墓の増加を取り上げた新聞記事がみられるようになっている［小谷 2010］。そして、さらに高度移動社会となったうえ人口減少という新たな局面に差し掛かった今日、「問題」としてより顕在化、そして全国化してきたということなのであろう。

　以上のように「無縁墓の増加問題」は本来歴史的社会的な言説化のプロセスとしても捉え直されるべきなのだが、ただやはり本書の目的に照らして焦点とすべきなのは、無縁墓が増えているという「問題」を抱えた寺院が約 2割におよんでいることである。さらに、墓地内の墓の半数以上が無縁化していると回答した寺院が約 300 ヶ寺にのぼり、なかでも「91% 以上」が無縁墓であると回答した寺院がじつに 100 ヶ寺を超えているという実態もある。

　震災のような特別な事情がかかわっている場合を除いて、一般には、寺院墓地の墓の多くがものの数年で一気に無縁化することはない。とすればここでの「問題」は、大量の墓が無縁化しているというだけではなく、むしろ

「墓が無縁のまま放置されている」ことにこそあるとは考えられないだろうか。このような状況は、例えば次のような「檀信徒 2012」の記述によく表れているといえよう。

　・墓を守るべき後継者がいない（少ない）時代です。または、後継者が遠
　　方に居住し、墓を守れない状態が多く荒れほうだいです。早く、宗務庁
　　として、各寺院として対策の方針を示すべきときと思いますが。

（東北、60 歳代、男性）

　後継者を失っても「墓じまい」さえもされずに、「荒れほうだい」の墓地。おそらくそうした状況は、墓地経営者にとって無縁墓の撤去・改葬等が大きな経済的負担となってしまうことが理由となって生じている。無縁墓の改葬は、縁故者等に対して 1 年以内に申し出がなければ改葬する旨を官報と墓前の立札によって通知し、申し出がなければ実施できる。つまり法的に無縁墓と認められた墓は、経営者が合法的に撤去・改葬してよいのである。とはいえ、それらの実務的な諸手続きは、「墳墓ハ永遠保存スヘキモノ」であるため経営者側が無断で撤去・破壊してしまうことのないようにとの理念に基づいているためか、なかなかに煩瑣であるうえ、墓石やカロートを撤去し原状回復するための数十万円単位という高額な費用は墓地経営者の負担となる。墓地経営者にとっては、次の使用契約者が確実に見込まれる場合でもなければ、積極的な改葬は行ないづらい。このような事情から、経営的に厳しい寺院、とくに過疎地寺院の墓地には無縁墓がそのまま残されることになっているのであろう。

　たとえ教義上は何ら問題ないと説かれようとも、無縁墓がそのままに置かれ荒れている墓地の光景を目の当たりにした人びとの心には、悲しみや不安がよぎるのではないだろうか。

おわりに

　以上みてきたように、全体として先祖や死者を供養したい、あるいは自ら
の死後の供養を寺院に託したいという人びとのニーズは依然として高い。墓
参の慣習も維持されており、本章ではその意味にも言及してきた。手厚い供
養を求め、信頼できる菩提寺と継続的につながろうとする人びとも確かに存
在している。こうして墓は、そもそもの地域的差異が大きいとはいえ、曹洞
宗寺院と檀信徒とを緊密に結びつけており、実際に墓地・納骨堂が今日の寺
院経営の支えとなっている場合も多いと考えられる。

　しかしながら一方で、本章で明らかになったように、墓地取得による新た
な檀信徒の獲得があるかどうかには明らかに地域格差や収入格差がある。そ
して「墓じまい」や無縁墓の実態こそ、まさに寺檀関係の縮小・消滅という
局面を照射しているといえよう。死や供養に際して寺院や僧侶、仏教を心の
拠り所とするような意識が、現代日本社会のなかに少なからず保持されてい
るとしても、過疎地域の零細な寺院にはそれを可能にするだけの体力がもは
や残されていない可能性がある。「墓じまい時代」も大問題であるが、それ
に続き、「墓じまい」すらなされえなかった墓が大量に取り残される「無縁
墓時代」の到来が、じつはもう眼前に迫っている。数百年にわたり我が国の
死者供養を担ってきた仏教教団は、そうした事態にどう向き合うのだろうか。

　もっとも、仏教寺院にとって墓とは臨終から葬儀、火葬・埋葬、そして追
善供養といった死者にかかわる一連の儀礼のなかの一要素なのであり、そう
した意味で本章はその一部を切り取っているに過ぎない（葬儀については第4
章参照）。死と葬送をめぐる一連の過程に敷衍して考えれば、仏教寺院が担い
うる役割はより大きなものがあろう。今日では自身の死への向き合い方も問
われているなかで、そしてまた退職後の長い余生のなかで、自らの生の幕引
きとして死の準備を始めたり、自分なりの死後の安寧を模索したりする人び
とは少なくない。その際に、例えば仏教をわかりやすく解説した一般書や仏

像展がシニア層の人気を集めていることが表すように、仏教的なものへの関心を高める人もいるだろう。また寺院は地域コミュニティの拠点ともなりうる。世界屈指の長寿国、超高齢社会であり、一方で血縁・地縁が希薄化し孤立者が増えた「無縁社会」ともいわれる現代日本にあって、仏教儀礼や仏教思想、また社会的存在としての寺院の役割は決して失われていないように思われる。

註

1) 自らの終末期と死後に備え、身辺の整理をしたり、介護や医療、葬儀、墓、相続などについて情報収集したり、生前契約等を行なったり、意思を書き残したりすること。『現代用語の基礎知識』での初出は 2010 年版（2009 年 11 月刊）。同 2011 年版の小項目「終活」には「「週刊朝日」が 2009 年に「現代終活事情」を連載したのが最初」とある［佐藤ほか編 2009・2010］。2012 年の「ユーキャン新語・流行語大賞」ではトップテンに選出された。

2) 「墓の後継ぎがいない」「墓参りが困難」「墓は不要」「寺院とのつながりは不要」といった理由により、墓を自主的に撤去して、散骨したり合葬墓などに移したりすること。『現代用語の基礎知識』をみると、「墓じまい」という語の初出は 2015 年版（2014 年 11 月刊）で、小項目「改葬」の説明として「地方から都市あるいは家墓から永代供養墓等承継を必要としない墓への改葬（墓じまい）が増加」との記述がある。2016 年版（2015 年 11 月刊）になると、小項目として「墓じまい」が設けられるようになり、「弔う子孫がいなくなると、墓は処分されてしまう。少子高齢化による後継者の不在などで、墓を撤去し、寺なとに遺骨の管理を任せる永代供養に切り替える動きが広がっている」と説明されている［佐藤ほか編 2014・2015］。

3) 「墓地経営・管理の指針等について」（平成 12 年 12 月 6 日厚生労働省生衛発第 1764 号）。宗教法人の名を借りて実質的に経営の実権を営利企業が握る、いわゆる「名義貸し」の防止に留意すべき旨も通知されている。

4) 「宗勢 2015」の問 51 - イは、各寺院に墓地・納骨堂の所有状況を「墓地」「納骨堂」「ペット用の納骨・埋葬施設」「何も所有していない」という選択肢を複数回答形式で尋ねたものである。本章のこの表では、その回答結

　　　　果から無回答とペット用についての回答は除外し、所有しているとの回答についてさらに「墓地のみを所有」、「墓地と納骨堂の両方を所有」、「納骨堂のみを所有」、「墓地も納骨堂も所有していない」という4つに分類し直したうえで、それを地域ブロック別に再集計したものである。

5)　この基数は、問51－イにおいて、「墓地」と「納骨堂」のいずれか、あるいは両方を所有していると選択した寺院数である。すなわち、調査票回収寺院数13,645ヶ寺から「墓地や納骨堂などの施設はない」2,305ヶ寺と無回答884ヶ寺、およびペット墓のみを所有している12ヶ寺を減算した10,444ヶ寺となる。

6)　NHKが5年ごとに、同じ質問、同じ方法で行なっている世論調査。2013年は、全国の16歳以上の国民5,400人（層化無作為二段抽出）を対象とし、個人面接法で実施、有効数は3,070人。

7)　読売新聞が行なっている世論調査。2008年は、全国の有権者3,000人（層化無作為二段抽出）を対象とし、個別面接法で実施、有効数は1,837人。

8)　國學院大學日本文化研究所のプロジェクトと「宗教と社会」学会・宗教意識調査プロジェクトの合同により、1995〜2015年度までに12回実施された調査。毎回全国の大学生数千人を対象とし、信仰の有無や、宗教的習俗・サブカルチャーへの関心、宗教関連の社会問題への意識等に関する20〜25項目を質問紙により尋ねたもの。2015年の有効数は5,773人［國學院大學日本文化研究所編刊 2017］。

9)　生ものを備えて帰ることは禁じられているため、プラスチック製のおままごと用のケーキや果物などを備えている例がみられる。

10)　それぞれの地域ブロックにおける全体の寺院数を分母とし、そのうち「墓地需要により新檀信徒を獲得した寺院」のクロス集計により得られた各度数を分子として算出したのが、表3に示した割合（％）である。その算出根拠である、それぞれの「度数／各ブロック全体の寺院数（ヶ寺）」は、北海道37／458ヶ寺、東北708／2,398ヶ寺、関東817／2,206ヶ寺、甲信越379／1,747ヶ寺、北陸33／611ヶ寺、東海636／2,891ヶ寺、近畿130／1,202ヶ寺、中国182／1,079ヶ寺、四国26／211ヶ寺、九州・沖縄126／842ヶ寺、全国3,074／13,645ヶ寺であった。北海道を例にとると、北海道ブロック全体の寺院数は458ヶ寺であり、そのうち「墓地需要により新檀信徒を獲得した寺院」数は37ヶ寺であったので、それを除算

して得られた 8.1％ が、北海道ブロック内における「墓地需要により新檀信徒を獲得した寺院」の割合となる。

11）「合葬墓」あるいは「合祀墓」とはもともと、1 基の墓のなかに 1 人ではなく複数の死者を葬った墓のことを指す語であった。その意味ではいわゆる「○○家」の墓（家墓）も広義の合葬墓である。しかし近年では、申込者や会員など不特定多数の遺骨を埋蔵するために霊園や寺院によって設置された墓という意味に転じており、「宗勢 2015」もその意味で用いている。

12）小さな骨壺やモニュメント、アクセサリー等に遺骨をおさめたり、遺骨自体を加工したりして、家や身近なところに遺骨を保持すること。

参考文献一覧

井上治代　2003『墓と家族の変容』岩波書店。

井下清　1936「都市の墓地整理と将来の対策」前島康彦編 1973『井下清著作集　都市と緑』財団法人東京都公園協会。

國學院大學日本文化研究所編刊　2017『学生宗教意識調査総合報告書（1995 年度～2015 年度）』。

小谷みどり　2010「お墓のゆくえ──継承問題と新しいお墓のあり方」（第一生命経済研究所「ライフデザインレポート」http://group.dai-ichi-life.co.jp/dlri/ldi/report/rp1007a.pdf、2018 年 10 月 15 日確認）。

佐藤優ほか編　2009・2010・2014・2015『現代用語の基礎知識 2010・2011・2015・2016』自由国民社。

問芝志保　2016「明治 10 年代以降の墓地法制と都市──札幌にみる墓制の近代」『宗教と社会』22。

問芝志保　2017「埋葬の実状」曹洞宗宗勢総合調査委員会編『曹洞宗宗勢総合調査報告書 2015 年（平成 27）』曹洞宗宗務庁。

問芝志保　2018「関東大震災と家族納骨墓──近代都市東京の墓制」『宗教研究』92-3。

西木浩一　2004「都市下層民衆の墓制をめぐって」江戸遺跡研究会編『墓と埋葬と江戸時代』吉川弘文館。

藤井正雄　1974『現代人の信仰構造──宗教浮動人口の行動と思想』評論社。

ヨルン・ボクホベン　2005『葬儀と仏壇──先祖祭祀の民俗学的研究』岩田書院。

槇村久子　2013『お墓の社会学——社会が変わるとお墓も変わる』晃洋書房。

松崎憲三　2004『現代供養論考——ヒト・モノ・動植物の慰霊』慶友社。

森茂　2013『日本の葬送・墓地——法と慣習』法律文化社。

森謙二　2018「「イエ亡き」時代の墓地埋葬の再構築のために」鈴木岩弓・森
　　謙二編『現代日本の葬送と墓制』吉川弘文館。

山田慎也　2018「納骨堂の成立とその集合的性格」鈴木岩弓・森謙二編『現代
　　日本の葬送と墓制』吉川弘文館。

山田昌弘　2004『家族ペット——やすらぐ相手はあなただけ』サンマーク出版。

新聞記事

「ペットは極楽往生できるのか」『中外日報』2016 年 10 月 7 日。

ウェブサイト

曹洞宗　曹洞禅ネット「お仏壇のまつり方」（https://www.sotozen-net.or.jp/ceremony/
　　memorial/obutsudan、2018 年 10 月 15 日確認）。

寺院運営の現状

【第6章】

教化活動の現状と課題
──教化団体と住職の活動を中心に──

川又　俊則

はじめに──寺院と教化

曹洞宗は毎年その年度の「布教教化方針」を4月1日付で定めている[1]。

例えば、2018年度の「曹洞宗布教教化に関する告諭」は、庁議の決定を経て、管長名で公布された（以下、本章のふりがなはすべて筆者による）。「曹洞宗はお釈迦さまをご本尊とし、歴代の祖師が相承してこられた御仏の教えにしたがい、正しい信仰生活を送ることを宗旨としております。両祖と仰ぐ道元禅師と瑩山禅師は、坐禅を中心とした生活の全てが御仏の行いであり、その功徳を普く人々に回らせなさいとお示しくださいました。……（以下略）」[2]。これに基づき、「布教教化方針」が定められ、教団の宗務執行をとりしきる宗務総長や各部長など執行部名とともに示されている。

2018年度のものを略述すると次の8項目が掲げられている。

- 一仏両祖（曹洞宗における本尊たる釈迦牟尼仏および、曹洞宗の宗旨の祖道元禅師、教団の祖瑩山禅師のこと）のおそなえの普及

- 禅の実践

- あらゆる差別の撤廃と人権啓発の活動

- 平和な社会の実現

- 地球環境をまもる全曹洞宗の運動（グリーン・プラン）

- 被災地支援の継続と菩薩行の実践

- 孤立する人びとと向き合い、支える

・寺院を地域社会の「絆を深める場」に活かす

2017年度と比べると「禅の実践」、および「被災地支援」の文言がくわえられた。それ以外は、当時の執行部が初めて示した4年前の2015年度の方針とほぼ同じ内容である。

このような方針が宗派として示され、それに応じた教化活動が、教区・寺院ごとに実践されている。この基本的流れは、曹洞宗機関誌『曹洞宗報』に記載される宗議会の記録でみるかぎり、ずっと続けられてきたことがわかる。

他宗派も同様だ。例えば、真言宗智山派は、2013年度「生きる力──安らかなる心をもとに──」という教化目標を設定した。「仏さまに祈る」を教化年次テーマに2年間の教化活動が推進された。続いて、2015年度からは新たなテーマとして「仏さまと出会う」を展開した[3]。日蓮宗は、宗門運動「立正安国・お題目結縁運動」を掲げ、「敬いの心で安穏な社会づくり、人づくり」を目標とし、「いのちに合掌」を展開している[4]。2018年は第3期開花活動の4年目となり、最後の年を迎えるにあたり、宗務総長の言葉がウェブサイトで示されている。

このように、仏教各宗派では、それぞれの方針に基づいて寺院活動の基本として、さまざまな「教化」を実施している。

さて、そもそも「教化」とは何を指すのだろう。「きょうか」として辞書を引くと、「教え導いて善に進ませること」（広辞苑第7版）、「教え導き、よい方向に向かわせること」（大辞林第2版）などが一般的な意味だろう。仏教語に由来する「教導化益」の略語「きょうけ」は、「衆生を仏道へと教え導くこと」（広辞苑第7版）、「衆生を教え導いて恵みを与えること」（言泉）などとも説明される。

つまり「教化」とは人びとをよい方向に向かわせることだが、当然、仏教としては、仏道へ教え導くこととなる。具体的には、僧侶が檀信徒などに対して仏道へ教え導く活動全般を指す。本書各章で示されてきたように、僧侶の活動の中心にある葬儀・追善儀礼、恒例法要・臨時法要などの活動が教化

に他ならない。本章では代表的な教化活動について論及する。

1.　教化に注目する

　人びとを導くのは誰か。仏教界でいうと、僧侶（教化者・能化者）がそれにあたる。導かれるのは檀信徒や一般の人びと（被教化者・所化者）である。ここに、教化者と被教化者という明確な区分がある。

　僧侶は、個々の寺院において、法話や配布文書、その他多様なメディアなどを用いて教化活動を行なっている。次節で、坐禅会や梅花講などを扱うが、これらは各寺院内で組織化される。このように、檀信徒を教化する諸団体が「教化団体」である。寺院内ばかりでなく、寺院を超えた組織もあるし、教化センターや宗務庁など寺院の上位組織による教化活動もある。

　なお、本章末でも述べるが、教化者が被教化者を一方向に教化するという考え方だけではなく、双方向的な交流で仏教の学びを深める見方もある。

　本章は、「宗勢 2015」の結果から、「教化団体全般」「坐禅会・梅花講」「住職・寺院の活動」と 3 つの観点で教化に関して分析していく。「宗勢 2015」では教化の現況が、個別寺院および住職について、単純集計を中心に記述されている。本章では個々の実態をみると同時に、「宗勢 2015」で触れられていない宗務庁や教区、その他の広がりをもつ教化にも言及したい。

2.　教化団体の特徴

　「宗勢 2015」によれば、教化団体を「主催していない」寺院は、前回調査「宗勢 2005」より 12.1 ポイント上昇し、3 割を超えた（32.2%）（基数：13,645ヶ寺）。以下、教化団体自体やそれを維持する寺院の特徴などをみていく。

（1）教化団体の特徴

①開催率推移

「宗勢 2015」では教化団体について、各寺院がどのような教化団体を主催しているか、「その他」と「主催していない」を含めた20の選択肢のなかからあてはまるものをすべて選ぶ方式で尋ねている（問28）。その結果、60.1％の寺院では、何らかの教化団体を主催していた（基数：13,645ヶ寺）。『宗勢 2015 報告書』では、それを対象者別（年代別）教化団体5つと目的別教化団体14（その他含む）の2つに区分した結果が示された。ここで、以前からの調査推移を確認しよう。

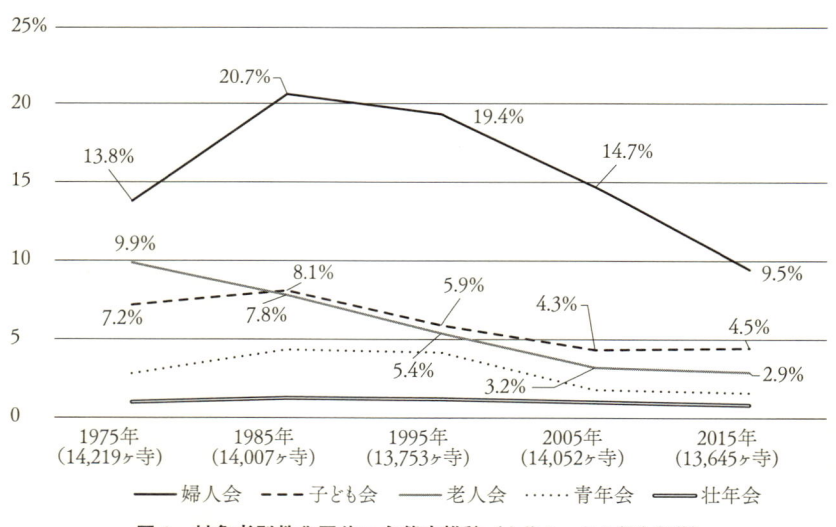

図1　対象者別教化団体の主催率推移（上位3つのみ割合記載）

5つの対象者別教化団体について、過去5回の調査結果推移をみると、婦人会の主催率は常に最上位で、その次はほぼ子ども会、わずかの差で老人会が続いている（**図1**）。青年会と壮年会は5％未満で推移している。ただ、婦

入会にしても 1 割〜2 割程度にとどまっている。そして、1985 年をピークに、徐々に主催率が低下し、最新の「宗勢 2015」では 1 割を下回った。曹洞宗寺院では、このように、対象者別教化団体の主催率は決して高いとはいえない。なお、「宗勢 2015」における対象者別教化団体は、主催割合（以下、カッコ内は回答寺院数）が高い順に、「婦人会」9.5％（1,291）、「子ども会」4.5％（609）、「老人会」2.9％（400）、「青年会」1.6％（220）、「壮年会」0.8％（114）であった（**図1**）。

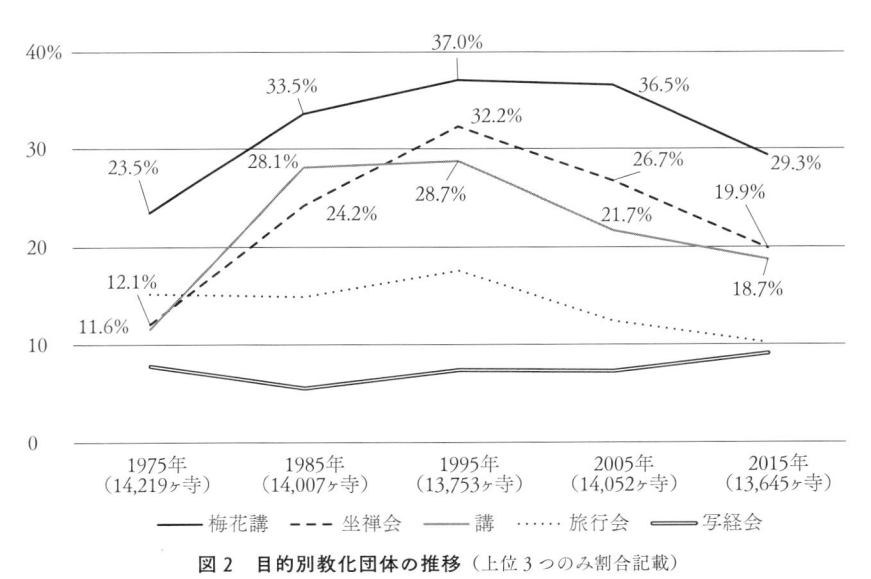

図2　目的別教化団体の推移（上位 3 つのみ割合記載）

※「宗勢 2015」で、講は「観音講・地蔵講などの講」を指す。

　次に、目的別教化団体をみよう。「宗勢 2015」で選択肢にある団体の上位5 つは、梅花講 29.3％（4,004）、坐禅会 19.9％（2,710）、観音講・地蔵講などの講（以下、講）18.7％（2,555）、旅行会 10.2％（1,389）、写経会 9.1％（1,239）の順だった。それは、過去 5 回の結果でもほぼ同じ順序である（**図2**）。

上位 3 団体は 2〜4 割ほどの主催率で推移し、次位の 2 つは 1 割前後だった。

　なお、教化団体数について注目すると、1995 年（27,328 件）をピークに減少に転じている（「宗勢 2015」では 18,105 件）。

　②収入別

　本書他章でも寺院収入を 3 区分した分析が示されているが、本章でも寺院収入 3 区分（高収入、中収入、低収入）によって、主催している教化団体がどのように異なるかをみた（表 1）。表は全体の割合より高いマス目（セル）に網掛けをした（以下、本章の表は、全体平均より高い数値のマス目に網掛けした）。1,000 万 1 円以上の高収入寺院のうち、8 割以上では主催している教化団体があるのに対し、500 万円以下の低収入寺院では、教化団体を主催していない割合が半数に近い（45.8%）結果だった。

表 1　寺院収入 3 区分別にみた教化団体の主催状況

	主催している （7,906ヶ寺）	主催していない （4,230ヶ寺）	合　計 （12,136ヶ寺）
低収入寺院 （0 円〜500 万円）	54.2%	45.8%	100%
中収入寺院 （500 万 1 円〜1,000 万円）	78.3%	21.7%	100%
高収入寺院 （1,000 万 1 円以上）	84.2%	15.8%	100%
全　体	65.1%	34.9%	100%

　③対象者別教化団体

　対象別教化 5 団体を主催する寺院を、地方別にみたものが表 2 である。すると、九州・沖縄は婦人会・子ども会・青年会・壮年会、北海道は婦人会・青年会・壮年会、東北は子ども会・青年会・壮年会、中国は婦人会・子ども会・壮年会で、それぞれ主催率が高かった。逆に、関東はすべての教化団体で、北陸と東海は老人会以外の教化団体で、平均より主催率が低かった。対

表 2　地方別にみた対象別教化団体

地　　方	婦人会 (1,291ヶ寺)	子ども会 (609ヶ寺)	老人会 (400ヶ寺)	青年会 (220ヶ寺)	壮年会 (114ヶ寺)
北海道	42.3%	3.9%	3.2%	4.8%	1.6%
東　北	9.0%	6.1%	2.3%	2.2%	1.1%
関　東	6.1%	4.0%	2.1%	1.6%	0.8%
甲信越	8.2%	4.1%	3.0%	1.5%	1.1%
北　陸	4.9%	4.7%	5.6%	1.7%	0.8%
東　海	6.4%	4.7%	4.3%	1.2%	0.3%
近　畿	6.7%	3.9%	4.8%	1.2%	0.4%
中　国	15.5%	6.1%	2.4%	1.7%	1.2%
四　国	9.3%	3.6%	1.5%	2.1%	1.0%
九州・沖縄	27.0%	6.1%	2.4%	2.3%	2.4%
全　体	10.3%	4.8%	3.2%	1.7%	0.9%

象者別教化団体の主催率は、地方による違いがみられた。

　年代別任意団体の組織率は、一般社会でも低下している[7]。そのようななかで、寺院で主催している「子ども会」などの存在意義が見出される。

　他宗派の状況を確認しておこう。浄土真宗本願寺派の第 10 回宗勢基本調査（2015 年）の結果は、次の通りである[8]。この調査では教化団体を、「団体はない」「活動は活発である」「活動は活発ではない」との 3 件法の選択肢で質問していた。後二者は「ある」と考え、合算した「ある」の割合は、曹洞宗と相応する対象別教化 4 団体について割合の高い順に示すと、仏教婦人会（71.6%）、仏教壮年会（39.1%）、土・日曜学校、子ども会（24.9%）、仏教青年会（5.6%）だった。青年会の組織化が低調であることは曹洞宗と同様だが、婦人会・壮年会・子ども会などは組織化の割合が高く、同派における対象者別団体は、それぞれの寺院内で存在感をもっていることがうかがえる[9]。

　全数調査（曹洞宗）と標本調査（浄土真宗本願寺派）などの違いはあるものの、教化活動の観点で考えると、曹洞宗では対象者別教化団体の組織化が大きな課題といえよう。

④目的別教化団体

　目的別教化上位 5 団体を主催する寺院を、地方別にみたものが**表 3** である。

すると、北海道はすべての教化団体で、東北は写経会以外の4つで、関東は坐禅会・旅行会・写経会で、近畿は梅花講・講・写経会で、中国は梅花講・坐禅会・写経会で主催率が高かった。逆に、東海と四国はすべての教化団体で低く、甲信越は旅行会、北陸は講以外すべての教化団体で、平均より主催率が低かった。目的別教化団体の主催率も、地方による違いがみられた。

表3　地方別にみた目的別教化団体

地　方	梅花講 (4,004ヶ寺)	坐禅会 (2,710ヶ寺)	講 (2,555ヶ寺)	旅行会 (1,389ヶ寺)	写経会 (1,239ヶ寺)
北海道	52.5%	25.0%	25.9%	19.3%	12.7%
東　北	40.8%	23.1%	31.9%	14.5%	8.7%
関　東	20.9%	26.3%	9.7%	15.8%	12.5%
甲信越	25.2%	20.8%	15.7%	12.7%	9.7%
北　陸	18.4%	15.9%	31.0%	4.5%	5.6%
東　海	29.1%	15.8%	16.1%	8.4%	7.7%
近　畿	34.8%	19.5%	30.0%	6.9%	10.9%
中　国	35.7%	26.1%	17.0%	6.5%	15.2%
四　国	29.4%	21.1%	14.4%	8.8%	6.2%
九州・沖縄	46.0%	24.1%	19.3%	6.1%	7.4%
全　体	31.8%	21.5%	20.3%	11.0%	9.8%

　真宗大谷派の第7回教勢調査（2012年）でも、教化組織の有無が報告されている。曹洞宗と同じ全数調査だが、相応する目的別教化団体について、4団体の結成の有無を確認しよう。割合の高い順に、講（39.1%）、同朋の会（教学の学習と座談会を主とする学びの会、31.4%）、ご命日の集い（親鸞聖人の命日に法要と講話を行なう会、15.1%）、合唱団（2.2%）であった。講の割合は曹洞宗より高く、それ以外の団体は曹洞宗の選択肢とは異なるので単純な比較はできない。目的別教化団体自体、宗派の特色が示されている。なお、同派の過去3回（1992年、2000年、2012年）の調査結果をみると、講はほぼ同じ水準を維持し（39.7%→38.7%→39.1%）、同朋の会は近年減少（29.9%→35.0%→31.4%）、ご命日の集いは減少傾向（18.8%→16.8%→15.1%）という推移を

辿っている［寺林 2014］。宗派寺院の半数に満たない割合で教化団体を維持していくことは、他宗派でも重要課題である。

（2）兼務寺院・無住寺院における教化団体

「宗勢 2015」によれば、「布教教化を行なってない」割合が、檀徒数 0 戸の寺院（基数：1,121ヶ寺）では 44.3％だったのに対し、檀徒数 1 戸以上の寺院（基数：11,185ヶ寺）では 6.1％と著しい差異が示されている［澤城・荻 2017］。檀徒の有無は教化活動に大いに影響を与えている。また、兼務寺院や無住寺院は本務寺院と比べ、教化団体を主催していない割合が高く（第 3 章参照）、住職の住持形態や、その有無で差が生じることが示されている。そこで、対象者別教化団体の主催割合を、「本務」「兼務」などの寺院区分で比較した。「主催している教化団体」が 1 つでもある寺院は 8,195ヶ寺あったが、その 87.6％は本務寺院であった。対象別教化団体のなかで青年会は、兼務寺院で主催している割合が高かった（表 4）。同様に、目的別教化団体のなかで講は、兼務寺院で主催している割合が高かった（表 5）。兼務寺院や無住寺院の状況は第 3 章で考察されているが、本務としての住職がいない寺院においても、兼務住職や他の僧侶、あるいは檀徒の努力によって、教化団体を主催していることもわかった。

表 4　対象者別教化団体別にみた寺院区分

団体名（基数）	本務	兼務	代務他	無住職
婦人会　（1,291ヶ寺）	92.6%	7.0%	0.3%	0.1%
子ども会　（609ヶ寺）	90.8%	8.8%	0.3%	0.1%
老人会　（400ヶ寺）	95.9%	4.0%	0.2%	0.0%
青年会　（220ヶ寺）	83.9%	15.7%	0.2%	0.2%
壮年会　（114ヶ寺）	92.7%	7.0%	0.3%	0.0%
主催している（8,195ヶ寺）	87.6%	12.0%	0.3%	0.1%

表5　目的別教化団体別にみた寺院区分

団体名（基数）	本務	兼務	代務他	無住職
梅花講（4,004ヶ寺）	90.8%	8.8%	0.3%	0.1%
坐禅会（2,710ヶ寺）	96.0%	3.9%	0.1%	0.0%
講（2,555ヶ寺）	83.9%	15.7%	0.2%	0.2%
旅行会（1,389ヶ寺）	92.7%	7.0%	0.3%	0.0%
写経会（1,239ヶ寺）	95.9%	4.0%	0.2%	0.0%
主催している（8,195ヶ寺）	87.6%	12.0%	0.3%	0.1%

（3）教区単位での活動

　『宗勢 2015 報告書』では、直接設問対象となっている個別寺院や個々の住職に関する結果が示されている。その性格上、教区や管区で広範に行なう活動などへの記述、具体的には、寺院同士が連携した坐禅会や結婚式などの実施に関しては、射程に入っていない。だが、実際はさまざまな形で寺院相互の連携がなされていることは周知の通りである。本節ではその一部を確認したい。

　宗教紙誌や各宗派の宗報などで、教区単位や組（都道府県単位などで区分される「教区」より狭い範囲における各宗派の行政組織）などの単位で、複数寺院での協力関係が報じられている。

　例えば、三重県北部の真宗大谷派員弁組では、同派同組に属する地域内の24ヶ寺すべての寺院で協力し、「青少幼年部」を作って「スタンプラリー」を実施し、子どもたちが寺院に親しみを持てる取り組みをし、それが成功すると、続いて、寺族間の世代、役職を超えた交流「INB24（員弁組世代を超えた交流会）」という取り組みも行なったという[11]。

　三重県曹洞宗青年会（＝三曹青）でも、さまざまな試みが行なわれている[12]。地域交流を行なう和太鼓集団「鼓司」には三曹青メンバー有志が所属し、県内外で活動している。また、一泊二日の坐禅会「緑蔭禅」も行なっている。筆者自身これまで緑蔭禅に3回参加した。真夏に禅を体験し、また、若い僧侶と会話する機会を得られ、坐禅にも僧侶の方々にも大いに親しみを感じた。

同会所属僧侶は 20 歳代から 45 歳までと年齢制限があり、年齢階梯的な組織である。同会を「卒業」した先輩たる高齢宗教者のバックアップもあって 50 年も継続しており、多くの僧侶たちを育成してきた。

　多くの仏教宗派で、同様の青年僧侶たちの会が全国各地にあり、多様な取り組みが実践されている［川又 2019］。

3.　坐禅会と梅花講

　前節で、教化団体全般を概観した。本節では、これまでの宗勢総合調査報告書で毎回取り上げてきた 2 つの教化団体、坐禅会と梅花講に関して、詳しくみていく。布教教化に関する告諭で引用したように、「坐禅を中心とした生活の全てが御仏の行い」と考える曹洞宗において、坐禅会は、教えの根幹にかかわる教化団体である。また、梅花講は第二次世界大戦後に設置され、その後、急速に浸透した教化団体である。毎回の調査でも主催割合が常に上位にある。曹洞宗にとって重要なこの 2 つの教化団体に着目しよう。

（1）坐禅会

　1970 年代のアメリカ西海岸で既に「ZEN」ブームはあったが、21 世紀の現代日本でも禅に対する関心は高い。海外からの旅行者たちが、ホテルで朝坐禅を組む姿がみられる。曹洞宗でも、英語での坐禅「ZEN class」を 2016 年 4 月より開催している。

　ところが、宗勢総合調査によれば、各寺院における坐禅会の開催は、毎回、全寺院の過半数に遠くおよばない。「宗勢 2015」では、調査前年の 2014 年度の坐禅会開催を尋ねている（基数：13,645 ヶ寺）。開催した寺院は 25.2%、開催していない寺院は 62.8% と、じつに 3 分の 2 近くの寺院で 2014 年度の坐禅会開催がないことが判明した。

　檀信徒に対する 1980 年代の調査（基数：1,213 人）でも、坐禅の経験が「あ

る」は 20.1％ にとどまり（「ない」は 78.8％）、「したいと思う」（39.2％）は、「したいと思わない」（42.6％）を下回った。[13]「檀信徒 2012」では、宗教への親近度を問う質問のなかに「坐禅」のことも尋ねている。「身近に感じる」26.6％ に対し、「身近に感じない」21.7％ と拮抗しており、「どちらともいえない」がもっとも高く 40.3％ だった（基数：6,530 人、『檀信徒 2012 報告書』29 ページ）。この調査では、宗教行動も尋ねている。「先祖供養のために手を合わせ祈っている」（77.4％）、「神や仏に礼拝・勤行をしている」（52.7％）、「寺社の行事や儀礼に参加している」（51.7％）と比して、「坐禅などの修行をしている」（3.9％）は圧倒的に低かった（基数：6,530 人、『檀信徒 2012 報告書』33 ページ）。

　宗務庁は「坐禅を基盤とした教化をすすめる運動」を 1984 年度から展開し、また、各寺院へ参禅道場になるべく看板も配布した。そしてその効果は、その後の宗勢総合調査報告（「宗勢 1985」「宗勢 1995」）でも、坐禅会の割合増加として表れている（図2）。しかし、この認可参禅道場制度が一時定着した後は、坐禅会の割合低下という実態（「宗勢 2005」「宗勢 2015」）となっている（図2）。

　こうした結果を踏まえていえば、僧侶も檀信徒も、曹洞宗が坐禅を旨としていることを理念としては理解しているが、日常生活の実態は坐禅中心になっているわけではないと改めて確認されたといえよう。

　坐禅の実態に関して、既に曹洞宗内で多様に議論されてきた。曹洞宗参禅道場の会が結成され、2017 年 8 月現在で約 600 ヶ寺が加入し、機関誌『参禅の道』では、数度にわたる座談会を通じ、都市・地方の現況紹介やさまざまな提案がなされた。[14]そこでは、「長く続けることの大切さ」「地味でもいいから広めていくこと」などが、暫定的な結論として示されていた。また、教団附置研究機関である曹洞宗総合研究センターは、年に 1 度、研究総会を開催しているが、坐禅に関する実態調査の研究発表もみられる［赤間 2012 他］。

　このように、年 1、2 回の坐禅会は、全国各地の寺院、教区で広く開かれ

ている。定例で行なわれる坐禅会を「宗勢 2015」で確認しよう。先述の通り、実数記入形式で調査前年の 2014 年度に開催された回数が 10 区分にまとめられている（基数：3,436ヶ寺）。「1ヵ月に 1 度程度」（9〜14 回）が（24.5%）、「年に 1 回」（1 回）が（20.6%）と、この 2 つが他を大きく引き離して割合が高かった。調査票回収寺院 13,645ヶ寺において、坐禅会がどのように行なわれているか、改めて確認しよう。すると、毎週や毎月行なう熱心な寺院（9 回以上）が 11.4%（1,562ヶ寺）、年に数回行なう寺院（1〜8 回）が 13.7%（1,874ヶ寺）、まったく行なわない寺院 62.8%（8,574ヶ寺）と三分される（無回答 1,635ヶ寺を除く）。そして、既に**図 2** で確認したように、坐禅会を主催する寺院数は減少傾向にある。

　曹洞宗寺院全体の 4 分の 1 ある坐禅会開催寺院に対し、近隣寺院がそれに続いていないのは、「自分のところはやらなくてもいい」という意識をもっているからかもしれない。坐禅会をしている寺院同士のつながりも決して濃くなく、各寺院、住職個々での対応が中心となっているようだ。結果的に、坐禅会を開催している寺院で継続できているところがある一方、開催していないところもそれも継続してしまっているということになるのだろう。「檀信徒 2012」の自由回答では、以下の記述がある（一部抜粋して原文のママ引用。回答者の属性として、地方、年代、性別を記した）。

- ・私の寺では月に一度、座禅会、年の旅行等やっている。寺がみぢかである。
  （関東、60 歳代、男性）
- ・私にとってお寺さんは、葬儀や法事の時、お世話になるところでしかありません。たとえば、座禅会や法話会などを開催してくれたらいいのになあ、と思います。
  （東北、50 歳代、女性）

このように、坐禅会を通じた寺院内での交流や信仰の深化を醸成している寺院がある一方、坐禅会が開催されていないことへの不満を述べる回答もみられた。その混在こそが曹洞宗の現状なのだろう。「宗勢 2015」では、坐禅会の平均参加者も尋ねている（基数：3,436ヶ寺）。すると、「1〜10 人」（58.4%）、

「11～20人」（24.4%）で約8割を占めていた。少数の参加者で実施している地方寺院はこれらの回答に相応するだろう。逆に、東京などで参加者が毎回50人以上という寺院もあるだろう。

　「宗勢2015」によれば、坐禅会における檀信徒割合（基数：3,436ヶ寺）は、檀信徒中心（「51%以上」〈38.5%〉）、檀信徒と非檀信徒の混在（「1～50%」〈41.8%〉）、非檀信徒中心（「0%」〈17.8%〉）に三分される［冬月・荻 2017］。曹洞宗では、宗務庁のある東京グランドホテル5階を会場に「朝活禅」（定員30名）を主催、出勤前の若い会社員など中心に好評を博しているという。

　表6は、過疎地寺院と非過疎地寺院で、坐禅会の檀信徒参加割合に違いがあるかどうかをみたものである。これによれば、過疎地寺院では檀信徒が「51%～75%」「76%～100%」の区分で、全体より高い割合を示した。つまり、過疎地域での坐禅会は、檀信徒中心に開催されているということを示している。逆に、非過疎地寺院では、「0%」「1～25%」「26%～50%」の区分で、全体より高い割合を示した。非過疎地域での坐禅会は、非檀信徒中心もしくは檀信徒と非檀信徒の混在によって開催されているということだろう。

表6　過疎区分別にみた坐禅会における檀信徒の割合

	0%	1～25%	26～50%	51～75%	76～100%	合計
過　疎　（925ヶ寺）	15.5%	21.3%	13.7%	8.4%	41.1%	100%
非過疎（2,448ヶ寺）	19.1%	27.6%	17.9%	7.4%	28.0%	100%
全　体（3,373ヶ寺）	18.1%	25.9%	16.8%	7.7%	31.6%	100%

　また、**表7**は坐禅会の年間開催数（2014年度）について、過疎区分による違いをみたものである。これによれば、「0回」「1～5回」は過疎地寺院に高い割合で、それ以降「6回以上」は、非過疎地寺院に高い割合であることが示されている。

　坐禅会を開催する寺院の割合は、梅花講よりなぜ低いのか。そのヒントは、先に紹介した座談会の発言にも見出せる。

ただひたすらに坐禅することは、悟りへの手段ではなく、悟りの姿そのものである、という曹洞宗の教えを端的に示している「只管打坐（しかんたざ）」という言葉がある。「坐禅をしていない者が法を伝えたら口先だけになってしまう。毎日三時間の坐禅を三年間続ければ、導師は（宗教者としての方向性が）かなり決まってくる」とも言われ、実際、そこまで坐禅をしている住職ばかりではなく、「坐禅、坐禅とあまり口を酸っぱくして言うと煙たがられる」という意見にもなる。もちろん、坐禅自体の重要性は僧侶として理解しているだろうが、檀家の人びとがもっとも求める葬儀・法要などではないことから、それに力を注ぎきれないのかもしれない。

表 7　過疎区分別にみた坐禅会回数

	0 回	1〜5 回	6〜10 回	11〜20 回	21〜30 回	31〜40 回	41〜50 回	51〜70 回	71 回以上	合計
過　疎 (3,565ヶ寺)	73.3%	16.4%	3.1%	4.7%	1.2%	0.5%	0.5%	0.1%	0.2%	100%
非過疎 (8,445ヶ寺)	70.6%	12.9%	4.0%	7.0%	2.0%	0.8%	1.3%	0.7%	0.6%	100%
全　体 (12,010ヶ寺)	71.4%	13.9%	3.7%	6.3%	1.8%	0.7%	1.1%	0.6%	0.5%	100%

「檀信徒 2012」の自由回答には、次のような記述もあった。
・坐禅会毎月一回三仏忌（3 回）年間 15 回開催されております。ほとんど参加しておりますがその度に住職の法話等為になるお話をしてくれています。少しずつ理解を深めていると思います。　　　　（東海、70 歳代、男性）

先の座談会でも、「坐禅は不特定多数の人に来てもらえる。お寺というのはいつでも誰でも来られるところだと知ってもらう意味でも、坐禅会は必要」との指摘もある。次節の梅花講と比べても、一般にもよく知られている宗教行動である坐禅は、檀信徒以外も参加しやすく、曹洞宗関係者以外の人びとへつながることに適した教化方法だともいえよう。

(2) 梅花講

　そもそも梅花講は、鈴鉦など法具を用いて仏讃歌を唱える仏行であり、一般には「御詠歌」と呼ばれる仏教音楽歌唱を通じた講活動である。[15]

　曹洞宗では、戦後、梅花流詠讃歌が講組織として展開した。[16]1951 年に結成され、翌年に第 1 回全国大会が大本山總持寺にて開催された。「三宝御和讃」「正法御和讃」「修証義御和讃」「高祖道元禅師学道御和讃」「同行御和讃」などが詠じられている。

　梅花講の講数は 6,300、講員は 13 万 5,000 人いる。[17]曹洞宗で梅花講を紹介するウェブサイトでは、以下のとおり説明されている。[18]

　　……お釈迦さま・両祖さま（道元さま・瑩山さま）を讃え、ご先祖さまを敬うこころを唱える・・その歌は日本の風土と暮らしの中で生まれたメロディーで、やさしく穏やかな曲・・五七五七七という和歌形式のものと、七五調を合わせて詠讃歌・・唱えやすく安らかなこころが生まれ、新たな感動がわいてくる……

　全国の梅花流を唱える仲間が集まる梅花流全国奉詠大会は 1 年に 1 回、開催されている。2ヶ所の会場に 2 日間で約 1 万人が集い、地域ごとにお唱えの成果を発表している。2017 年には 65 周年記念奉讃会も開催されるなど、継続した活動が行なわれている。静岡で開催された 2018 年 5 月の次第は次の通りである。

　第 1 部　法要

　　開会式

　　熊本地震三回忌並びに自然災害物故者追悼法要

　　梅花流特派師範による洞慶院梅花観音への奉詠

　第 2 部　式典

　　大会長挨拶

　　歓迎の言葉

　第 3 部　代表者登壇奉詠

第 4 部　清興

　　駒澤大学吹奏楽部演奏

第 5 部　閉会式

　年 1 回の全国大会以外に、寺院の年中行事や他の機会で成果を披露する場もある。したがって、定期的な練習が必要となる。この梅花講に檀信徒たちは、どのような思いで参加しているのだろうか。「檀信徒 2012」の自由回答をみよう。

・梅花講に参加しています。お寺の中で、とても重要な役割があって、良いお仲間が出来て、楽しくやらせていただいております。

（東海、60 歳代、女性）

・御詠歌をお寺で教えて頂いています。仏教のことにも以前より考えるようになりましたし、楽しく学ぶことができています。曹洞宗の教えをこれからも、もっと教えてもらいながら深めていきたいと思っています。お寺が身近になりました。　　　　　　　　　　　（九州・沖縄、60 歳代、女性）

・副住職さんの御指導受け、月 2 回参加する様になりました。皆さんと講を唱え、すごく気持が安らぎ癒される思いがします。お寺さんが身近に感じる様になりました。　　　　　　　　　　　　　（関東、60 歳代、女性）

　このように、詠讃歌を唱える仲間と顔をあわせることで、寺院や檀徒同士でのかかわりも深まり、さまざまな和讃を覚え、指導されることで信仰が深化していくという実感があるのだろう。

　「宗勢 2015」によれば、調査前年 2014 年度の梅花講練習会の年間開催数は次の通りだった（基数：4,004ヶ寺）。「1ヶ月に 1 度」（9〜14 回、27.3%）、「2 週間に 1 度」（21〜34 回、24.1%）、「3 週間に 1 度」（15〜20 回、17.1%）。つまり、ひと月に 1 回、ないしは、ひと月に 2 回程度の頻度で練習が行なわれているケースが開催全体の 3 分の 2 を占めるということである。課題もある。

　「宗勢 2015」によれば（基数：4,004ヶ寺）、練習会 1 回あたりの平均参加者数は「1〜10 人」（72.2%）、「11〜20 人」（19.0%）と少人数であり、参加年齢

層（基数：28,492 人）は、「80 歳以上」（22.2%）、「70 歳代」（38.0%）、「60 歳代」（26.7%）と高齢層が多かった。60 歳代以上の世代で約 9 割を占めている。50 歳代およびそれ以下の年代が少ないことから、職業生活を退く 60 歳代から参加するような傾向が見出される。

また、梅花講練習会の 1 回あたりの平均参加者数を**表 8** に、「過疎」「非過疎」の違いを示した。参加者人数を 4 つに区分したところ、「1〜10 人」「21 人以上」の 2 つで、過疎地寺院の割合が高かった。その間の「11〜20 人」では、非過疎地寺院に高い割合だった。

表 8　過疎区分別にみた梅花講平均参加者数

	0 人	1〜10 人	11〜20 人	21 人以上	合計
過　疎 (1,356ヶ寺)	5.6%	73.2%	18.7%	3.6%	100%
非過疎 (2,598ヶ寺)	5.5%	73.0%	19.6%	1.3%	100%
全　体 (3,954ヶ寺)	5.6%	73.1%	19.2%	2.1%	100%

さらに、**表 9** は、同様に「過疎」「非過疎」別に、梅花講の練習会の開催回数をまとめた。「0 回」「1〜10 回」という回数の少ない場合と、「71 回以上」というたいへん熱心な練習を重ねている場合で、過疎地寺院の割合が高かった。「11〜20 回」「21〜30 回」「31〜40 回」「41〜50 回」では、非過疎地寺院が高い割合を示した。

表 9　過疎区分別にみた梅花講練習回数

	0 回	1〜10 回	11〜20 回	21〜30 回	31〜40 回	41〜50 回	51〜60 回	61〜70 回	71 回以上	合計
過　疎 (1,361ヶ寺)	7.1%	28.4%	35.2%	19.5%	4.6%	2.9%	0.9%	0.2%	1.0%	100%
非過疎 (2,611ヶ寺)	6.9%	21.5%	35.7%	25.2%	5.6%	3.3%	0.9%	0.2%	0.8%	100%
全　体 (3,972ヶ寺)	7.0%	23.9%	35.5%	23.3%	5.3%	3.1%	0.9%	0.2%	0.9%	100%

　浄土宗など他宗派でも同様の講組織はある。真言宗智山派の密厳流遍照講を例に挙げよう。同派のウェブサイトによると、約 500 の支部があり、講員は約 6,000 人いる[19]。遍照講は全盛期 2 万人を超える講員がいたが、現況を踏まえ、真言宗智山派では、今後、講員の高齢化のため減少傾向が続くとも予想している[20]。講員減少を食い止め、新たな講員拡大を目指し親しみをもってもらうための企画として、「お大師さまのご生涯」というご詠歌オペラを2013 年度、全国 5 ヶ所で開催した。その後、2018 年 4 月、大本山成田山新勝寺開基 1080 年祭大開帳奉修記念として、密厳流遍照講全国奉詠成田山大会が開催され、1,020 人が参加したという。

　大正・昭和期や戦後すぐの教化活動として御詠歌などが行なわれ、それを用いる宗派では、それぞれの宗派の教えについて、一般の人びとに歌を通じて仏教を伝えていくにあたって大きな力を得ていた。しかし、参加する人びとの数も組織も減少傾向にあるため、今後、真言宗智山派のような対策が各宗派でそれぞれなされていくのだろう。

（3）広がりを持つ超宗派の活動

　阪神・淡路大震災や東日本大震災、その他自然災害において、多宗教・仏教多宗派のボランティア他の活動も耳目を集めている[21]。宗教者ならではの活動は、超宗派でも行なわれている。

　山梨県では、県内の日蓮宗、浄土宗、曹洞宗、臨済宗妙心寺派、真言宗智山派の住職・副住職 12 名による超宗派「坊主道」が 2016 年 10 月に結成され、2017 年 11 月からは、いわゆる「子ども食堂」である「寺 GO 飯」を毎月 1 回開催しているという[22]。参加住職らは 30、40 歳代で、月 1 回の定例会や不定期の研究会を行なって、学びあっている。

　筆者も、三重県西部や東部の地域における調査で、超宗派による合同托鉢や、その他協力関係、あるいは市内の超教派での教化活動をみてきた［川又2016a］。自坊の檀徒だけと閉じた関係を深めるというのではなく、住職たち

が、檀信徒ではない地域住民との関係を広げている。

　仏教十宗派と四地域の仏教青年会が参加する全日本仏教青年会の全国的な活動を引き合いに出すまでもなく、超教派の活動は、近年では決して珍しい事例ではない。1寺院では解決できない問題を広域化の取り組みのなかで、僧侶が文字通り宗教活動に勤しみ、地域住民と交流し、それぞれ知恵を絞っているのである。

4.　住職の活動

　前節まで教化団体を扱ってきた。だが教化は団体だけが行なうわけではない。教化団体の多くを指導・牽引しているのは住職である。また、住職はそれぞれの寺院の責任者として、葬儀・法事や各年中行事および法話、他の社会貢献活動など、多面的に活動している。その住職の活動全般について論じよう。

（1）法話を通じた教化

まず、「檀信徒2012」の自由回答を確認しよう。

・多くの住職は葬儀と法事で満足しているように見えてならない。寺の行事のときに法話をしたり、お経の意味を解説したり曹洞宗の教えを広める活動を重視する必要があると思う。　　　　　　　　　（甲信越、70歳代、男性）

・自分も終末に近づく中でお寺で法話等についてお聞きする機会があればと思います。　　　　　　　　　　　　　　　　　　　　（近畿、70歳代、女性）

　このように、檀信徒は、住職たちの法話へ強い希求がある。「宗勢2015」によれば、住職は（基数：10,265人）、檀家に対する法話・説教などを8割以上が行なっている（問18-イ）。

　その法話や説教がいつ行なわれているかを尋ねた質問（問15-ロ）によれば（基数：8,594人）、通夜や葬儀（87.2%）、年回法要などの追善供養（83.2%）、

施食会などの恒例法要（56.1%）、法話会・坐禅会・梅花講などの布教教化を
目的とした催し（36.0%）という順番だった。檀信徒にとって、「死」を接点
とした非日常の世界で、住職たちは積極的に法話や説教を行なっている。し
かし、通夜や葬儀、追善供養、恒例法要などの機会に比べ、坐禅会・梅花講
などで檀信徒たちが法話・説教を聞く機会は少ないということになる。

　続いて、住職の年代を 20 歳代から 80 歳代まで 10 歳刻みで区分し、法話
をするかどうかをみた（**表 10**）。すると、若い 20 歳代、高齢の 70 歳代、80
歳以上では「行なっていない」割合が高く、それ以外の年代では「行なって
いる」割合が高かった。20 歳代の若手住職は、僧侶になるまでに「仏教や
曹洞宗の教え」については、良く学んできたかもしれないが、通夜や葬儀な
どで、遺族を前に、「死の受け止め方」「故人の生きざま」「故人の死後のゆ
くえ」などを話すには、ある程度の経験やスキルも必要になってくる。それ
が、このような法話の有無の違いとなっているのではないか。また、とくに
80 歳以上で「行なっていない」割合が高いのは、体調面で不安などが推察
される。

表 10　住職年代別にみる法話の有無

	行なっている	行なっていない	合計
20 歳代　　（90 ヶ寺）	77.8%	22.2%	100%
30 歳代　（773 ヶ寺）	87.7%	12.3%	100%
40 歳代　（1,539 ヶ寺）	87.4%	12.6%	100%
50 歳代　（2,124 ヶ寺）	88.4%	11.6%	100%
60 歳代　（2,846 ヶ寺）	87.2%	12.8%	100%
70 歳代　（1,721 ヶ寺）	84.7%	15.3%	100%
80 歳以上（793 ヶ寺）	73.0%	27.0%	100%
全　体　（9,886 ヶ寺）	85.9%	14.1%	100%

　この法話について学ぶ場の 1 つに、現職研修がある。曹洞宗では、管長に
代わって法話を行なう特派布教師などを養成している。布教師を養成するた
めに年 3 回開かれる布教師養成所の研修の一環として、研修課程所員が企画

する「法話の会」もある。

このように法話を説く説教師・布教師は、どの宗派でも必要な存在として、養成されている。各宗派でも曹洞宗と同様に、それぞれ規定された説教師・布教師の養成が行なわれ、そこで研鑽を積んだ説教師・布教師たちは、「巡回布教」などで各個寺院へ派遣・招聘され、集う檀信徒に対し、仏教やそれぞれの宗派の教えを熱心に説いている。また、日蓮宗の「高座説教」、浄土真宗の「節談説教」など、特徴的な説教方法もあり、それを受け継ぐ試みもある。[23]

浄土真宗では「浄土真宗の法話案内」（http://shinshuhouwa.info/）というサイトがあり、これは超宗派で運営されている。毎日の全国での法話を登録し、検索、案内するものである。また、個人で積極的に後進のために動き、テキストを作成するような例もある。

(2) さまざまな社会貢献

住職の経験といえば、寺院以外でのこととして就業があるだろう。寺院での就業以外に、他の職業として、教育機関（7.1%）、会社・団体・官公庁（5.7%）、その他の就業先（3.6%）などで働く住職もいる（問9-ロ、基数：8,134人）。その場合、他職業での人間関係や、それぞれの社会的立場をもつことになるだろう。

また、春秋の叙勲・褒章の報道から、文化・芸能・学術など分野の貢献者以外にも、民生委員・保護司・消防団など公共的活動を長年続けてきた方々に授与されている。過去の宗勢総合調査では、特別職として住職の就任有無を複数回答で尋ねている。「宗勢2005」の上位5つの特別職は割合の高い順に、保護司、民生委員・児童委員、人権擁護委員、青少年相談委員、社会教育委員だった。選択肢が異なるので単純に比較できないが、真言宗智山派でも、保護司、民生委員・児童委員などが、仏教会役員、自治会・町会役員などとともに活動内容として挙げられており、地域社会の多様な役割を果たし

ていることが読み取れる。[24] このように、住職が地域で必要な公共的活動の役職に就いていることは、社会貢献の 1 つといえよう。

「宗勢 2015」で、住職が過去 10 年間に行なった活動と、社会貢献だと考える活動について問うた選択肢（基数：10,265 人）で、上位 5 つの項目をまとめた（図 3）。「葬儀や年回法要」「法要を通した平和祈願・戦没者や災害犠牲者の追悼」の実施は 7 割を超え、貢献と考える割合も 6 割以上であり、住職にとって教化活動の中心だといえよう。また、「地域の美化・清掃活動」や「地域の人びとが集う場として寺院を開放すること」「寺院行事を通した町おこし・地域振興」などの上位項目をあわせ、行なった割合の高い活動を、社会に貢献する活動だと理解している住職が多いことがわかる。

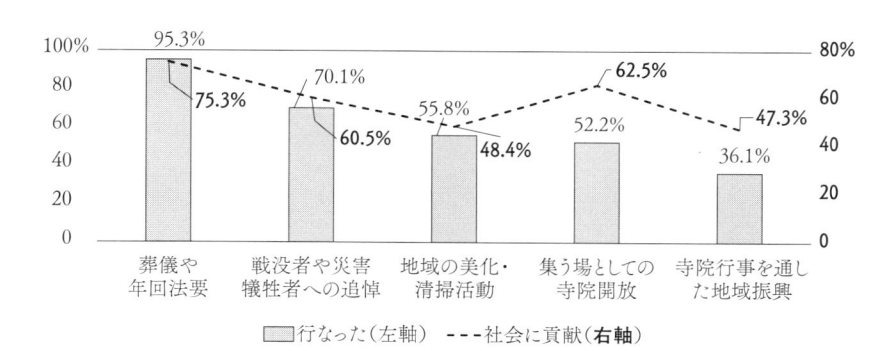

図 3　行なったことのある活動と社会貢献と考える活動
基数 10,265 人（回答総数 50,001 件）：行なった　10,265 人（回答総数 58,617 件）：社会に貢献

このように多くが共有する活動以外にも、子ども会を 50 年続けてきた寺院、夏休みのラジオ体操の会場提供を 35 年続けてきた寺院もある。[25] これらの寺院の活動は、住職の強い意志、配偶者の万全なサポートはもとより、その子弟、また、檀信徒総代はじめ檀信徒の協力がないと続けることは困難である。（長年務めるケースもあるが）数年から 10 数年で交替するキリスト教の牧

師とは異なり、住職の場合、その地域に数世代で定住することが多い。地域の人びとは、見知った人物に地域の中心的な役割を担ってもらうことを期待しているともいえる。ただし、そもそも人びとの移動が当たり前となり、過疎地域から三大都市圏などへ移動し、そのまま戻ることのない人びとが多い時代、檀徒たちが菩提寺の住職たちに、そのような期待を多くもち続けるかどうかは不透明でもある。

5. 寺院内と寺院外の活動——多様なニーズに応える

　本節では、寺院内での教化をもとにしながらも、寺院外へ向けた活動をしている例などを、「檀信徒向けの活動」（法話・梅花講など）と「檀信徒以外に向けた活動」（非檀信徒中心の坐禅会など）として論じていく。

　僧侶が副住職や住職としてまだ経験値が少ない若手時代に、教化実践をグループで学びあう制度が、宗派を問わず各地にみられる。宗門大学や養成施設を卒業し、僧侶として着任した寺院内で従事するのは当然である。だが、こうした他寺院の僧侶や檀信徒と交流する機会が与えられ、子ども会運営をしたり、広報紙を作成したり、大きな行事を支える役割を果たしたりするなど、個別寺院では経験できない数々の実践の場が提供されていることは貴重であろう。一般社会でみられる青年団などの年齢階梯制の組織と同様に、20歳代から入会可能で、その後活動を続け、40〜45歳くらいでそれを卒業する。そして、自分たちより若い世代をサポートする側となる。このような「教化システム」は各宗派にとって必要なものとなっている［川又 2019］。

　被教化者を教化するのは教化者だが、その教化者は宗門教育機関で養成されている。かつて宗教者は教化として圧倒的な知の保持者であり、一般信者らは、宗教者たちの知見をただ受け入れ学ぶだけだった時代が続いた[26]。だが、現在の超高学歴社会において、僧侶の知的優位性は揺らいでいる。昭和半ばくらいまで、住職後継予定者を宗門系大学に行かせようと檀徒が寄付してい

た事例も耳にする。だが、高校卒業者の過半数は高等教育機関へ進学する状況（2017年、54.8%〈大学進学率、現役〉[27]）で、今ではそのようなことは住職家族自身がまかなうべきだと檀信徒たちには認識されている。宗教・哲学に関心をもち、大学等の公開講座に参加する知的好奇心が高いシニア層もいる。相互作用や切磋琢磨など集団で学ぶ意義や、資格・免許取得などで学校教育自体の必要性は堅持されているものの、既に学校に行かずともネット検索などで一定の知識情報を得られる時代である。学びのスタイルも一斉型授業から参加型授業への転換過程にあり、児童生徒学生の主体的・能動的な学びを喚起するのが教員の重要な役割になっている。学校社会は既に変貌を遂げている。宗教界でも、教化は僧侶が檀信徒へ向けて一方的かつ画一的に行なうようなものでいいはずがない。

筆者は、僧侶に頼り切るのではなく、檀信徒自身の行動・実践こそが寺院維持という生存戦略につながると主張したことがある［川又 2016a］。宗教者不在で教会・寺院を守り続ける努力は、それを守る信者や檀信徒の強い信仰の自覚が必要である。それを高めるには、住職たちの法話など教化活動が効果的である。再度、「檀信徒 2012」の自由記述をみる。

・毎月の命日でも読経の後、お茶を飲みながらその時々の話題や世間話を気さくに話し、檀家との距離を縮める努力が伺える。お寺の行事に参加して、説教を聞いているうちに少しずつお釈迦様についても理解するようになった。

（北海道、60歳代、男性）

・葬儀の際の法話で道元様のお言葉をお伝えしたり、機会をとらえ、お言葉をお伝えすることはとても大事なことで、そのような意味で葬儀を媒体とした関係を、大切にしてほしいと考えました。

（東北、60歳代、男性）

このようなことを通じて、檀信徒たちが仏教徒としての自覚を高めていければ、それぞれが所属する寺院の維持につながるだろう。

ただし、熱心な檀信徒ばかりがいるわけでない。（教えを強く求めていない）

形式的な檀信徒（遠方檀信徒、檀家候補〈次世代檀家〉）もいれば、何らかの教えを求めている、つまり、仏教に関心のある檀信徒以外の人びともいる。この層に対する、対応の強化がなされなければ、「熱心な檀信徒の減少（死去）」とともに教線が縮小する。今後、このようにそれぞれニーズに合った対応が、僧侶側に求められる[28]。

　図4は、筆者がイメージする檀信徒の理念型である。熱心な檀信徒（A）とそれ以外（BCD）への効果的な教化として、異なるアプローチが求められる。今後、形式的な檀信徒（B）と仏教に関心ある人びと（C）への対応が強化されなければ、熱心な檀信徒（A）の減少（死去）とともに教線の縮小となると思われる。

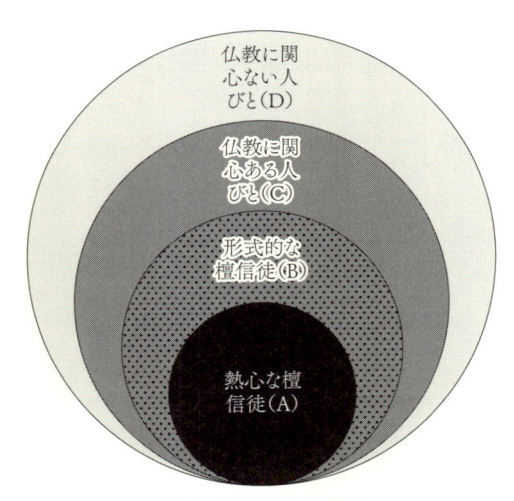

図4　檀信徒の理念型

　本章でみてきた梅花講は、この理念型における、AおよびBにかかわる教化団体だといえよう。同様に、坐禅会は、AおよびCにかかわる教化団体、法話はAおよびB、さらにCにかかわる教化活動、そして、寺院ウェ

ブサイトや住職が発信する SNS などはこの 4 つすべてにかかわる教化活動とみなせよう。各寺院や住職にあった方法や組み合わせが行なわれている。

　一人ひとりの僧侶は教化者として個性を持って取り組むことや、教団側は技術・素材・場を提供することが重要である。これらを踏まえ、筆者自身は、ニーズによる対応が必要であると論じた［川又 2016b］。

おわりに――僧侶と檀信徒との協働へ

　「宗勢 2015」では「教化活動を行なっている」寺院 83.0％、「布教教化を行なっていない」寺院は 9.6％であった（基数：13,645ヶ寺）。教化は大多数の寺院で行なわれている。しかし、教化団体については、いずれも主催していない寺院が 32.2％あり、活動そのものより割合が高かった（基数：13,645ヶ寺）。そう考えると、本章で議論してきた坐禅会・梅花講を含む教化団体を組織化し、展開できている寺院は、じつは、かぎられた寺院なのである。本書各章で収入区分の議論もしているが、教化活動も、それを滞りなく行なっていけるのは「高収入寺院」が中心だと推測される。であるなら、葬儀や法事に関心が薄い若い世代を取り込めるのも、そのように活動を幅広く手掛けている寺院だろう。それでは、「高収入寺院」に該当しない過半数の寺院はどうすればいいのか。

　曹洞宗では、「檀信徒 2012」の結果を受け、檀信徒に対し、死者や先祖の供養などという役割に対しての期待には応えているものの、「悩み苦しむ生者を受け入れることや社会に開かれた場になっていく」期待に応えるためにどうすればいいかを検討した［曹洞宗宗務庁総務部福祉課編 2016］。その結果、先駆的な実践を行なっている寺院・地域などとの社会福祉活動やその事業例をまとめた、『生き活き寺院』という冊子を刊行している［曹洞宗宗務庁総務部福祉課編 2016；2018］。これは、その過半数の寺院向けの提案だとも思われる。

　これまで、実態調査報告が少なかった神社界でも、先般、詳細な実態調査

が行なわれ、報告された［神社本庁総合研究所研究祭務課 2016］（第 10 章参照）。その結果をみると、教化活動を実施していない神職が 4 割を占めていた。氏子 300 人未満が全体の 3 分の 1 を占めることや、過去 10 年間に 7 割の神社が氏子減少となった結果も示されている。1 社だけでなく、地域全体の神職や氏子で 1 つの相互扶助ネットワークを作ることが理想だとの指摘もある。[29]

　教化とは、僧侶たち自身の個別の努力でなされてきたものである。社会貢献的な活動を個人で行なう者もいれば、寺院の開放などを積極的に進め、地域に根差した寺院を目指す者もいる。いずれも、個々の努力である。一部、教区や同年代、管区や宗派、超宗派などさまざまなレベルでの組織体によっても行なわれていたが、それは普遍的な傾向ではない。

　他方、本章 1 節でも述べたが、現代の状況では、教化者が被教化者を一方向に教化するという考え方だけではなく、双方向的な交流によって、自他ともに仏教の学びを深めていくことが大事だろう。

　多世代の人びとがかかわる寺院において、対象者別や目的別の教化団体が存続することは重要である。高齢者が集い活発に活動している梅花講は、70 年の歴史のなかで、曹洞宗教団においてしっかり定着しており、その代表格といえよう。また、子ども会など、寺院の次世代・次々世代を対象とする教化団体が活動していくことは、寺院内の活性化にもつながる。しかし、すべての寺院にこれらの団体があるわけではない。生存戦略として考えるならば、僧侶と檀信徒が教化団体をどう運営していくのか、そしてそれを檀信徒外へ広げられるのか。既に幅広く取り入れられている SNS などの発信も必然だろうが、このように考えてくると、檀信徒以外の一般の人びとが参加しやすい坐禅会の位置づけは、現時点でも曹洞宗において大きなものであると指摘できよう。仏教へ、あるいは曹洞宗へ、一般の人びとの関心ある層（C）へ広くアプローチする柔軟な態度が今後ますます必要になってくるだろう。そして、既にそれができている住職たちもおり、宗教界全体が、困難に立ち向かっていくためには、成功例、先駆的実践などの情報共有が必要だと思われ

る。ただし、その前提として、僧侶と檀信徒がそれぞれとのような寺院を目指すのかということを互いに議論し、将来的ビジョンをともにすることが必須だとも思う。

註

1）本章ではもっぱら教化を論じている。布教と教化の語の差異について、例えば、布教は教団が方針に基づいて制度的に宗教を伝える近代以降の行為、教化はあらゆる時代で宗教を伝える行為で布教の上位概念とした［新堀 2013］の定義も参照のこと。

2）『曹洞宗報』991 号、2018 年。

3）『宗報』2016 年 4 月号、53 ページ。

4）日蓮宗（https://www.nichiren.or.jp/activity/）2018/10/23 最終アクセス。

5）『宗勢 2015 調査報告書』の教化団体の割合は、主催している寺院数 8,195 ヶ寺を基数にしたものが示されている（93 ページ）。しかし本章では、各年度の比較のため、基数を調査票回収寺院 13,645 ヶ寺として算出している（各年度の基数も同様に調査票回収寺院数で算出）。

6）表 1 以降の基数は、該当項目に記載のない回答をすべて除いたものである。

7）2002 年から 2014 年の間で小学生全体は 1 割減だが、少年スポーツ団の所属率は 2 割減少した（スポーツ少年団現況調査報告書日本スポーツ少年団登録データの分析〈2002 年～2014 年〉）（http://www.ssf.or.jp/report/category4/tabid/1093/Default.aspx）2018/10/23 最終アクセス。

8）「第 10 回宗勢基本調査」『宗報』2016 年 1 月号。

9）おそらく、50 年前の両宗派の調査結果を用いたと思われる研究がある［森岡 1975］。教化団体の「活動率」に関して、例えば仏教婦人会は、禅系 S が 14%、浄土系 H 62% と、割合で大きな差があった。この傾向は、現在まで変わっていない。

10）真宗大谷派宗務所企画室編　2014『別冊真宗第 7 回「教勢調査」報告書』真宗大谷派宗務所、10～11、15、17 ページ。

11）『真宗』1337 号、2015 年。

12）『月刊住職』198 号、2015 年、48～49 ページ。『禅の友』825 号、2018 年、6～7 ページ。

13）『都市檀信徒の意識調査』曹洞宗宗務庁、1993 年、118 ページ。

14）『参禅の道』60、61、62、63、65、66 号参照。本節での関連引用はこれらから引いている。

15）［新堀 2013］は、大正期に創立された大和流、昭和初期に開かれた金剛流、密厳流という 3 流派の歴史的展開、楽譜と口頭伝承などを分析した。

16）以下の歴史的記述は、曹洞宗総合研究センターが「梅花流詠讃歌研究プロジェクト」を 2012 年より研究を進め、その成果を著した『研究報告「梅花流詠讃歌研究の新視点」講演録』（2015）および「曹洞宗教団史における梅花流」（『曹洞宗報』2017〜2019 年に全 14 回連載）を参照した。

17）『禅の友』817 号、2017 年、2 ページ。

18）曹洞宗「梅花流詠讃歌」https://www.sotozen-net.or.jp/baika　2018/5/20 最終アクセス。

19）真言宗智山派密厳流遍照講（http://www.chisan.or.jp/chisanha/henjouko/）2018/12/9 最終アクセス。

20）智山教化センター『年報』18 号、2014 年。

21）仏教者のボランティア活動の例として［大菅 2016］などを参照。

22）『月刊住職』235 号、2018 年。

23）節談説教については［伊藤 2012］を参照。2011 年、親鸞聖人 750 回大遠忌を記念して、本願寺津村別院にて、真宗各派の布教師が登壇し、「節談説教布教大会」が開催された。

24）『真言宗智山派の現状と課題』真言宗智山派宗務庁、2012 年。

25）『月刊住職』227 号、2017 年、93〜94 ページ。

26）キリシタン時代、ローマ・カトリック教会の宣教師たちは、絶対的な知の保持者であり、洗礼を受けた日本の信者たちは、禁教時代に「信仰並存」の方法でキリスト教信仰を墨守したのであり、明治期以降の開教以降の視点から「自ら進んで信仰を変えた」という従来の研究史の見解はあたらないと主張もある［中園 2018］。まさに、当時は学問知や宗教的権威が一方向的だったことを示しているだろう。

27）平成 30 年度学校基本調査（速報値）（http://www.mext.go.jp/b_menu/toukei/chousa01/kihon/kekka/k_detail/1407849.htm）2018/9/28 最終アクセス。

28）筆者は 2014〜2015 年、曹洞宗の「教化の構造的理解に関する分科会（第 2 分科会）」委員を務めた。第 1 分科会の議論を受け、教化の定義・方法・

組織の在り方、検証法・体系化・課題整理・問題点を検討した。教化の方法論の多様さ、組織としての方法論が必要と認識し、教化による教化者・被教化者の相互変容や検証の重要性などが議論された。

29）『中外日報』2017 年 9 月 1 日。

参考文献一覧

赤間泰然　2012「参禅者が求める坐禅会とは何か」『曹洞宗総合研究センター学術大会紀要』13 回。

冬月律・荻翔一　2017「教化のための団体」曹洞宗宗勢総合調査委員会編『曹洞宗宗勢総合調査報告書 2015 年（平成 27）』曹洞宗宗務庁。

伊藤乾　2012『笑う親鸞──楽しい念仏、歌う説教』河出書房新社。

神社本庁総合研究所研究祭務課　2016『「神社・神職に関する実態調査」報告書』神社本庁総合研究所研究祭務課。

川又俊則　2016a「人口減少時代の教団生存戦略──三重県の伝統仏教とキリスト教の事例」寺田喜朗他編『近現代日本の宗教変動──実証的宗教社会学の視座から』ハーベスト社。

川又俊則　2016b「人口減少社会の中の「教化」に関する一考察」『曹洞宗総合研究センター学術大会紀要』第 17 回。

川又俊則　2019「伝統宗教の「次世代教化システム」──教育界との比較と事例検討」『東洋学研究』56 号。

大菅俊幸　2016『慈悲のかたち──仏教ボランティアの思考と創造』佼成出版社。

森岡清美　1975『現代社会の民衆と宗教──日本人の行動と思想 49』評論社。

中園成生　2018『かくれキリシタンの起源』弦書房。

澤城邦生・荻翔一　2017「教化活動の実態」曹洞宗宗勢総合調査委員会編『曹洞宗宗勢総合調査報告書 2015 年（平成 27）』曹洞宗宗務庁。

新堀歓乃　2013『近代仏教教団とご詠歌』勉誠出版。

曹洞宗宗務庁総務部福祉課編　2016『生き活き寺院一寺院一事業の手引き（入門編）』曹洞宗宗務庁。

曹洞宗宗務庁総務部福祉課編　2018『生き活き寺院一寺院一事業の手引き（実践編）』曹洞宗宗務庁。

寺林脩　2014「『教勢調査』から見る宗門の現状」『別冊真宗第 7 回「教勢調査」報告書』真宗大谷派宗務所。

【第7章】

宗勢調査からみえてくる曹洞宗寺院の経済事情
——地域別分析を中心に——

梶　龍輔

はじめに

(1) 問題の所在

　これまで仏教各派が定期的に実施してきた「宗勢調査（教勢調査）」は、当該宗派の現状を示す貴重なデータであり、寺院の経済状況を理解するうえでも参考となる。本章では、「宗勢 2015」を使用して、これまで学術研究の場ではあまり掘り下げられることのなかった現代寺院の経済的側面について曹洞宗を事例に論じる。

　日本の教団や寺院、教会など宗教集団における経済状況の先行研究は、まず、仏教史的観点からによる古文書を史料とした歴史研究の蓄積がある[1]。一方、現代日本における宗教と経済の関係を考察したものとして、葬儀や戒名、墓地などにかかる金銭面に着目した書籍が広く注目を集めている[2]。しかし、研究書や研究論文として現代の宗教集団の経済的側面を正面からテーマ化し、実証的に考察したものは決して多くない。その理由は、宗教社会学者の川又俊則が指摘するように、金銭面を扱うこと（「聖俗」でいえば「俗」の範囲に該当）に対しての宗教研究者の関心の薄さや、内部事情である金銭面の資料が得にくく取り扱い自体が難しいといった事情が関係していよう［川又 2017］。とくに日本の仏教研究を見渡すと、仏教を思想・哲学と実践が一体となった人間の生き方にかかわる崇高な体系＝「聖」の領域として捉えることに焦点が置かれがちで、金銭にかんする経済的側面＝「俗」的な領域に光を当てよ

うとする姿勢が欠けていたように思われる。

　改めていうまでもなく、本章はその「俗」的な領域について論じるものであるが、本題にはいる前に、まずは日本の仏教が一般の人びとと強く結びつくようになった歴史的背景から確認しておこう[3]。

　日本中に仏教各派の寺院が成立し、一般民衆の葬祭儀礼を本格的に担うようになるのは、江戸幕府によって寺請制度が確立されてからである。これにより、日本人全員が必ずどこかの寺院と結びつき、葬祭を寺院・住職（僧侶）に依頼する寺と檀家の固定的関係が成立した。近世における寺請制度では、檀家がキリシタンであるか否かを判定する権限が全面的に寺院にゆだねられ、江戸幕府は全国の寺院と僧侶をとおしてキリシタン禁止を徹底し、同時に、日本人全員の戸籍調査と管理を寺院に任せたのである。こうした葬祭儀礼をともなう寺檀関係は、地域社会や個々の家に日本仏教を定着させたが、明治に入ると、寺請制度が廃止され、寺檀関係の法的根拠は消失した。しかし、寺院と檀家（檀信徒）の結びつきは基本的に維持され、今日に至っている。

　日本仏教特有の寺檀関係というシステムは、檀信徒の「死」による葬儀を機縁とし、年回法要などの先祖や死者の供養儀礼を紐帯として継承されてきた。『檀信徒 2012 報告書』によれば、こうした寺檀関係の現状について、多くの檀信徒はおおむね満足している。一方で、本章のテーマと深くかかわる葬儀布施額については「何が適正なのかわからない」とする回答が多数を占める結果が示されており、布施額の基準について不明瞭感を抱く檀信徒の存在が指摘されている[4]。葬儀にかぎらず布施の金額は「お気持ち」として渡す側＝檀信徒の任意に委ねられるケースが大半だが、同調査の結果は、こうした「価格」を表示しないシステムに対する檀信徒らの戸惑いを表しているのかもしれない。既に寺院側からは、こうした意見に応えるかのように布施を定額化する動きが出ているが[5]、今のところ寺院個別の取り組みの範囲を超えるものではない。また、先に述べた宗教と経済の問題に焦点を当てた諸研究も、ほとんどが個別事例の集積にとどまっており、日本全国に散在する仏教

寺院全体を鳥瞰するにはいたっていない。[6]

　第 6 回曹洞宗宗勢総合調査で実務主任をつとめた相澤秀生によると、1950 年代における宗勢調査（他派のも含め）への学術的評価は決して高いものではなかったが、21 世紀に入ってから、宗勢調査は各教団の実勢を捉えていくうえで貴重なデータとして注目され、宗教研究の題材として利用されはじめている［相澤 2018］。宗勢調査のデータは、日本で最大数の寺院を擁する曹洞宗の全体像を浮かび上がらせるうえで、格好の材料といえるのだ。

　仏教寺院における収入は、継続的な宗教活動の実施や後継者の育成と深くかかわる重要なテーマといえる。収入の多寡が寺院の存続を左右することもあるだろう。寺院の経済状況を宗勢調査のデータから実証的に分析することは、日本仏教の現状を浮かび上がらせ、その未来を展望することにつながると思われる。このような問題意識に基づき、本章では、「宗勢 2015」の「法人収入」、および収入の核といえる葬儀と年回法要の布施額のデータなどを用いて、曹洞宗寺院における「寺院経済」の現状を分析していく。

（2）地域別に分析することの意義

　少子高齢化が進む「地方」から人口が流出し、首都圏・東京など一部の都市に人口や社会資本が過剰に集まる極点社会の到来と、それにともなう「地方」の空洞化が指摘されて久しい。「地方」で働き手として期待される人びとが特定の都市へ流出することは、当該地域を経済的に支える産業基盤の衰退とパラレルな関係にある。こうした「地方」の体力減退は、そこに立脚する寺院の運営を根底から揺さぶることになりかねない。つまり、これまで寺院はおもに檀信徒を対象とした葬祭儀礼を執行することで収入の大半を得てきたが、少子高齢化にともなう人口減少を原因とする檀信徒の減少、くわえて「直葬」や「家族葬」など小規模葬儀の増加や年回法要の省略化といった葬祭儀礼の変化の広がりによって、寺檀関係が縮小化し、寺院活動に携わるすべての人びとをとり巻く状況が今後いっそう厳しくなっていくことが見込ま

れるのだ。とりわけ約3割の寺院が過疎地域に立地し、10年間（2005〜2015年）で過疎地寺院の割合が5.4ポイント高くなった（24.5%→29.9%）曹洞宗では［相澤2018］、今後こうした事態がより顕著になっていくかもしれない。

　一方、寺院間で法人収入に格差が広がっていることも見逃せない。詳しくは次節で述べるが、曹洞宗では、回答した全寺院に占める「高収入寺院」の割合が高くなり、「低収入寺院」と「高収入寺院」で二極化している状況が指摘されている（『宗勢2015報告書』、117ページ）。こうした現状を踏まえ本書第2章では、非過疎地寺院／過疎地寺院の区分からそれぞれ法人収入の二極化を指摘している。また、浄土真宗本願寺派の寺院の年間総収入を所在地別からみた分析によると、「市街地」「住宅地」では年収600万円以上の寺院が半数以上を占めるのに対し、「農山漁村」では年収600万円未満の寺院が80%近くを占め、そのうち半数以上が年収300万円未満であるという［窪田、2012］。これらの分析は、寺院が得る収入がその立地する環境・条件によって規定されることを示しているのではないだろうか[7]。

　大きな反響を呼んだ鵜飼秀則『寺院消滅』でも、檀信徒の減少にともなう収入の減少によって、無住寺院化したり廃寺となった事例が示されている［鵜飼2015］。ただし、同書で扱われているのは個別事例にすぎず、これをもって日本の仏教寺院一般の趨勢とまではいえない。本章では、寺院の法人収入が一般的にどのような現状にあり、それが寺院の立脚する地域の条件とどうかかわっているのかに注目して、おもに都道府県単位で地域による違いや共通点を概観していく。

1. 法人収入の現状

(1) 寺院間における収入格差

　曹洞宗寺院では年間どれだけの法人収入を得ているのだろうか。「宗勢2015」では、法人収入「0円〜300万円」を「低収入寺院」、「300万1円

〜800万円」を「中収入寺院」、「800万1円以上」を「高収入寺院」と区分
しているが、本章では、第2章の註釈で相澤が示した基準を参考にして、「0
円〜500万円」を「低収入寺院（専業不可能）」、「500万1円〜1,000万円」を
「中収入寺院（専業が難しい）」、「1,000万1円以上」を「高収入寺院（専業可
能）」と区分した。その基準の根拠を次に引用しておこう。

　住職が特定の一寺院の代表役員に就任している本務寺院に注目した場合、
寺院内には住職のほか、住職配偶者、副住職や徒弟などがいる。このように
寺院を構成する人びとは、住職を除き、1ヶ寺あたり約2.4人存在し、住職
の家族でほとんど構成されているのが実態である［相澤 2017c］。こうした実
態を仮に、一般世帯にあてはめてみよう。

　厚生労働省が2015年に公表した「国民生活基礎調査」によれば、2014年
における1世帯あたりの年収の中央値は約427万円である。寺院の法人収入
は一般世帯の年収とは異なり、本堂や庫裡などの維持・営繕費、教化費、法
要費などの諸経費が差し引かれ、そこから住職らの給与（人件費）が捻出さ
れて住職ら家族の生活が営まれる。「宗勢 2005」によれば、法人収入に占め
る人件費は、平均45.3％（基数：11,914ヶ寺）で、この結果に基づけば、おお
よそ法人収入の半分が住職らの収入となる。この点を考慮し、本章では一般
世帯の年収を上回る金額である法人収入「1,000万1円以上」の寺院は、一
般世帯の年収中央値以上であり、住職の専業によって家族の生計を成り立た
せることができると判断されることから「高収入寺院」とみなした。一方、
法人収入「500万円以下」の寺院は、住職を含む家族1人あたりの平均年収
が約147.1万円以下（500万円を3.4人で除法）で、一般世帯の人員1人あたり
の平均年収約211万円を大きく下回り、住職の専業によってのみ家族の生計
を成り立たせるのが不可能であると考えられることから「低収入寺院」とし
た。この両極に挟まれる「中収入寺院」は法人収入「500万1円〜1,000万
円」で、住職の専業によってのみ家族の生計を成り立たせるのが困難な状況
にあると判断される。

　以上の基準を踏まえて「宗勢 2015」の結果をみると、回答寺院 13,645ヶ寺のうち「0円〜500万円」の低収入寺院が全体の 55.0%（7,509ヶ寺）、「500万 1円〜1,000万円」の中収入寺院が 19.3%（2,635ヶ寺）、「1,000万 1円以上」の高収入寺院が 17.6%（2,398ヶ寺）という結果で、低収入寺院が 5割を超える。

　この結果を前回 2005年の調査の結果と比較すると**図 1**の通りとなる。図 1によると、低収入寺院は前回の調査から 3.6 ポイント低下したのに対し、中収入寺院は 1.2 ポイント、高収入寺院は 5.5 ポイント高くなった。この結果から、曹洞宗では低収入寺院の割合の低下と高収入寺院の割合の上昇が指摘でき、専業不可能な寺院と専業可能な寺院との二極化が進行しているといえるだろう。

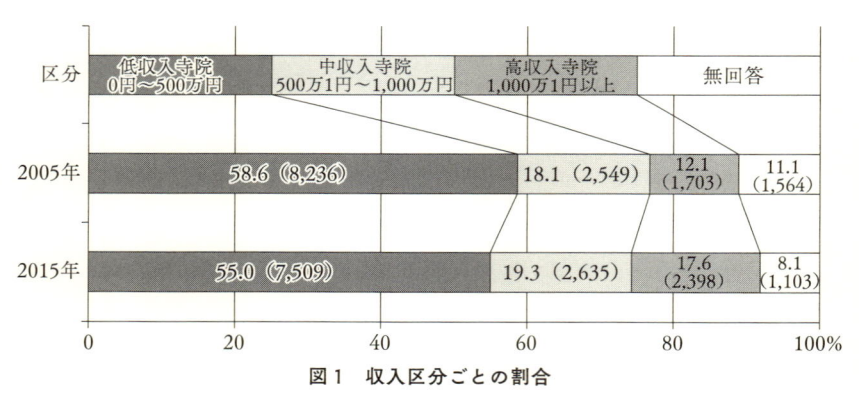

図 1　収入区分ごとの割合

基数：14,052ヶ寺（2005年）、13,645ヶ寺（2015年）

　では、他の宗派でも同様の傾向を指摘できるだろうか。浄土真宗本願寺派の宗勢調査によると、同派寺院における 1年間の収入は、300万円未満の「低収入寺院」が 43.2%、300万円〜600万円の「中収入寺院」が 19.0%、600万円以上の「高収入寺院」が 37.8%であるという［浄土真宗本願寺派 2011］。

「宗勢 2015」と設問文や収入区分は異なるが、曹洞宗と同様に本願寺派の寺院においても低収入寺院と高収入寺院とで二極化していることがうかがえ、寺院間での収入の格差は宗派の違いにかかわりなく生じているものと思われる。

（2）地域別にみた法人収入の現状

次に、曹洞宗寺院における法人収入の地域差をみていく。全国都道府県別に法人収入の区分ごとに占める割合をまとめると**表 1**のようになる（割合が全国平均を超えるセル〈マス目〉は網掛けで示した。以下、同様）。まず日本全体でみると、「宗勢 2015」の法人収入の設問で無回答だった寺院（1,103ヶ寺）を除いた 12,542ヶ寺のうち、低収入寺院の占める割合は 59.9% と 6 割近くにのぼる。中収入寺院（21.0%）と高収入寺院（19.1%）はそれぞれ 2 割前後であるから、全国規模でみれば低収入寺院が大勢を占めているといっていいだろう。

では、収入区分ごとの分布状況を地域別にみていくと、どのような特徴が浮かび上がるだろうか。表 1 によると、低収入寺院の割合が全国平均より高いのは 27 府県にのぼり、甲信越以西の各府県に多いようだ。とりわけ、山梨県、富山県、石川県、福井県、滋賀県、奈良県、島根県、岡山県、徳島県、大分県では、全国平均を 20 ポイント以上上回っており、県内に立地する寺院のうち 8 割以上が低収入寺院である。これらの地域は、寺院の収入だけでは運営が困難となっている、経済的に厳しい状況に直面している地域といえるだろう。

これに対して、高収入寺院の割合が高いのは 17 都道府県を数え、関東以北の北・東日本に多い。とくに東京都、神奈川県、青森県、北海道では、全国平均の 2 倍以上となる高率を示し、東京都にいたっては都内寺院の半数以上が高収入寺院という結果であった。

以上、曹洞宗寺院の法人収入の現状を地域別に概観した。その特徴を概略すれば、北海道・東北・関東といった北・東日本に専業可能な高収入寺院が多く分布しているのに対し、甲信越・北陸・近畿・中国・四国・九州といっ

表1　都道府県別にみた寺院の収入区分　　　　　　　　　% （ヶ寺）

地　方	都道府県	低収入寺院 （0円〜500万円）	中収入寺院 （500万1円〜1,000万円）	高収入寺院 （1,000万1円以上）	合　計
北海道	北海道	26.0 （112）	34.6 （149）	39.4 （170）	100.0 （431）
東　北	青森県	32.7 （49）	27.3 （41）	40.0 （60）	100.0 （150）
	岩手県	37.9 （106）	27.9 （78）	34.3 （96）	100.0 （280）
	宮城県	35.1 （149）	30.2 （128）	34.7 （147）	100.0 （424）
	秋田県	38.4 （121）	39.0 （123）	22.5 （71）	100.0 （315）
	山形県	72.0 （467）	18.5 （120）	9.6 （62）	100.0 （649）
	福島県	63.4 （275）	20.7 （90）	15.9 （69）	100.0 （434）
関　東	茨城県	46.9 （82）	28.6 （50）	24.6 （43）	100.0 （175）
	栃木県	48.5 （79）	31.3 （51）	20.2 （33）	100.0 （163）
	群馬県	44.8 （137）	26.8 （82）	28.4 （87）	100.0 （306）
	埼玉県	51.7 （247）	18.6 （89）	29.7 （142）	100.0 （478）
	千葉県	66.7 （188）	17.4 （49）	16.0 （45）	100.0 （282）
	東京都	24.0 （68）	24.0 （68）	51.9 （147）	100.0 （283）
	神奈川県	30.2 （101）	21.9 （73）	47.9 （160）	100.0 （334）
甲信越	山梨県	86.5 （390）	10.4 （47）	3.1 （14）	100.0 （451）
	長野県	55.8 （259）	19.6 （91）	24.6 （114）	100.0 （464）
	新潟県	68.0 （451）	21.3 （141）	10.7 （71）	100.0 （663）
北　陸	富山県	88.5 （139）	5.7 （9）	5.7 （9）	100.0 （157）
	石川県	86.6 （103）	10.1 （12）	3.4 （4）	100.0 （119）
	福井県	90.5 （229）	7.5 （19）	2.0 （5）	100.0 （253）
東　海	岐阜県	65.9 （147）	17.9 （40）	16.1 （36）	100.0 （223）
	静岡県	51.2 （537）	23.8 （249）	25.0 （262）	100.0 （1,048）
	愛知県	58.9 （606）	21.9 （225）	19.2 （198）	100.0 （1,029）
	三重県	77.9 （282）	16.0 （58）	6.1 （22）	100.0 （362）
近　畿	滋賀県	92.9 （156）	5.4 （9）	1.8 （3）	100.0 （168）
	京都府	79.0 （256）	13.9 （45）	7.1 （23）	100.0 （324）
	大阪府	39.5 （47）	26.1 （31）	34.5 （41）	100.0 （119）
	兵庫県	67.3 （249）	21.4 （79）	11.4 （42）	100.0 （370）
	奈良県	84.6 （55）	6.2 （4）	9.2 （6）	100.0 （65）
	和歌山県	77.0 （47）	21.3 （13）	1.6 （1）	100.0 （61）
中　国	鳥取県	49.7 （94）	33.9 （64）	16.4 （31）	100.0 （189）
	島根県	80.5 （219）	13.2 （36）	6.3 （17）	100.0 （272）
	岡山県	81.7 （107）	14.5 （19）	3.8 （5）	100.0 （131）
	広島県	71.3 （117）	17.7 （29）	11.0 （18）	100.0 （164）
	山口県	63.7 （158）	23.8 （59）	12.5 （31）	100.0 （248）
四　国	徳島県	82.4 （14）	5.9 （1）	11.8 （2）	100.0 （17）
	香川県	75.0 （3）	25.0 （1）	0.0 （0）	100.0 （4）
	愛媛県	73.2 （115）	19.1 （30）	7.6 （12）	100.0 （157）
	高知県	55.0 （11）	40.0 （8）	5.0 （1）	100.0 （20）
九　州	福岡県	53.1 （76）	23.1 （33）	23.8 （34）	100.0 （143）
	佐賀県	77.9 （169）	16.6 （36）	5.5 （12）	100.0 （217）
	長崎県	53.5 （61）	18.4 （21）	28.1 （32）	100.0 （114）
	熊本県	63.3 （50）	21.5 （17）	15.2 （12）	100.0 （79）
	大分県	93.3 （126）	4.4 （6）	2.2 （3）	100.0 （135）
	宮崎県	78.3 （47）	16.7 （10）	5.0 （3）	100.0 （60）
	鹿児島県	66.7 （8）	16.7 （2）	16.7 （2）	100.0 （12）
合　計		59.9 （7,509）	21.0 （2,635）	19.1 （2,398）	100.0 （12,542）

※沖縄県は回答寺院がないため除外した。

た中・西日本では専業不可能な低収入寺院が多いといえる。そして、低収入
寺院が8割以上を占める自治体もあれば、東京都のように半数以上が高収入
寺院の自治体もあるように、地域によって法人収入の多寡に格差が生じてい
ることが指摘できる。

2. 曹洞宗寺院における収入源

(1) 宗教活動が収入源

　まず、曹洞宗寺院の法人収入は何によって得られているのかを、『宗勢
2015報告書』の記述を引用するかたちで確認する。同報告書によると、回
答寺院の年間法人収入（2014年度）のうち、宗教活動による布施などの収入
割合が81%以上の寺院が全体の8割弱（75.1%）となっている（112ページ）。
大多数の曹洞宗寺院が、法人収入の多くを宗教活動から得ていることが確認
できる。では、どのような宗教活動から収入を得ているのだろうか。

(2) 葬儀布施額

　葬儀は曹洞宗寺院による宗教活動を代表するものの1つであり、寺檀関係、
すなわち菩提寺と檀信徒との関係を築き維持していくうえで重要な営みとい
える。一方で、葬儀の際に生じる檀信徒からの布施は、寺院を運営するため
の財源として重要であることも事実である。つまり、葬儀があるかないか、
布施額はいくらか、といったことが法人収入を左右する要素となるのである。
　「宗勢2015」の単純集計によると、2014年度の葬儀1回あたりの布施額は、
「10万1円〜30万円」が42.5%（5,796ヶ寺）でもっとも割合が高く、「30万
1円〜50万円」が22.6%（3,083ヶ寺）で続いている（基数：13,645ヶ寺）。一方、
「葬儀はなかった」[8]との選択肢を回答した寺院は10.1%（1,383ヶ寺）であっ
た。
　表2は葬儀1回あたりの布施額別に収入区分をまとめたものである。まず

注目されるのは、「葬儀はなかった」と回答した寺院のうち、98.0％が低収入寺院という事実である。つまり、葬儀が1年間に1度もなかった寺院のほぼすべてが、専業不可能な状況にあることを意味している。また、「5万円まで」「5万1円〜10万円」「10万1円〜30万円」「30万1円〜50万円」の寺院においても、低収入寺院が多数を占めている。それに対して、「50万1円〜80万円」を回答した寺院のうち、53.8％が専業可能な高収入寺院であった。これらの結果は、葬儀の際に檀信徒から渡される布施が、寺院を経済的に支える要であることを如実に物語っていよう。

表2　葬儀1回あたりの布施額別にみた収入区分　　　　　　　　% (ヶ寺)

	低収入寺院	中収入寺院	高収入寺院	合　　計
葬儀はなかった	98.0 (1,325)	1.3 (17)	0.7 (10)	100.0 (1,352)
5万円まで	85.5 (294)	9.9 (34)	4.7 (16)	100.0 (344)
5万1円〜10万円	76.7 (888)	16.8 (195)	6.5 (75)	100.0 (1,158)
10万1円〜30万円	59.4 (3,363)	24.0 (1,357)	16.6 (939)	100.0 (5,659)
30万1円〜50万円	36.8 (1,109)	28.8 (870)	34.4 (1,038)	100.0 (3,017)
50万1円〜80万円	22.8 (119)	23.4 (122)	53.8 (281)	100.0 (522)
80万1円以上	36.8 (14)	26.3 (10)	36.8 (14)	100.0 (38)
合　　計	58.8 (7,112)	21.5 (2,605)	19.6 (2,373)	100.0 (12,090)

　次に、曹洞宗寺院における葬儀布施額に地域差があるのかをみるため、葬儀1回あたりの布施額の現状を地域別に確認してみよう。

　表3は、葬儀1回あたりの布施額を都道府県別にまとめたものである。まず全体でみると、「宗勢2015」の葬儀1回あたりの布施額を尋ねた設問で無回答だった寺院（1,258ヶ寺）を除いた12,387ヶ寺のうち、「10万1円〜30万円」の占める割合は46.8％と半数弱でもっとも高い値を示した。これに次ぐのが「30万1円〜50万円」の24.9％である。一方、「葬儀はなかった」との回答は11.2％（1,383ヶ寺）を占めており、葬儀が1件もなかった寺院が1割以上存在していることも、「宗勢2015」ではじめて明らかとなった。

　続いて、葬儀布施額の金額帯ごとの分布状況を地域別にみていこう。表 3 によると、「10 万円まで」とする寺院の割合が全国平均より高いのは 26 府県（鹿児島県と沖縄県は合算）にのぼり、北陸以西の各府県に多い。とりわけ、富山県、福井県、鳥取県、島根県、岡山県、広島県、徳島県、愛媛県、高知県、長崎県、鹿児島県・沖縄県では、全国平均を 20 ポイント以上上回る値を示した。このなかで、割合が高く実数も多い島根県を例にすると、じつに 4 ヶ寺のうち 3 ヶ寺が 10 万円以内の金額を受け取っていることが確認できる。

　これに対して、「50 万 1 円以上」の寺院の割合が高いのは 12 都県を数えた。とくに宮城県、東京都、神奈川県、山梨県では、全国平均の 2 倍以上の高率を示し、おおよそ 5～7 ヶ寺のうち 1 ヶ寺が 50 万円を超える金額を受け取っていることになる。

　ここまで曹洞宗寺院における葬儀布施額の現状を地域別に概観した。全体的な特徴をあえてまとめるならば、北陸と近畿以西の地域では全国平均と比べて「10 万円まで」という低額帯の割合が高いのに対し、関東のほぼ全域と東北、甲信越の一部では「50 万 1 円以上」という高額帯の割合が高いといえる。とくに関東地方では、全国的には少数派である「30 万 1 円～50 万円」の金額がひろく定着し、さらに東京都や神奈川県では「50 万 1 円以上」というより高額な布施も比較的流通していることが浮かび上がった。

(3) 年回法要布施額

　葬儀と同様に年回法要（年忌、法要、法事とも）もまた、曹洞宗寺院における宗教活動を代表するものの 1 つであり、寺檀関係を深めていくうえで重要な儀礼といえる。また、当該儀礼における檀信徒からの布施の経済的な重要性ついても、葬儀と同様の指摘を繰り返すことが可能であろう。

　「宗勢 2015」によると、2014 年度の年回法要 1 回あたりの布施額は、回答寺院 13,645 ヶ寺のうち「1 万 1 円～3 万円」が 48.8%（6,658 ヶ寺）でもっとも割合が高く、「3 万 1 円～5 万円」が 24.6%（3,352 ヶ寺）で続いている。ま

表 3　都道府県別にみた葬儀 1 回あたりの布施額　　　% （ヶ寺）

地　方	都道府県	葬儀はなかった	10 万円まで	10 万 1 円〜30 万円	30 万 1 円〜50 万円	50 万 1 円以上	合　計
北海道	北海道	3.0 (13)	7.2 (31)	77.5 (334)	11.1 (4.8)	1.2 (5)	100.0 (431)
東　北	青森県	3.3 (5)	19.6 (30)	77.1 (118)	0.0 (0)	0.0 (0)	100.0 (153)
	岩手県	0.7 (2)	12.9 (37)	58.4 (167)	26.2 (75)	1.7 (5)	100.0 (286)
	宮城県	1.6 (7)	3.9 (17)	18.7 (81)	58.3 (253)	17.5 (76)	100.0 (434)
	秋田県	1.3 (4)	11.9 (38)	67.1 (214)	18.8 (60)	0.9 (3)	100.0 (319)
	山形県	4.1 (27)	6.4 (42)	64.9 (427)	21.7 (143)	2.9 (19)	100.0 (658)
	福島県	3.5 (15)	3.9 (17)	59.2 (255)	31.8 (137)	1.6 (7)	100.0 (431)
関　東	茨城県	3.4 (6)	0.6 (1)	44.8 (78)	46.6 (81)	4.6 (8)	100.0 (174)
	栃木県	2.5 (4)	0.0 (0)	44.2 (72)	51.5 (84)	1.8 (3)	100.0 (163)
	群馬県	5.1 (16)	1.0 (3)	44.1 (137)	43.4 (135)	6.4 (20)	100.0 (311)
	埼玉県	7.4 (35)	1.9 (9)	33.7 (160)	49.9 (237)	7.2 (34)	100.0 (475)
	千葉県	12.7 (35)	3.3 (9)	44.9 (124)	34.1 (94)	5.1 (14)	100.0 (282)
	東京都	5.6 (17)	2.0 (6)	26.5 (80)	49.3 (149)	16.6 (50)	100.0 (302)
	神奈川県	4.5 (15)	1.5 (5)	24.6 (82)	50.0 (167)	19.5 (65)	100.0 (334)
甲信越	山梨県	16.6 (72)	3.0 (19)	23.7 (103)	43.4 (189)	13.3 (58)	100.0 (435)
	長野県	16.5 (74)	6.7 (30)	43.9 (197)	26.5 (119)	6.5 (29)	100.0 (449)
	新潟県	12.6 (83)	20.1 (133)	64.3 (425)	2.9 (19)	0.2 (1)	100.0 (661)
北　陸	富山県	41.9 (62)	33.1 (49)	25.0 (37)	0.0 (0)	0.0 (0)	100.0 (148)
	石川県	30.4 (34)	14.3 (16)	44.6 (50)	8.9 (10)	1.8 (2)	100.0 (112)
	福井県	26.0 (64)	39.4 (97)	27.2 (67)	6.5 (12)	0.8 (2)	100.0 (246)
東　海	岐阜県	31.0 (66)	14.1 (30)	43.2 (92)	11.3 (24)	0.5 (1)	100.0 (213)
	静岡県	12.4 (127)	2.4 (25)	38.1 (392)	42.5 (437)	4.6 (47)	100.0 (1,028)
	愛知県	23.1 (230)	7.9 (79)	31.5 (314)	29.1 (290)	8.4 (84)	100.0 (997)
	三重県	12.9 (45)	10.9 (38)	63.2 (220)	12.4 (43)	0.6 (2)	100.0 (348)
近　畿	滋賀県	29.3 (44)	16.7 (25)	52.0 (78)	1.3 (2)	0.7 (1)	100.0 (150)
	京都府	10.1 (32)	16.5 (52)	66.5 (210)	6.3 (20)	0.6 (2)	100.0 (316)
	大阪府	11.4 (14)	3.3 (4)	69.9 (86)	15.4 (19)	0.0 (0)	100.0 (123)
	兵庫県	12.6 (46)	15.6 (57)	61.2 (224)	9.8 (36)	0.8 (3)	100.0 (366)
	奈良県	14.5 (9)	25.8 (16)	54.8 (34)	3.2 (2)	1.6 (1)	100.0 (62)
	和歌山県	10.3 (6)	13.8 (8)	70.7 (41)	5.2 (3)	0.0 (0)	100.0 (58)
中　国	鳥取県	3.2 (6)	35.4 (67)	55.6 (105)	4.8 (9)	1.1 (2)	100.0 (189)
	島根県	11.3 (30)	75.2 (200)	12.0 (32)	1.1 (3)	0.4 (1)	100.0 (266)
	岡山県	21.1 (26)	35.8 (44)	39.8 (49)	3.3 (4)	0.0 (0)	100.0 (123)
	広島県	8.0 (13)	37.7 (61)	50.0 (81)	4.3 (7)	0.0 (0)	100.0 (162)
	山口県	9.4 (23)	16.7 (41)	41.2 (101)	27.8 (68)	4.9 (12)	100.0 (245)
四　国	徳島県	13.3 (2)	33.3 (5)	46.7 (7)	6.7 (1)	0.0 (0)	100.0 (15)
	香川県	25.0 (1)	25.0 (1)	50.0 (2)	0.0 (0)	0.0 (0)	100.0 (4)
	愛媛県	3.2 (5)	33.5 (52)	54.2 (84)	8.4 (13)	0.6 (1)	100.0 (155)
	高知県	0.0 (0)	70.0 (14)	30.0 (6)	0.0 (0)	0.0 (0)	100.0 (20)
九　州	福岡県	6.8 (10)	9.5 (14)	61.5 (91)	18.9 (28)	3.4 (5)	100.0 (148)
	佐賀県	6.6 (14)	7.0 (15)	69.0 (147)	15.5 (33)	1.9 (4)	100.0 (213)
	長崎県	4.4 (5)	41.2 (47)	44.7 (51)	8.8 (10)	0.9 (1)	100.0 (114)
	熊本県	20.5 (16)	25.6 (20)	48.7 (38)	5.1 (4)	0.0 (0)	100.0 (78)
	大分県	16.5 (21)	29.1 (37)	47.2 (60)	4.7 (6)	2.4 (3)	100.0 (127)
	宮崎県	3.6 (2)	12.5 (7)	75.0 (42)	8.9 (5)	0.0 (0)	100.0 (56)
	鹿児島県・沖縄県	0.0 (0)	92.3 (12)	7.7 (1)	0.0 (0)	0.0 (0)	100.0 (13)
全　体		11.2 (1,383)	12.5 (1,554)	46.8 (5,796)	24.9 (3,083)	4.6 (571)	100.0 (12,387)

た、「宗勢 2015」で新たに設けた「年回法要（法事）はなかった」との選択肢を回答した寺院は 6.9％（941ヶ寺）あった。

　表 4 は年回法要 1 回あたりの布施額別に収入区分をまとめたものである。これによると、「年回法要はなかった」と回答した寺院のほとんどが低収入寺院で、専業不可能な状況にあることがわかる。また、「5 千円まで」「5 千1 円～1 万円」「1 万 1 円～3 万円」「3 万 1 円～5 万円」「10 万 1 円以上」の寺院においても、低収入寺院が多数を占めた。これに対して、「5 万 1 円～10 万円」の寺院では、高収入寺院が多数を占めた。葬儀布施と同様、年回法要の際に生じる布施の経済的重要性を、寺院運営の観点から繰り返し指摘することが可能だろう。

表 4　年回法要（法事）1 回あたりの布施額別にみた収入区分　　　％（ヶ寺）

	低収入寺院	中収入寺院	高収入寺院	合　　計
年回法要はなかった	98.8 （911）	0.7 （6）	0.5 （5）	100.0 （922）
5 千円まで	90.7 （78）	5.8 （5）	3.5 （3）	100.0 （86）
5 千 1 円～1 万円	80.9 （710）	12.8 （112）	6.4 （56）	100.0 （878）
1 万 1 円～3 万円	59.0 （3,839）	23.5 （1,531）	17.5 （1,136）	100.0 （6,506）
3 万 1 円～5 万円	44.1 （1,440）	26.5 （864）	29.5 （962）	100.0 （3,266）
5 万 1 円～10 万円	37.9 （179）	18.6 （88）	43.4 （205）	100.0 （472）
10 万 1 円以上	65.1 （28）	14.0 （6）	20.9 （9）	100.0 （43）
全　　体	59.0 （7,185）	21.5 （2,612）	19.5 （2,376）	100.0 （12,173）

　次に、曹洞宗寺院における年回法要布施額に地域差があるのかをみるため、年回法要 1 回あたりの布施額の現状を地域別に確認してみよう。

　表 5 は、年回法要 1 回あたりの布施額を都道府県別にまとめたものである。まず日本全体でみると、「宗勢 2015」の年回法要 1 回あたりの布施額を尋ねた設問で無回答だった寺院（1,157ヶ寺）を除いた 12,488ヶ寺のうち、「1 万 1 円～3 万円」の占める割合は 53.3％ともっとも高い値を示した。これに次ぐのが「3 万 1 円～5 万円」の 26.8％である。また、「年回法要はなかった」と

表5　都道府県別にみた年回法要（法事）1回あたりの布施額　　%（ヶ寺）

地　方	都道府県	年回法要はなかった	1万円まで	1万1円～3万円	3万1円～5万円	5万1円以上	合　計
北海道	北海道	1.4　(6)	12.3　(54)	79.9　(350)	5.9　(26)	0.5　(2)	100.0　(438)
東　北	青森県	3.3　(5)	9.8　(15)	79.7　(122)	5.9　(9)	1.3　(2)	100.0　(153)
	岩手県	0.7　(2)	14.5　(41)	67.4　(190)	16.3　(46)	1.1　(3)	100.0　(282)
	宮城県	0.5　(2)	15.1　(65)	77.2　(332)	6.3　(27)	0.9　(4)	100.0　(430)
	秋田県	0.6　(2)	15.6　(50)	67.9　(218)	13.1　(42)	2.8　(9)	100.0　(321)
	山形県	1.4　(9)	11.3　(74)	82.1　(538)	4.4　(29)	0.8　(5)	100.0　(655)
	福島県	1.4　(6)	10.8　(47)	75.2　(327)	12.2　(53)	0.5　(2)	100.0　(435)
関　東	茨城県	1.7　(3)	4.1　(7)	58.1　(100)	33.1　(57)	2.9　(5)	100.0　(172)
	栃木県	1.8　(3)	1.8　(3)	48.8　(80)	43.3　(71)	4.3　(7)	100.0　(164)
	群馬県	3.6　(11)	2.6　(8)	42.1　(130)	48.2　(149)	3.6　(11)	100.0　(309)
	埼玉県	5.4　(26)	0.6　(3)	18.2　(87)	57.3　(274)	18.4　(88)	100.0　(478)
	千葉県	8.7　(24)	0.7　(2)	44.9　(124)	41.3　(114)	4.3　(12)	100.0　(276)
	東京都	3.3　(10)	0.7　(2)	10.5　(32)	58.5　(179)	27.1　(83)	100.0　(306)
	神奈川県	3.3　(11)	1.5　(5)	15.9　(53)	58.7　(196)	20.7　(69)	100.0　(334)
甲信越	山梨県	9.5　(42)	2.5　(11)	58.0　(255)	28.9　(127)	1.1　(5)	100.0　(440)
	長野県	14.4　(65)	3.8　(17)	45.3　(204)	32.0　(144)	4.4　(20)	100.0　(450)
	新潟県	9.5　(63)	12.3　(84)	45.9　(305)	26.1　(173)	6.2　(41)	100.0　(664)
北　陸	富山県	32.9　(48)	5.5　(8)	23.3　(34)	28.8　(42)	9.6　(14)	100.0　(146)
	石川県	19.5　(22)	5.3　(6)	36.3　(41)	30.1　(34)	8.8　(10)	100.0　(113)
	福井県	15.4　(39)	4.3　(11)	45.1　(114)	32.4　(82)	2.8　(7)	100.0　(253)
東　海	岐阜県	23.7　(52)	5.9　(13)	59.4　(130)	10.5　(23)	0.5　(1)	100.0　(219)
	静岡県	9.2　(95)	1.3　(13)	38.1　(393)	47.9　(494)	3.6　(37)	100.0　(1,032)
	愛知県	17.0　(173)	3.2　(33)	57.9　(589)	20.6　(210)	1.3　(13)	100.0　(1,018)
	三重県	8.7　(31)	38.3　(137)	46.4　(166)	5.6　(20)	1.1　(4)	100.0　(358)
近　畿	滋賀県	17.2　(28)	9.8　(16)	66.3　(108)	4.3　(7)	2.5　(4)	100.0　(163)
	京都府	3.4　(11)	7.1　(23)	68.4　(221)	20.1　(65)	0.9　(3)	100.0　(323)
	大阪府	6.5　(8)	0.8　(1)	60.5　(75)	30.6　(38)	1.6　(2)	100.0　(124)
	兵庫県	10.1　(37)	0.5　(2)	48.6　(179)	39.1　(144)	1.6　(6)	100.0　(368)
	奈良県	9.2　(6)	9.2　(6)	72.3　(47)	3.1　(2)	6.2　(4)	100.0　(65)
	和歌山県	5.2　(3)	20.7　(12)	62.1　(36)	12.1　(7)	0.0　(0)	100.0　(58)
中　国	鳥取県	2.1　(4)	1.6　(3)	33.5　(63)	54.3　(102)	8.5　(16)	100.0　(188)
	島根県	4.9　(13)	6.8　(18)	51.9　(138)	32.7　(87)	3.8　(10)	100.0　(266)
	岡山県	12.0　(15)	1.6　(2)	11.2　(14)	65.6　(82)	9.6　(12)	100.0　(125)
	広島県	4.8　(8)	3.0　(5)	52.7　(88)	37.1　(62)	2.4　(4)	100.0　(167)
	山口県	4.5　(11)	3.3　(8)	62.2　(153)	26.4　(65)	3.7　(9)	100.0　(246)
四　国	徳島県	6.3　(1)	0.0　(0)	68.8　(11)	25.0　(4)	0.0　(0)	100.0　(16)
	香川県	33.3　(1)	0.0　(0)	0.0　(0)	66.7　(2)	0.0　(0)	100.0　(3)
	愛媛県	1.9　(3)	17.4　(27)	75.5　(117)	4.5　(7)	0.6　(1)	100.0　(155)
	高知県	0.0　(0)	0.0　(0)	100.0　(20)	0.0　(0)	0.0　(0)	100.0　(20)
九　州	福岡県	4.1　(6)	8.8　(13)	62.8　(93)	23.6　(35)	0.7　(1)	100.0　(148)
	佐賀県	3.2　(7)	25.9　(56)	66.7　(144)	3.7　(8)	0.5　(1)	100.0　(216)
	長崎県	3.5　(4)	19.5　(22)	74.3　(84)	2.7　(3)	0.0　(0)	100.0　(113)
	熊本県	16.5　(13)	34.2　(27)	44.3　(35)	5.1　(4)	0.0　(0)	100.0　(79)
	大分県	8.5　(11)	20.2　(26)	63.6　(82)	4.7　(6)	3.1　(4)	100.0　(129)
	宮崎県	1.8　(1)	50.9　(29)	45.6　(26)	1.8　(1)	0.0　(0)	100.0　(57)
	鹿児島県・沖縄県	0.0　(0)	23.1　(3)	76.9　(10)	0.0　(0)	0.0　(0)	100.0　(13)
全　体		7.5　(941)	8.1　(1,006)	53.3　(6,658)	26.8　(3,352)	4.3　(531)	100.0　(12,488)

の回答は 7.5％（941ヶ寺）を占めており、自坊主催の年回法要が 1 件もなかった寺院が 1 割弱存在していることも、「宗勢 2015」ではじめて明らかとなった。

　さらに、年回法要布施額の金額帯ごとの分布状況を地域別にみていこう。表 5 によると、「1 万円まで」の割合が高いのは 19 道県を数え、北海道、東北、そして九州の各地に多い。北海道と東北では、軒並み 10〜15％前後の数値を示し、おおよそ 10ヶ寺のうち 1ヶ寺が 1 万円に収まる範囲の金額を受け取っていることがわかった。九州では、福岡県を除く全県（鹿児島県と沖縄県は合算）で、全国平均の 2 倍以上の値を示し、とりわけ宮崎県では 5 割以上の高い割合で分布している。

　これに対して、「5 万 1 円以上」の割合が高いのは 11 都県を数え、関東、甲信越、北陸の各地に多く分布している。埼玉県、東京都、神奈川県、富山県、石川県、鳥取県、岡山県では全国平均の 2 倍以上の割合を示し、とくに東京都と神奈川県では、4〜5ヶ寺のうち 1ヶ寺が 5 万円を超える金額を受け取っていることになる。

　ここまで曹洞宗寺院における年回法要布施額の現状を地域別に概観した。葬儀布施額と同様に全体的な特徴を大づかみにまとめると、北海道と東北、そして九州では全国平均と比べて「1 万円まで」という低額帯での割合が高いのに対し、関東の多くの都県と、甲信越、北陸、中国の一部では「5 万 1 円以上」という高額帯での割合が高いといえる。関東地方では、「3 万 1 円〜5 万円」の金額帯でも高い割合を示しており、とりわけ東京都、神奈川県、埼玉県のいわゆる「首都圏」に該当する地域では、「5 万 1 円以上」も含めると、おおむね 5ヶ寺中 4ヶ寺が 3 万円を超える金額を受け取っていることになる。前述したように関東地方は、葬儀布施額が全国平均と比較して高額傾向にあったが、年回法要布施額についても同様の傾向を指摘できる。

（4）「葬儀はなかった」寺院と「年回法要はなかった」寺院について

　ここでは、自坊が主催する葬儀や年回法要が「なかった」と回答した寺院

の存在について検討する。表2と表4で示したように、「葬儀はなかった」
寺院、「年回法要はなかった」寺院ともに、そのほとんどが低収入寺院で
あった。当たり前のことだが、葬儀や年回法要が1度もなかったということ
は、その際に発生する布施収入をまったく得られなかったことを意味する。
表2と表4からは、そうした寺院の圧倒的多数が専業不可能な状況にあるこ
とが確認できる。

　では、葬儀や年回法要が1度もなかった専業不可能な寺院は、どの地域に
高い割合で分布しているのだろうか。表3と表5を確認してみよう。まず
「葬儀はなかった」寺院について表3をみると、全国平均（11.2%）と比べて
高い割合を示しているのは全部で1府20県、同様に表5（全国平均7.5%）を
みると「年回法要はなかった」寺院は18県、それぞれ確認できる。このう
ち葬儀と年回法要の両方とも全国平均を超える割合で分布しているのは、千
葉県、山梨県、長野県、新潟県、富山県、石川県、福井県、岐阜県、静岡県、
愛知県、三重県、滋賀県、奈良県、兵庫県、岡山県、香川県、熊本県、大分
県の計18県である。このデータから、曹洞宗ではとくに甲信越、北陸、東
海などの中部地方と西日本の一部を中心に、葬儀もしくは年回法要が1度も
なかった専業不可能な寺院が高い割合で存在していることになる。

　ここで一度立ち止まって考えなければならないのは、日本は現在、少子高
齢化に基づく人口減少時代に突入し、一部の都市へ人口が流出することによ
る「地方」の衰退・消滅が危惧されていることだ。相澤秀生が指摘するよう
に、とりわけこうした社会問題の矢面に立たされているのは、過疎化の進む
地方に立脚した寺院であり、その多くが檀信徒の減少に直面している［相澤
2005］。曹洞宗寺院が葬儀や年回法要を軸として檀信徒との関係を維持して
いることを踏まえると、檀信徒の減少は、寺院の安定的な運営を阻害する要
因となる。

　この事実と関連するデータの1つとして、本務寺院、兼務寺院、無住寺院
という寺院区分ごとの割合が参考になる。[9]「宗勢2015」によると、調査票回

収寺院数に占める寺院区分ごとの割合は、前回 2005 年よりも本務寺院は下降（78.1%→ 75.2%）したのに対し、兼務寺院（19.5%→ 22.2%）と無住寺院（1.9%→ 2.3%）は上昇した。そして、これら寺院区分を地域別からみた分析によれば、兼務寺院と無住寺院ともに北陸以西の自治体に高い割合で分布し、兼務寺院は 1 府 18 県、無住寺院は 19 県それぞれ数えた。この分析を踏まえ、改めて先に示した葬儀と年回法要ともに「なかった」が全国平均を超える割合で分布している都道府県を確認してみよう。18 県のうち、兼務寺院と無住寺院ともに全国平均を超えるのは、千葉県、山梨県、富山県、石川県、滋賀県、奈良県、熊本県の 7 県、兼務のみが福井県、岐阜県、静岡県、三重県、兵庫県、岡山県の 6 県、無住のみが新潟県、長野県、愛知県、大分県の 4 県であった。じつに 18 県のうち 17 県が、兼務寺院か無住寺院、もしくはその両方で割合が高い県と合致するのである。

　葬儀・年回法要がなかった寺院は、全体でみれば 1 割前後を占めるにすぎない。しかし、その分布の仕方は明らかに兼務寺院や無住寺院の多い「地方」へ偏ったものとなっている。寺院が兼務化・無住化するのにはさまざまな理由があるだろうが、持続的で安定した寺院運営ができるのであれば、理論として兼務や無住にはならないだろう。ただし、葬儀・年回法要の実施数がゼロになることと、寺院が兼務化・無住化することの関連性について、データ同士の統計分析から明らかにしているわけではないため、ここでの分析はあくまで探索的なものとお考えいただきたい。

(5) 護持会費

　「宗勢 2015」の結果によると、護持会を結成している寺院は 13,645 ヶ寺のうち 9,220 ヶ寺と全体の 67.6% を占めており、多くの曹洞宗寺院で護持会が結成されていることが確認できる。ところで寺院に置かれる「護持会」とはどういう組織なのだろうか。その概要を確認しておこう。曹洞宗が定める規程によると、護持会は当該寺院の住職その他の教師と檀信徒をもって組織さ

れ、寺院運営のために必要なさまざまな事業（寺院施設の修営繕、資金の支弁、福祉など）を行なうこととされている[11]。ただし、寺院個々の事情に即して運営されているため、必ずしも組織や業務内容が同一でないことに留意しておきたい。

　では、護持会は何を財源として運営されているのだろうか。これもまた寺院個々によって事情が異なるが、ほとんどの護持会に共通しているのは、檀信徒を中心とした加入者（戸）が1年ごとに会費を供出しており、これを財源の一部としていることである。この年会費＝護持会費は、法人収入とは別会計とする場合が多いため、法人収入と同一視することはできないが、加入者（戸）から毎年集められることから予算化しやすい性格をもち［『宗勢2015報告書』、112ページ］、法人収入と同様、寺院を運営していくための経済的な基盤として捉えられる。

　「宗勢2015」では、護持会を結成している寺院における1戸あたりの護持会費を金額帯の選択肢から回答する形で尋ねており、回答寺院13,645ヶ寺のうち「5,001円〜10,000円」とする寺院が38.3%ともっとも割合が高く、次に「3,001円〜5,000円」が27.5%となっている。また、「宗勢2015」と過去の宗勢調査の結果に基づいた護持会費の変化について、年を経るごとに高額化の傾向にあることが指摘されている［『宗勢2015報告書』、112ページ］。寺院個々によって護持会をとり巻く状況（加入者数や業務内容など）が異なるため、護持会費の金額も多様なことがうかがえよう。

　次に、地域の違いによって護持会費の金額に差異があるのかをみていこう。**表6**は、全国都道府県別に護持会費の金額帯ごとに占める割合をまとめたものである。まず日本全体でみると、「宗勢2015」の1戸あたりの護持会費を尋ねた設問で無回答だった寺院（98ヶ寺）を除いた9,122ヶ寺のうち、「5,001円〜10,000円」が38.7%を占め、もっとも高い割合となった。これに次ぐのが「3,001円〜5,000円」の27.8%である。この2つをあわせると66.5%となり、7割弱の寺院が3千円から1万円の範囲で護持会費を徴収している

表6　都道府県別にみた1戸あたりの護持会費　　　　　%（ヶ寺）

地　方	都道府県	0 円〜 1,000 円	1,001 円〜 3,000 円	3,001 円〜 5,000 円	5,001 円〜 10,000 円	10,001 円 以　上	合　計
北海道	北海道	2.6 (10)	5.0 (19)	6.3 (24)	47.2 (179)	38.8 (147)	100.0 (379)
東　北	青森県	3.0 (3)	9.9 (10)	24.8 (25)	40.6 (41)	21.8 (22)	100.0 (101)
	岩手県	0.8 (2)	16.3 (41)	41.7 (105)	32.9 (83)	8.3 (21)	100.0 (252)
	宮城県	1.0 (4)	16.2 (64)	38.8 (153)	38.1 (150)	5.8 (23)	100.0 (394)
	秋田県	1.0 (3)	10.6 (29)	32.5 (89)	46.4 (127)	9.5 (26)	100.0 (321)
	山形県	1.9 (11)	1.9 (11)	13.4 (78)	57.1 (331)	25.7 (149)	100.0 (580)
	福島県	2.8 (10)	15.1 (54)	38.1 (136)	39.8 (142)	4.2 (15)	100.0 (357)
関　東	茨城県	3.7 (5)	41.5 (56)	38.5 (52)	15.6 (21)	0.7 (1)	100.0 (135)
	栃木県	1.5 (2)	19.5 (26)	47.4 (63)	29.3 (39)	2.3 (3)	100.0 (133)
	群馬県	3.1 (8)	43.6 (113)	40.5 (105)	12.0 (31)	0.8 (2)	100.0 (259)
	埼玉県	2.5 (9)	25.5 (91)	48.5 (173)	21.8 (78)	1.7 (6)	100.0 (357)
	千葉県	4.7 (9)	13.7 (26)	32.6 (62)	37.9 (72)	11.1 (21)	100.0 (190)
	東京都	5.2 (7)	14.9 (20)	19.4 (26)	35.8 (48)	24.6 (33)	100.0 (134)
	神奈川県	2.2 (5)	8.9 (20)	26.3 (59)	51.8 (116)	10.7 (24)	100.0 (224)
甲信越	山梨県	4.0 (14)	18.9 (66)	41.1 (144)	30.9 (108)	5.1 (18)	100.0 (350)
	長野県	4.5 (16)	15.9 (56)	30.7 (108)	43.8 (154)	5.1 (18)	100.0 (352)
	新潟県	1.5 (8)	5.1 (28)	18.9 (104)	55.4 (305)	19.2 (106)	100.0 (551)
北　陸	富山県	11.4 (5)	6.8 (3)	2.3 (1)	36.4 (16)	43.2 (19)	100.0 (44)
	石川県	12.5 (5)	7.5 (3)	22.5 (9)	17.5 (7)	40.0 (16)	100.0 (40)
	福井県	16.3 (23)	6.4 (9)	9.9 (14)	24.1 (34)	43.3 (61)	100.0 (141)
東　海	岐阜県	4.4 (6)	5.9 (8)	21.5 (29)	50.4 (68)	17.8 (24)	100.0 (135)
	静岡県	2.6 (22)	11.7 (99)	32.6 (275)	40.5 (342)	12.6 (106)	100.0 (844)
	愛知県	5.5 (22)	22.7 (90)	26.4 (105)	35.5 (141)	9.8 (39)	100.0 (397)
	三重県	11.5 (22)	9.4 (18)	23.4 (45)	29.2 (56)	26.6 (51)	100.0 (192)
近　畿	滋賀県	6.0 (7)	10.3 (12)	19.8 (23)	26.7 (31)	37.1 (43)	100.0 (116)
	京都府	5.4 (14)	6.6 (17)	11.7 (30)	28.8 (74)	47.5 (122)	100.0 (257)
	大阪府	9.0 (4)	4.5 (2)	22.7 (10)	43.2 (19)	20.5 (9)	100.0 (44)
	兵庫県	2.9 (7)	4.5 (11)	13.2 (32)	42.4 (103)	37.0 (90)	100.0 (243)
	奈良県	0.0 (0)	15.6 (5)	6.3 (2)	34.4 (11)	43.8 (14)	100.0 (32)
	和歌山県	8.6 (3)	37.1 (13)	25.7 (9)	20.0 (7)	8.6 (3)	100.0 (35)
中　国	鳥取県	1.2 (2)	8.6 (14)	17.9 (29)	48.1 (78)	24.1 (39)	100.0 (162)
	島根県	0.8 (2)	9.2 (22)	24.8 (59)	42.9 (102)	22.3 (53)	100.0 (238)
	岡山県	1.9 (2)	9.3 (10)	29.6 (32)	50.0 (54)	9.3 (10)	100.0 (108)
	広島県	1.5 (2)	17.5 (24)	44.5 (61)	32.8 (45)	3.6 (5)	100.0 (137)
	山口県	1.0 (2)	7.9 (16)	32.0 (65)	42.4 (86)	16.7 (34)	100.0 (203)
四　国	徳島県	0.0 (0)	30.8 (4)	30.8 (4)	30.8 (4)	7.7 (1)	100.0 (13)
	愛媛県	3.6 (4)	23.4 (26)	52.3 (58)	20.7 (23)	0.0 (0)	100.0 (111)
	高知県	12.5 (2)	62.5 (10)	18.8 (3)	6.3 (1)	0.0 (0)	100.0 (16)
九　州	福岡県	2.5 (3)	8.5 (10)	20.3 (24)	48.3 (57)	20.3 (24)	100.0 (118)
	佐賀県	1.5 (3)	1.0 (2)	8.1 (16)	36.0 (71)	53.3 (105)	100.0 (197)
	長崎県	3.1 (3)	20.8 (20)	30.2 (29)	31.3 (30)	14.6 (14)	100.0 (96)
	熊本県	4.8 (2)	40.5 (17)	28.6 (12)	21.4 (9)	4.8 (2)	100.0 (42)
	大分県	2.8 (2)	13.9 (10)	34.7 (25)	33.3 (24)	15.3 (11)	100.0 (72)
	宮崎県	1.7 (1)	35.6 (21)	44.1 (26)	16.9 (10)	1.7 (1)	100.0 (59)
	鹿児島県	0.0 (0)	50.0 (4)	25.0 (2)	25.0 (2)	0.0 (0)	100.0 (8)
全　体		3.2 (296)	13.5 (1,230)	27.8 (2,535)	38.7 (3,530)	16.8 (1,531)	100.0 (9,122)

※香川県と沖縄県は回答寺院がないため除外した。

ことがわかった。

　一方、地域別の傾向として注目されるのは、北陸地方を始め低額帯と高額帯に二極化している地域の存在である。というのも、こうした傾向を示した北陸3県、三重県、滋賀県、京都府などの地域は、年間法人収入においても低収入寺院の占める割合が高いのである。『宗勢2015報告書』では、護持会費の高額化傾向について「寺院運営のために護持会加入者からの経済的支えをこれまで以上に必要としている」［宇野・平子、113ページ］と分析しているが、上記地域においては「0円〜1,000円」という低額帯の割合も高いため、筆者は逆のパターンもあるのではないかと考える。つまり、檀信徒が減少もしくは消失し運営が困難になっている状況で護持会費を高くすると、かえって運営困難のリスクが上がる、あるいはそもそも徴収できる相手＝檀信徒がいない、といったことを理由に、あえて低額に抑えたり、徴収そのものを行なわないという、高額化とは逆の方法をとっているのではないか。とくに上記した府県の低収入寺院においては、護持会費を高額化するか、もしくは低額に抑えたり徴収しないといった具合に、寺院によって対応が異なるため低額帯と高額帯とに二極化しているものと推察される。

3. 寺院構成員の就業と寺院経済

（1）教団予算を支える寺院

　前節まででは、曹洞宗寺院における法人収入とその中心的な財源となる葬儀・年回法要の布施額、そして護持会費の現状を都道府県の別から分析し、曹洞宗寺院における経済状況の地域的特徴について考察した。本節では少し角度を変えて、寺院を牽引する住職や寺族の就業状況と、寺院個別の決算報告書を資料として、曹洞宗寺院の経済的基盤について考察していく。

　本題と少しはずれるが、社会一般にはあまり知られていない曹洞宗における経済・財政面のシステムについて簡単に説明しておこう。そもそも、同宗

が毎年公開している予算計画は、何を財源としているのだろうか。曹洞宗の広報誌『曹洞宗報』に掲載された平成 30 年度予算案によると、歳入総額 50 億 6,321 万 9 千円のうち、「賦課金」41 億 9,951 万円、「義財金」3 億 4,260 万 1 千円、「手数料」3,329 万 4 千円、「雑収入」1 億 1,843 万 9 千円、「準備資金受入金」3 億 6,937 万 4 千円、「借入金」1 千円、となっており、多くを「賦課金」が占めている。[12]この「賦課金」というのは、曹洞宗の定める規程に基づき、同宗の各寺院や教師資格をもつ僧侶に対して割り当てられる金銭のことで、僧侶のあいだでは一般に「宗費」と呼ばれている。上記予算案によると、40 億円超の宗費のうちでもっとも多くを占めるのは「級階賦課金」（31 億 7830 万 1 千円）である。曹洞宗寺院では毎年、所得や所有不動産、立地する自治体の状況に応じて一定の金額を宗教法人曹洞宗に納付しなければならず、その金額は寺院ごとに付けられる「級階」というランクによって決定される。つまり、所得や立地条件などに基づいて課される曹洞宗独自の税金のようなものと、ひとまず理解できよう。この級階賦課金が平成 30 年度予算総額に占める割合は約 63%、さらに級階とは異なる「寺格」に基づいた寺格賦課金も含めると約 73% となり、曹洞宗の経済・財政面が寺院の負担する宗費によって支えられていることがわかる。

　このように、曹洞宗寺院は毎年賦課される宗費を捻出しなければならないが、むろん、寺院に求められる負担はこれだけではない。光熱水費、寺院施設の維持管理費、各種法要の執行費、法具・什具類の調達費、法要に随喜した僧侶への謝金、そしてなによりも住職やその家族（寺族）が生活を営んでいくための生計費＝給与など、寺院を運営していくにはさまざまな費用がかかる。ところが前節まででみてきたように、曹洞宗寺院の 5 割超が専業不可能な低収入寺院であり、人口減少に直面する「地方」にそうした寺院が高い割合で分布し、しかも法人収入の核である葬儀や年回法要の布施がまったくないケースまであった。このような例を含め、現代の寺院はどのようにして運営していくための費用を捻出しているのだろうか。そのためには、収入と

支出の細目を検討する必要がある。こうした問題を考察するにあたって以下では、まず住職や寺族の就業状況から寺院の法人収入を確認し、次に寺院個別の会計資料を用いて、よりリアルな現代寺院の経済事情をみていきたい。

(2) 住職・寺族の就業状況と法人収入

ここでは、住職と寺族の就業の有無や就業先についてみていく。一般的に、寺院収入だけで運営できない寺院では、寺院以外の仕事に就いて給与を得ることにより、運営資金を確保していると予想される。「宗勢2015」の結果によると、住職のうち8割弱（79.2%）が就業（給与所得を得られる仕事）していると回答し、このうち9割弱（88.9%）が「調査対象寺院」、すなわち自分が本務している寺院から給与を得ていると回答しているが、この中には低収入寺院に在籍する住職も多く含まれていると思われる。

表7によると、自分が在籍する寺院（調査対象寺院）を就業先とし収入を得ている住職のうち、その寺院が低収入寺院である割合は39.5%という結果であった。一方、調査対象寺院以外の就業先から収入を得ている住職の割合は、すべての項目で低収入寺院が5割を超える。

同様に寺族を確認すると、調査対象寺院から収入を得ている割合がもっとも高いのは高収入寺院であった。一方、調査対象寺院以外の就業先から収入を得ている寺族の割合は、すべての項目で低収入寺院が多数を占める結果となった。

以上のように、住職、寺族とも調査対象寺院以外の就業先をもっている場合、自分の在籍する寺院が低収入寺院である割合が高いことがわかった。低収入寺院は専業不可能であるため、収入があるといっても、その額は中収入寺院、高収入寺院より下回ることが予想される。寺院の収入だけでは家族の生活を支えることができないため、兼職して収入を得ることにより、生計を成り立たせようとしている姿が浮かび上がる。

このような事態が生じる背景には、檀信徒の減少にともなう法人収入の減

少はもちろん、寺院施設の維持・管理、寺院後継者の育成という寺院護持を
めぐる問題がある。「宗勢2015」の自由記述には、兼職に関する次のような
意見が寄せられた。

表 7　住職・寺族の就業先からみた法人収入　　　　　　　　% （人）

在籍区分	就業先	低収入寺院	中収入寺院	高収入寺院	合　　計
住　職	調査対象寺院	39.5 （2,757）	30.1 （2,101）	30.4 （2,121）	100.0 （6,979）
	調査対象寺院以外の寺院	72.9 （649）	16.0 （142）	11.1 （99）	100.0 （890）
	教育機関（幼稚園・保育所を含む）	54.2 （306）	20.2 （114）	25.7 （145）	100.0 （565）
	会社・団体・官公庁	77.1 （353）	11.8 （54）	11.1 （51）	100.0 （458）
	曹洞宗機関（両大本山・僧堂を含む）	52.0 （132）	19.7 （50）	28.3 （72）	100.0 （254）
	その他の就業先	78.3 （162）	13.0 （27）	8.7 （18）	100.0 （207）
	全　体	44.7 （3,501）	27.8 （2,174）	27.5 （2,157）	100.0 （7,832）
寺　族	調査対象寺院	20.9 （1,006）	32.4 （1,558）	46.7 （2,251）	100.0 （4,815）
	調査対象寺院以外の寺院	57.4 （81）	22.0 （31）	20.6 （29）	100.0 （141）
	教育機関（幼稚園・保育所を含む）	42.8 （217）	29.2 （148）	28.0 （142）	100.0 （507）
	会社・団体・官公庁	64.6 （270）	22.2 （93）	13.2 （55）	100.0 （418）
	曹洞宗機関（両大本山・僧堂を含む）	75.0 （3）	0.0 （0）	25.0 （1）	100.0 （4）
	その他の就業先	56.1 （215）	23.0 （88）	20.9 （80）	100.0 （383）
	全　体	28.4 （1,693）	30.9 （1,842）	40.7 （2,423）	100.0 （5,958）

＊本表は、住職および寺族の就業先からみた法人収入をまとめたものとなる。なお、「宗勢2015」
にて給与所得を得られる仕事をしていると回答した住職・寺族に、その就業先を複数回答形式で
尋ねた「寺院構成員」を対象とした設問の結果と、法人収入の金額帯を単一回答形式で尋ねた
「寺院」を対象とした設問の結果に基づいて割合を算出している。したがって、設問の質や基数
の違うもの同士のクロス集計であること、および基数の単位が住職と寺族の数になっていること
に留意いただきたい。

・過疎化が著しい集落にて何とか寺院、もとより、檀徒の願いを叶えるべく努めております。自坊では生活する事が出来ず、日々仕事を兼ねておりますが、高齢化社会の中、檀徒の皆様にご負担する事が出来ません。

　地域社会の過疎化と高齢化が進行していくなか、寺院を護っていくためには兼職せざるをえない現状を吐露している。また近年、一般の新聞・雑誌などで寺院の「貧困」問題がたびたび報道されており、なかには檀家が減ったため寺院収入が3万円くらいしかなく、住職が週5日アルバイトをして生計を立てざるをえないようなケースさえあるという[13]。仏教教団では、宗費負担などから寺院の経済格差が宗議会で議論されることがあるものの、寺院に住む人びとのライフスタイルに注目し、彼らを社会的弱者という位置づけから「貧困」問題として議論する視点はまだ一般的でないように思われる。本章でいうと、とくに葬儀や年回法要のない「地方」の低収入寺院のなかには、こうした「貧困」に直面しながら兼職して寺を護っているケースがかなりの数で存在することが予想される。

（3）寺院の経済事情——ある寺院の決算報告書から

　寺院の収入と支出の中身は具体的にどうなっているのだろうか。これまで「宗勢2015」の統計データに基づいて曹洞宗全体の特徴や傾向を論じてきたが、ここからは分析の角度を大きく変えて、寺院個別の資料からその経済的側面について考察してみたい。

　筆者は、東北地方のとある寺院で住職をつとめるa氏のご厚意により、当該寺院の決算報告書を過去5年分（2012年度〜2016年度）お貸しいただいた[14]。a氏（以下、a住職）は、本務寺院のほかに兼務寺院の住職をつとめておられ、毎年、税理士事務所に決算報告書の作成を依頼し会計管理している。

　まず、本務寺院と兼務寺院の概要を示し、検討対象である決算報告書の説明からはじめる。a住職が運営する両寺院は近い位置関係で立地し、檀徒数（戸）は本務寺院約150戸、兼務寺院約90戸、あわせて約240戸である

（2018 年 4 月時点）。したがって、両寺院からの法人収入が、寺院運営と a 住職一家の生計を支えていることになる。なお、兼務寺院に居住者はいない。

　決算報告書はいくつかの種類が存在するが、本章では、会計状況から寺院の経済事情を考察する観点に基づき、収支計算書と総勘定元帳をおもな分析対象とする。収支計算書とは、事業において生じた収支と利益の量を示したもの、総勘定元帳とは、勘定科目ごとにすべての取引内容を記録したものである。また、当該書類は寺院ごとに作成されているが、ここでは本務と兼務両方の合計分の数値から分析していく[15]。

　表 8 は、過去 5 年間の収支計算書と総勘定元帳に基づき、各年度の法人収入と支出の内訳を筆者なりにまとめたものである。2ヶ寺合計分でみると、その収入規模は高収入寺院に相当するが、寺院単体でみると、本務寺院は中収入寺院、兼務寺院は低収入寺院に該当する。

　過去 5 年分の変遷をみると、収入・支出とも年度によって金額の差が大きい。原因は、複数の僧侶や檀信徒が参加する規模の大きな儀礼の有無である（後述）。

　法人収入に占める割合は、すべての年度で布施が 8 割を超えており、その大半をまかなっていることが確認できる。この布施収入を、表 8 のように総勘定元帳の摘要欄に基づいて分類すると、すべての年度で葬儀の布施が占める割合がもっとも高く、これに次ぐのが法事の布施である。いうまでもなく、葬儀は檀信徒の「死」にともなう不定期性を帯びているため、年度間で金額の振れ幅が大きい。また、葬儀の規模や開催のパターンは、故人や遺族の意向が反映されがちなため、規模に応じて金額が変わる変動性をもつ。それに対して法事（年回法要）は、一定の周期で執り行なうため、葬儀と比べて金額の振れ幅が小さいのだと思われる。

　この葬儀と法事の布施額に、他寺院での葬儀に参加した葬儀伴僧と盂蘭盆行事の布施額を足して、仮に「先祖・死者供養布施額」として算出してみよう。布施収入に占める割合は 6 割強から 9 割弱のあいだを推移し、法人収入

全体でも5割強から9割弱を占めている。また割合は低いが、月参りや位牌への魂入れなどの布施が「その他」に含まれている。以上のことから、葬儀や先祖・死者の供養がa住職の運営する寺院を経済的に支える要になっているといえよう。

表8　収入と支出の合計値[1]

単位：千円

	2012 年度	2013 年度	2014 年度	2015 年度	2016 年度
収入					
布施収入	7,700	11,000	10,800	11,200	9,000
（うち兼務寺院分）	(3,400)	(3,800)	(2,800)	(4,200)	(3,000)
葬儀	2,800	7,000	2,800	5,000	3,600
葬儀伴僧	700	300	1,800	1,400	700
法事[2]	1,800	1,900	1,800	2,000	2,200
盂蘭盆関連[3]	600	600	600	600	600
その他	1,800	1,400	3,900	2,200	2,000
布施以外の収入	400	300	2,500	1,400	1,200
収入総額	8,100	11,400	13,300	12,600	10,200
支出					
給与[4]	4,900	6,000	6,700	4,800	4,800
経費	3,900	3,900	11,100	6,700	5,100
支出総額	8,800	9,900	17,800	11,500	9,900
当期収支差額	−700	1,500	−4,500	1,100	300
次期繰越収支差額	7,800	9,300	4,800	5,900	6,100

※1　個人情報保護の観点から、本表では収支計算書の金額をそのまま表記することを避け、1万単位で四捨五入した数値を記載した。なお、財務会計書類の一般的慣例にならい、千円単位の表記とした。

※2　「宗勢2015」の年回法要概念に基づき、総勘定元帳の摘要欄に「○○家法事」「49日供養」「百カ日法要」などの文言がある布施収入のみを対象とし、法事の際に檀信徒から渡される「御車代」「御膳料」などは「その他」に含めた。

※3　8月の盂蘭盆行事として行なわれた「御盆供養」「棚経」「お墓参り」などの布施収入を対象とした。

※4　住職と妻の月給を合算した数値。なお、2013年度および2014年度は、住職への賞与を含んでいる。

　ちなみに、2016 年度を例に葬儀と年回法要 1 件あたりの平均布施額を算出すると、葬儀（件数 12）が 297,500 円、法事（件数 94）が 22,872 円であった。表 3 と表 5 に立ち返ってみると、葬儀と年回法要ともに東北地方に多い金額帯と合致することが確認でき、当該地域における一般的な金額といえよう。

　一方、支出に占める割合は、給与が 4 割弱から 6 割強で推移している。a 住職に給与の基準を伺ったところ、厚生労働省の賃金構造基本統計調査を参考にして金額を決めているという。では、a 住職一家の生計を支える給与は、一般家庭における収入と比較するとどの程度の水準なのだろうか。総務省統計局が毎年公表している「家計調査」によると、2012 年から 2016 年における 1 世帯あたりの実収入は月額平均 467,774 円から 526,973 円のあいだを推移している。[16] この金額を単純に 1 年分積算すると、1 世帯あたり平均年収は 5,613,288 円から 6,323,676 円となる。a 住職と妻 2 人分の年間給与額は 4,800 千円から 6,700 千円と振れ幅が大きいが、[17] 仮に 1 世帯分とみなした場合、その所得水準は一般家庭における平均年収の範囲内か、それ以下であるといえる。また、宗教法人（寺院）においても、その代表役員（住職）や職員（妻）に支払われる給与には、所得税など所定の税金が発生していることにも留意しておくべきである。

　寺院運営に充てる経費も 4 割弱から 6 割強を推移し、2014 年度以降は給与より高い割合となっている。この経費には、法要執行に必要な法要費、教団や教区などに支払う負担金、伽藍の維持管理費、光熱水費などが含まれている。このなかでとくに法要費の金額が振れ幅の大きい項目であることが収支計算書から確認され、盂蘭盆会や彼岸会など年中行事化した恒例法要、加えて、その時々の事情に応じて行なわれる臨時法要があると、法要費が跳ね上がる傾向が見受けられた。2014 年度の経費がとりわけ大きな金額となっているのは、本務寺院で大規模な臨時法要があったためである。法要の規模や回数が、寺院の経済状況を左右するといっても過言ではないだろう。

　こうした多額の支出を要する際、重要となるのが繰越金の多寡である。表8によると、2013年度に9,300千円あった次期年度繰越金が、翌2014年度には4,800千円にまで減っている。多額の法要費を支出した当該期の収支差額が4,500千円のマイナスを示しており、その補塡に繰越金が充てられたことがうかがえる。臨時法要は今後も状況に応じて行なわれることが見込まれるため、収支差額をプラスで維持し、流動資産を積み立てていくことが寺院運営上重要であるといえる。

　このような事情からみると、兼務寺院をもつことの経済的意味は小さくない。兼務寺院からの布施収入は、収入総額の2割強から4割強のあいだを推移しており、本務にくわえ兼務寺院の収入があることによって、給与と経費を安定的に捻出し、積み立てが行なえていることがうかがえる。

おわりに

　本章では、曹洞宗宗勢総合調査のデータに基づいて、同宗寺院における法人収入の傾向を地域別分析から明らかにしてきた。2005年から2015年にかけて曹洞宗では法人収入の二極化が進行し、人口減少に直面する「地方」に低収入寺院が偏って分布していることから、立地条件の違いによる経済格差が生じているといえる。特定の都市に人口や社会資本が集中する極点社会化が現在もなお進行している日本の現状からみると、寺院の地域間格差は今後ますます拡大することが予想される。

　こうした格差構造の一極に位置するのは、葬儀や年回法要が一度もなかった低収入寺院だろう。これら寺院の今後を、地域社会における人口減少が檀信徒の減少と密接に関連している［相澤 2016］ことを踏まえて見通すとすれば、檀信徒の減少によって寺院運営の経済的基盤となる布施収入を失い、廃寺や統合といった結末を迎えるケースが「地方」を中心に続出するのは避けられないように思われる。過疎化が進み、高齢化率が上昇して、地域社会の

担い手となるべき次世代の人びとが減る「地方」は経済活力を失っていく。そして、そこに住む人びとの負担はより増大し、生活環境の悪さから人口の減少・流出がますます進行するという悪循環に苛まれる。このような困難な状況に直面している「地方」で寺院を護持運営するための原資を獲得し続けるには、少なくとも既存の寺檀関係のみを対象とするかぎり、非常に厳しいのではないだろうか。今は兼職をしたり兼務寺院をもつことでやりくりが成り立っている場合もあるだろうが、「地方」の空洞化が今後も進むとすれば、そうした対応にもいずれ限界がくるだろう。

　『宗勢2015報告書』によると、寺院運営上の問題点として「法人収入が減少している」をあげた住職は48.7％にのぼり、多くの住職が経済的な問題を寺院運営上の不安材料として認識している。そして、法人収入が低くなるにつれ、将来の寺院護持継承に対して消極的・判断保留の意見を持つ住職の割合が高まる傾向も示された。つまり、法人収入の低さは、現役世代のみの問題にとどまらず、次世代への継承に対する不安要素ともなっているのである。そのことを裏付けるかのように「宗勢2015」では「寺の収入（法人）では生活出来ない、安居が出来ない、住職資格が取れない、……寺に生まれ、後継が出来ない寺院の息子が、寺離れしている現状を、どう考えているのか」という意見が寄せられた。法人収入という経済上の問題は、後継者の有無という寺院存続に直結する問題と深くかかわっていることを強調しておきたい。

　曹洞宗寺院における経済事情は、単に金銭所得の差異にとどまらず、寺院内部特有の問題を浮かび上がらせ、それが現代社会のさまざまな問題と深く絡んでいることを教えてくれる。筆者の関心のままにいろいろと書き連ねてきたが、少なくとも、仏教にかぎらず、ひろく日本宗教の「いま」を捉え「これから」を見通していくために「経済」という視点が有効であることは示せたのではないだろうか。

　そうした研究を進展させるために、今後は、データ分析のみでなく、具体的な事例から実証的に研究していく必要もあるだろう。例えば、住職たち寺

院に住む人びとを「生活者」として位置づけ、彼・彼女らのライフスタイルや、本章でも取り上げた決算報告書などの資料類から、寺院運営の実態を浮かび上がらせるといった方法が想定される。平成から令和へと時代が変わるなか、岐路に立つ（立たされている）寺院の行先を、今後も追っていきたい。

註

1) 古くは、奈良時代の寺院における寺領経営と国家財政との関連を論じた竹内理三による『奈良朝時代に於ける寺院経済の研究』が 1932 年（昭和 7）に刊行されている。以来、主要な研究として、江戸時代の天台宗寺院の土地経営や［圭室 1987］、永平寺や宝慶寺など初期曹洞宗における有力寺院の寺領経営に言及したもの［松田 1976］などが発表されている。

2) このテーマにかかわる書籍はあまた存在するが、とりわけ 2010 年に出版された島田裕巳『葬式は、要らない』（幻冬舎）は、30 万部を超えるベストセラーとなり注目を集めた。

3) 圭室文雄『日本仏教史　近世』（吉川弘文館、1987 年）、同『葬式と檀家』（吉川弘文館、1999 年）、末木文美士・松尾剛次・佐藤弘夫・林淳・大久保良峻編『新アジア仏教史 13　日本Ⅲ　民衆仏教の定着』（佼成出版社、平成 22 年）、同編『新アジア仏教史 14　日本Ⅳ　近代国家と仏教』（佼成出版社、平成 23 年）を参考にした。

4) 同調査では檀信徒に葬儀の布施額に対する意識を 7 つの選択肢から回答する形でたずねている（基数 6,530 人）。その結果、「何が適正なのかわからない」42.3%（2,762 人）、「適正な金額だと思う」26.3%（1,716 人）、「高すぎる金額だと思う」17.1%（1,118 人）、「経験していないので、わからない」8.9%（583 人）、「金額を意識したことがない」3.5%（231 人）、「低すぎる金額だと思う」0.3%（22 人）、「その他」0.6%（37 人）、無回答 0.9%（61 人）であった（曹洞宗宗勢総合調査委員会『曹洞宗檀信徒意識調査報告書』曹洞宗宗務庁、2014 年）。なお、筆者は同調査に実務委員として参画した。

5) たとえば曹洞宗寺院「見性院」の住職をつとめる橋本英樹は、2012 年、既存の「檀家制度」＝寺檀関係を廃止し、それにともない葬儀の布施額を戒名を基準にして料金化した（『お寺の収支報告書』祥伝社、2014 年）。

6) ただし、宗勢・教勢調査の統計データを丹念に読み解き、地域社会における寺院の現状や役割を分析した櫻井義秀・川又俊則編『人口減少社会と寺院——ソーシャル・キャピタルの視座から』（法藏館、2016 年）のような研究も刊行されていることを付言しておく。

7) 宗教学者の石井研士は、曹洞宗と真言宗智山派の宗勢調査データに基づいて寺院の収入を地域の違いから着目し、寺院間での収入の差を生む要因について、当該寺院が立地する自治体の人口規模などの地理的条件にあると分析している［石井 1988］。

8) ここでいう葬儀が 1 度もなかった寺院というのは、自分が住職として本務あるいは兼務する寺院の主催のもとでは行なわれなかったという意味である。したがって、他寺院の葬儀や年回法要への随喜・用僧は含まれていない。

9) 寺院区分は「宗勢 2015」の定義に基づいている。本務とは、住職が特定の寺院の代表役員に就任している場合をさし、当該寺院を本務寺院と称する。兼務とは、本務寺院の住職が、それ以外の寺院で代表役員に就任している場合をいう。当該寺院は、兼務寺院と称する。無住は代表役員である住職を欠いた状態をさし、当該寺院を無住寺院と称する［『宗勢 2015 報告書』、4 ページ］。

10) 『宗勢 2015 報告書』20 ページの表「都道府県別にみた寺院区分」（基数：13,645ヶ寺）に基づいた。兼務寺院の割合が高い府県は、福島県、埼玉県、千葉県、富山県、石川県、福井県、山梨県、岐阜県、静岡県、三重県、滋賀県、京都府、兵庫県、奈良県、和歌山県、島根県、岡山県、徳島県、熊本県、無住寺院の割合が高い県は、青森県、茨城県、千葉県、新潟県、富山県、石川県、山梨県、長野県、愛知県、滋賀県、奈良県、島根県、広島県、福岡県、長崎県、熊本県、大分県、鹿児島県・沖縄県、である。なお、同表と本章の表 3、表 5 それぞれ基数が異なることに留意しておきたい。

11) 「曹洞宗護持会規程」参照（曹洞宗宗務庁『曹洞宗宗制』平成 17 年所収）。なお、同規程によると、曹洞宗の護持会は「寺院護持会」「教区護持会」「宗務所護持会」「宗門護持会」の 4 種が存在するが、「宗勢 2015」は各寺院における護持会の結成についてたずねているため、本章でいう「護持会」とはとくに断りがないかぎり寺院ごとに結成されている「寺院護持会」を意味する。

12) 曹洞宗宗務庁『曹洞宗報』（平成 30 年 5 月号）。なお、各種賦課金は「曹洞宗財務規程」（曹洞宗宗務庁『曹洞宗宗制』平成 17 年所収）に基づいて定められている。

13) 「僧侶残酷物語　拝み倒してお布施集め、檀家からは袖にされ」（『週刊朝日』2017 年 6 月 30 日）。

14) 書類には各年度における収支が細やかに記録されており、寺院の経済的側面を具体的に知ることができる非常に貴重な資料といえる。一方で当該資料は、特定の個人やその家族を識別できる私事性、くわえて、通常なら世間に向けて公表されることのない非公知性を帯びているため、個人情報保護の観点から、住職や寺院の名前は伏せて議論を進めることをお断りしておく。

15) 本務寺院のほかに兼務寺院をもつ本事例は、宗内では少数派である。しかし、決算報告書から、兼務寺院から入る収入が本務寺院を運営していくうえで貴重な収入源になっていることが確認できる。a 住職の本務寺院は中収入寺院に該当する収入規模を有するが、兼務寺院をもつことで高収入寺院に匹敵する規模の収入となり、兼務することの経済的な有効性が認められるため合算した数値を使用することとした。

16) Web 上で公表されている「家計調査年報（家計収支編）」のデータを参照した。http://www. stat. go. jp/data/kakei/npsf. html

17) a 住職によると、2013 年度と 2014 年度は、繰越金が一定程度確保できたため賞与支給を試験的に行なった。ところが、2014 年度の臨時法要によって繰越金が大きく目減りしたため、翌年度以降の支給は見送っているとのことである。

参考文献一覧

相澤秀生　2005「過疎地寺院の理解に向けて」『宗教学論集』24 輯、駒沢宗教学研究会。

相澤秀生　2016「過疎地域における供養と菩提寺——曹洞宗」櫻井義秀・川又俊則編『人口減少社会と寺院——ソーシャル・キャピタルの視座から』法藏館。

相澤秀生　2018「過疎地域における曹洞宗寺院の現状——曹洞宗宗勢総合調査 2015 年に基づいて」『跡見学園女子大学文学部紀要』53 号、跡見学園女子

大学文学部。

石井研士　1988「各宗現代寺院像をさぐる 2」『月刊住職 3 月号』興山舎。

鵜飼秀則　2015『寺院消滅——失われる「地方」と「宗教」』日経 BP 社。

川又俊則　2017「教団会計と意識調査にみる人口減少時代の維持困難さ——経済的側面を中心に」『宗教研究』389 号、日本宗教学会。

川又俊則　2018「伝統宗教集団のライフ・シフト」『現代宗教 2018』国際宗教研究所。

窪田和美　2012「真宗寺院における寺院規模と門徒の護持意識——第 9 回宗勢基本調査の分析を通して」『龍谷大学論集』479 号。

浄土真宗本願寺派　2011『第 9 回宗勢基本調査報告書』浄土真宗本願寺派宗務所。

末木文美士・松尾剛次・佐藤弘夫・林淳・大久保良峻　2010『新アジア仏教史 13　日本III　民衆仏教の定着』佼成出版社。

末木文美士・松尾剛次・佐藤弘夫・林淳・大久保良峻　2011『新アジア仏教史 14　日本IV　近代国家と仏教』佼成出版社。

曹洞宗宗勢総合調査委員会　2014『曹洞宗檀信徒意識調査報告書 2012 年（平成 24）』曹洞宗宗務庁。

曹洞宗宗勢総合調査委員会　2017『曹洞宗宗勢総合調査報告書 2015 年（平成 27）』曹洞宗宗務庁。

圭室文雄　1987『日本仏教史　近世』吉川弘文館。

圭室文雄　1999『葬式と檀家』吉川弘文館。

【第8章】

寺を受け継ぐ
──出家者から出家者、親から子へ──

土屋　圭子

はじめに

　「お前が後継ぎだな」。筆者の師寮寺（僧籍をおく寺院）において、住職の孫にあたる甥が世話人の1人にそう声を掛けられた。甥はまだ幼稚園児なのだが、どうやらこの世話人は早くも甥に住職という将来を期待しているようだ。年端もいかない甥には「後継ぎ」という言葉の意味が理解できなかったようで、曖昧な表情を浮かべると、もとの遊びに戻っていった。

　世話人とは1寺院における檀信徒のまとめ役であり、寺院の護持運営を補佐する役割を担っている。甥に掛けた言葉は単なるコミュニケーションの1つであり、彼自身の将来を決定づけるものではない。しかし、住職の「子」を越えて「孫」にまで寺院の住職という像を見出す姿勢は、現在の寺院の後継者の選定や、寺檀関係のあり方を如実に表していると感じた。

　寺院の継承は、現在では親から子へ住職を継いでいく世襲が主流となっている。1872年（明治5）に発布された太政官布告133号「自今、僧侶肉食妻帯畜髪等可為勝手事」は、僧侶の肉食・妻帯の解禁を示したものとして知られる［中村 2011 他］。それ以前から妻帯を認めていた真宗以外の宗派の僧侶たちも、この布告によって、家庭をもつ法的根拠ができた。仏教の戒律を破ることになるこの布告について、当初は僧侶から反対されていたが、明治30年ごろから一変して各教団から許容されるようになった。その理由は、世襲により後継者を確保することにあったという［Pham Thi Thu Giang 2007］。

　本章では「宗勢2015」の調査結果を中心に、主流となっている世襲による寺院運営の継承の現状を改めて確認したい。そして曹洞宗をはじめとした仏教教団の僧侶と檀信徒の双方が、その現状をどのように受け止めているかを論じていく。

1. 後継者に対する住職の意識

　「宗勢 2015」では、「後継者」を「寺院を受け継ぐ人」と定義し、寺院の継承に関する住職の意識や実態を尋ねている。本節では曹洞宗寺院の住職が後継者に対してどのような考えをもっているのか、調査項目の単純集計結果から確認していこう。

　「寺院を受け継ぐ」うえで重要なのは、住職の果たすべき役割として求められる後継者の育成だが、そもそも現職の住職が寺院を継いでもらう意思をもっているかどうかが問題となる。そこで、「宗勢2015」では本務の住職に対し、自身の退董（退任）もしくは遷化（死去）後に調査対象寺院の護持運営を続けてほしいかを尋ねている。その結果、住職の87.3％が「寺院護持を続けてほしい」と回答し、「寺院護持を続けて欲しくない」は1.2％、「わからない」は8.5％であった（基数：10,265人）。じつに9割近い住職が寺院を受け継いでもらう意思をもっているという結果である。

　しかし、この9割という数値は果たして「高い」と言い切れるのであろうか。寺院という世代を越えて機能すべき宗教施設の継承ということを考えるとき、残りの約1割が継続した寺院護持に対して消極的、あるいは判断保留と回答している事実は無視できない問題だろう。

　寺院を受け継ぐには、次代の担い手が必要となる。「寺院護持を続けてほしい」と回答した住職8,966人に対し、調査対象寺院の後継予定者について尋ねた結果によれば、「実子」が56.1％、これにそのほか住職の親族関係である「養子」「子の配偶者」「上記以外の親族」をあわせると、67.5％の住職

が自身の親族を後継予定者として考えていることが示された。このような結果は、現代の寺院における住職の「世襲」が主流となっていることを示すものだろう。これは前住職からみた住職の続柄にもみてとれる。すなわち、住職の約 6 割（60.9%）が前住職の実子であり、親族による継承が 8 割弱（79.2%）という結果である（基数：10,265 人）。

　一方で、後継予定者が「いない」と回答した住職も 23.6%存在する。その住職に対して寺院護持の後継予定者がいない理由を尋ねた結果によると、後継予定者のいない理由でもっとも割合の高かったのは、「弟子（子を含む得度者）がいないから」の 29.0%であった。ほぼ同様の割合を示したのが「子がいないから」の 28.9%である。この 2 つの割合をあわせると 57.9%と過半数の回答となる。

　この「弟子（子を含む得度者）」と単なる「子」にはどのような違いがあるのだろうか。まず「弟子」は徒弟ともいい、教団の制度のうえで住職を継承するものとして定められる立場の 1 つである。寺院の継承は、このような師から弟子へと受け継がれる（師資相承）、出家者の関係に密接に結びついている。対して、「子」は住職の血縁上の子どもを指す。住職の回答がこの二者に分かれたというのは、つまり制度的に後継者としての資格をもつものがいないという理由と、自身の子どもに継がせたいが、自身にはその子どもがいないという理由に分かれたと解釈することができるのではないだろうか。

　この 2 つの理由は決して相反する理由ではない。先にも触れたように、現在の住職は前住職の実子である割合が約 6 割であり、また 1985 年から 2015年の調査を通して、住職の徒弟（弟子）が住職の子である割合は常に 7 割以上の水準を保っている。つまり、ほとんどの本務寺院において住職の子どもが徒弟となっているのである。よって実態としては「弟子」と「子」には違いがなく、寺院継承や師資相承という出家者として受け継ぐ物事が血縁を土台として成り立っていることになる。回答が分かれたということは、住職のなかにこの事実を出家者の立場からみるものと、そのまま受け取るものがい

ることを表す。

2.　教団による「世襲」の実態把握の意味するところ

　曹洞宗では、1節でも確認したように宗勢調査において後継者について尋ねる項目を設けている。2015年の調査では、「実子」という独立した選択肢により、調査対象寺院の後継予定者に住職の実子がいることを想定していることがわかる。その10年前の2005年の調査においては、さらに実子の後継者を意識した設問設定がなされている。すなわち後継者がいない理由として「本人が僧侶に魅力を感じていないので継がせたくない」という選択肢を設けるなど、寺院の継承者について回答する設問であるにもかかわらず、出家者を想定せず、住職との血縁関係にある未得度のものを意識した選択肢が存在する。

　その他の教団の宗勢調査に目を向けると、日蓮宗では後継者がいない理由の選択肢に「子供がいない」「子供がいても後継意志がない」と、曹洞宗と同様に後継者の候補としてまず住職の子であることを前提としていると考えられる項目が設定されている［日蓮宗 2012］。真言宗智山派での「子供がいない」「僧職に魅力がない」という選択肢もまたしかりである［真言宗智山派 2012］。

　教団の現状を把握するための宗勢調査の設問内容は、教団そのものの見解を映し出しているともいえる。世襲を念頭においたと考えられる項目が、複数の宗派の調査から見受けられるということから、この実態が日本の仏教教団においてある程度受け容れられているものと考えられる。

　世襲による寺院の継承が一般に広まっているなかで、教団はいかにこの現状を捉えているのだろうか。一例を示そう。2003年に全国青少年教化協議会が開催した「仏教の未来——子弟教育を考える——」では、臨済宗・日蓮宗・浄土真宗・真言宗智山派・浄土真宗本願寺派などの宗教者や研究者によ

るパネルディスカッションが企画された［全国青少年教化協議会 2005］。ここで、その答えとなりうる発言がなされている。

　　世襲化にはメリットもあります。後継ぎが世襲によってきまっていけば、宗団とか寺院が安定的に維持されます。その都度、後継者を探す必要がないからです。

　つまり世襲による寺院継承は、教線を安定して維持する手段として至極合理的な慣習なのである。

　また、檀信徒にとって、世襲による寺院継承は寺院の安定的な運営のほか、「見知った家族による経営」という安心感を与える。以下は「檀信徒 2012」に寄せられた自由記述の例である（自由記述は一部抜粋し、原文のまま引用した）。

　・菩提寺の住職が、同級生（保育園と小学校と中学校）ということもあり、お寺に行ったりするのは、何の抵抗も感じなく、自然に私の行動の中にあるものです。祖父も祖母も亡くなりましたが、現住職の前の住職（お父様）には大変お世話になっておりましたので、今でも感謝の気持ちは続いており、私がこの世からいなくなっても、このままずっと今のお寺のお世話になりたいと強く願っています。……　　　（東北、40歳代、女性）

　・住職に（60才？）家族はいないため、今後が、心配です。どうなっていくのか、説明してほしい。　　　　　　　　　　　（甲信越、50歳代、男性）

　前者は現住職（子）と幼少期からかかわりがあったために寺院とのつながりが自然と生まれたという記述である。後継者が次世代を担う檀信徒とともに育つことで、寺院－檀信徒という関係のみでなく人間同士のつながりが緊密になり、より深い連携が生まれる。もっとも自然な寺院と民衆のつながりの１つであり、一種の青少年教化とみることもできるだろう。

　後者は住職に家族がいないことで寺院の今後を心配する記述である。いわずもがな世襲による寺院継承を前提とした意見であり、住職が家族をもち、その親族が寺院を継承することの檀信徒による期待を知ることができる。

　このように檀信徒のなかにも世襲による寺院継承は好ましい、当たり前の

ことと考える者があり、このような観念のもとで寺院運営・継承は成り立っている。

3.　寺院の継承と寺院経済

　次世代が現住職から寺院を継承するにあたって、おもに寺院の経済状況がその行き先に大きな影響を与えている。その結果を以下に示すこととしよう。

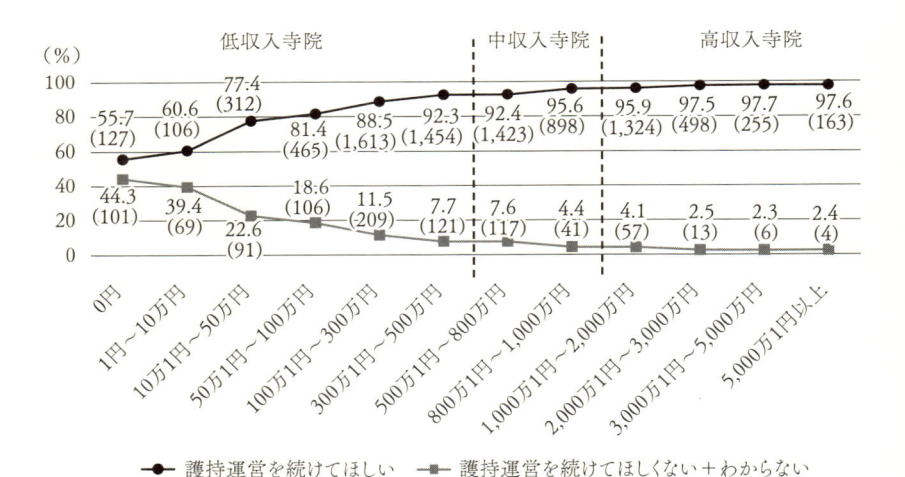

図1　法人収入別にみた寺院護持継承の希望

基数：9,573人

　図1は、「宗勢2015」より寺院の法人収入と住職の寺院護持に対する希望の関係を示している。法人収入の金額ごとに低収入寺院（0〜500万円）・中収入寺院（500万1円〜1,000万円）・高収入寺院（1,000万1円以上）と分類した場合、中収入・高収入寺院では「護持運営を続けてほしい」と「護持運営を続けてほしくない」「わからない」（2項目を合算）の割合が両者ともにほぼ横ば

いの割合を示す。他方、低収入寺院では中収入・高収入寺院に対して「護持運営を続けてほしい」の割合が低く、「護持運営を続けてほしくない」「わからない」の割合が高くなっている。低収入寺院内の内訳をみると、300万1円〜500万円は中収入寺院に近い割合を示すが、100万1円〜300万円では「護持運営を続けてほしくない」「わからない」の合算値が10％を超える。収入が少なくなるほど、「護持運営を続けてほしい」が下がり、「護持運営を続けてほしくない」「わからない」が高くなることがわかる。

　この結果を地方別にみたのが**表1**である。法人収入を低収入寺院・中収入寺院・高収入寺院の3区分に分類し、各地方の寺院護持継承の希望を算出している。全国平均の割合を上回るセルには、網掛けを施してある。第7章にて言及したように、寺院の法人収入は東日本が高く、西日本が低い傾向にある。図1の通り、寺院護持運営の希望は高収入になるほど肯定的意見の割合が高くなるが、表1のおおまかな傾向はこれに符合しているようである。北海道の中収入寺院を除き、北海道・東北・関東では「護持運営を続けてほしい」の割合が全国平均を上回り、「護持運営をしてほしくない」「わからない」の割合は相対的に低くなっている。対して甲信越・北陸・東海・中国は低収入寺院における「護持運営をしてほしくない」「わからない」の割合が全国平均を超えて15〜20％程度となっている。とくに東海の21.5％という割合は他の地域から突出しており、低収入寺院における寺院継承の不安が顕著な地域といえるだろう。

　ただし、収入面だけでは説明しきれない部分も明らかとなった。すなわち甲信越から西側の地域において、中収入寺院や高収入寺院に「護持運営をしてほしくない」「わからない」という否定的あるいは判断保留の割合が全国平均を上回る点である。とりわけ東海では低・中・高収入すべての区分において否定的・判断保留の割合が全国平均を上回る。第1章の分析に示されるように、甲信越以西の地方は人口に対する寺院の密度が高い寺院の過密地域であり、こうした地域で兼務をはじめとする寺院の再編が進んでいることと

表 1　地域ブロック別法人収入と寺院護持継承の希望　　　　% （人）

		寺院護持継承の希望	
		護持運営を続けてほしい	護持運営を続けてほしくない・わからない
北海道	低収入寺院 （0 円〜500 万円）	88.5（69）	11.5（9）
	中収入寺院 （500 万 1 円〜1,000 万円）	92.2（130）	7.8（11）
	高収入寺院 （1,000 万 1 円以上）	97.0（161）	3.0（5）
東　北	低収入寺院 中収入寺院 高収入寺院	90.5（704） 95.2（516） 97.3（475）	9.5（74） 4.8（26） 2.7（13）
関　東	低収入寺院 中収入寺院 高収入寺院	88.7（526） 94.8（403） 97.3（615）	11.3（67） 5.2（22） 2.7（17）
甲信越	低収入寺院 中収入寺院 高収入寺院	85.1（615） 94.3（247） 97.4（189）	14.9（108） 5.7（15） 2.6（5）
北　陸	低収入寺院 中収入寺院 高収入寺院	84.2（250） 86.8（33） 100.0（16）	15.8（47） 13.2（5） 0.0（0）
東　海	低収入寺院 中収入寺院 高収入寺院	78.5（680） 90.9（489） 94.9（479）	21.5（186） 9.1（49） 5.2（26）
近　畿	低収入寺院 中収入寺院 高収入寺院	83.1（378） 95.4（165） 95.5（106）	16.9（77） 4.6（8） 4.5（5）
中　国	低収入寺院 中収入寺院 高収入寺院	85.2（398） 95.5（192） 95.9（94）	14.8（69） 4.5（9） 4.1（4）
四　国	低収入寺院 中収入寺院 高収入寺院	90.7（98） 92.3（36） 80.0（12）	9.3（10） 7.7（3） 20.0（3）
九州・沖縄	低収入寺院 中収入寺院 高収入寺院	87.8（359） 91.7（110） 97.9（93）	12.2（50） 8.3（10） 2.1（2）
全　国	低収入寺院 中収入寺院 高収入寺院	85.4（4,077） 93.6（2,321） 96.6（2,240）	14.6（697） 6.4（158） 3.5（80）

何らかの関連があるのかもしれない。より詳細な分析については、稿を改めて考えることとしたい。

4. 住職の求める後継者

(1) 継承への選択肢

住職の護持運営観を経済的・地域的側面から探ってきたが、もちろん住職のおかれる状況によっても考え方は異なってくるだろう。以下に「宗勢2015」に寄せられた自由記述から、多様な寺院の現状を紹介する。

・当山に於いて一番の悩みは後継者にまだ配偶者がいないことです。宗内でも結婚相談所を開設してもらいたく強く要望いたします。

（東海、本務寺院）

世襲による寺院の継承が主要となった現在、住職たちは周囲から結婚して配偶者を得て子をもうけ、後を継いでもらうことが期待される。しかし過去最低の婚姻率を更新し続け、非婚化が依然として深刻な昨今において（内閣府、平成30年版少子化社会対策白書）、住職の世襲の維持はより困難な状況に陥りつつあるといえる。

このような状勢下において、曹洞宗では「ほほえみの集い」と称する配偶者を求める僧侶や、寺院後継者となる僧侶を配偶者として求める寺院出身の女性などを対象とした後継者相談所を設置している。

しかし現職の住職のなかにも、もちろん世襲によらず在家より出家し、住職となった者が少なからず存在する。以下はその在家出身の住職たちの後継者に関する意見の一部である。

・当寺は独身主義で代々引き継がれて来た寺です。托鉢と一部の信徒で支えられて来た修養を中心に護られて来た寺です。しかし、近年後継者確保はむずかしく、妻帯を認めて一般的な寺のようにしたいと考えています。（現在仏弟子〈後継者〉募集中です。）

（北陸、本務寺院）

・……自分が在家だったこともありますが、後継者は強制してはいけない
　と非常に思っています。とにかく、「発菩提心」があるかどうか、これ
　をみきわめていかないと寺院は檀信徒のよりどころとなるわけがありま
　せん。と、思っています。　　　　　　　　　　　　　　　（東北、本務寺院）

　在家出身の住職は「世襲による寺院継承」とは異なる経緯から寺院を継い
でいるためか、妻帯や寺院継承を前提としない意見がみられる。

　図2は「宗勢2015」に基づき、寺院（曹洞宗寺院・他宗寺院）出身と在家・
その他出身の本務住職の「私自身、僧侶は結婚すべきではないと思う」とい
う意見に対する意識の相違を示している。在家・その他出身の本務住職は、
寺院出身者に比べ「そう思う」「非常にそう思う」といった肯定的意見や
「どちらともいえない」という判断保留の割合がやや高く、「そう思わない」
「まったくそう思わない」という否定的意見の割合が10ポイント程度低いと
いう結果である。両者の回答の傾向に大きな違いはないが、在家・その他出
身の住職のほうがより世襲を導く「僧侶の結婚」を当然とは考えないようで
ある。

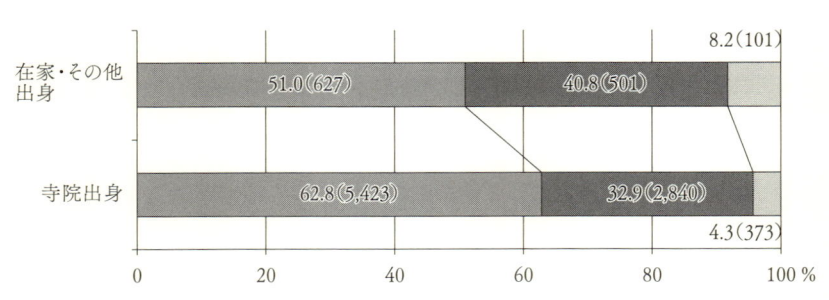

図2　本務住職の出身別にみた「僧侶の結婚」に対する意識

　臨済宗妙心寺派では世襲による寺院継承という視点を離れ、2012 年より「第二の人生プロジェクト」として企業退職者へ向けて住職を公募するという取り組みをはじめている。取り組みの例として、妙心寺派正眼寺と正眼短期大学の協働により定年退職者を対象とした僧侶育成プログラムが設置され、2015 年にはこのプログラムによる初の住職が誕生している[1]。「僧侶の婚姻」に疑問をもつ住職・僧侶が存在するなかで、このような世襲を前提としない寺院継承の提案は、新たな示唆を与えたものと考えられる。

（2）経済面に関連する後継者育成困難

　前節に述べたように、寺院の経済状況は後継者育成を大きく左右する要因である。寺院の経済的困窮は、寺院を託す立場（住職）と寺院を受け継ぐ立場（後継者）のそれぞれに寺院継承への懸念をもたらす。前者については次のような意見がある。

　　・少子化により檀家の数が頭打ちになっていく現在の状況から宗費の減額や両本山への寄附額（遠忌等）を減らすことへの見直しを是非検討すべきである。また、檀家の数が 200 以下の小規模寺院では、護持、運営面で、住職以外に兼職を持たないと家族を養なっていけないという課題があるので法燈を継続し、後継者を育成していく上においてもこの二点について考慮してほしい。……　　　　　　　　　（甲信越、本務寺院）

　この意見からみえるように、寺院の継承には寺院運営および住職とその家族の生活の安定が求められる。寺院や法燈の継続、後継者の安泰を想う、住職の当然の希求であろう。

　また後継者にとって、経済面の不安は住職となるまでの道程に支障をもたらす。

　　・後継者の教育、資格（安居）について、通信教育での資格も検討して欲しい。坐禅等の修行は時間をかけて県の宗務所単位で、資格取得後にやれる方法を考案したらいかがでしょうか。地方の小さな寺は仕事をもち

ながらでないと寺の運営、個人生活の維持ができません。早急に検討を！
（九州・沖縄、本務寺院）

・専門僧堂での修行で安居規定をゆるくしてもらいたい。檀信徒が数10軒のところは何年も僧堂に行ったら職に就けません。まず、職について休日を利用したり、盆正月などの休みなどに数年間通って修行できる様にしてもらいたい。後継者不足になるのは宗門の規定がきびしいところからも来ています。DVDや、インターネットの並用などで資格が取れる様にしてほしい。小さな寺院では寺の収入では生活できませんし、まして後継者の育成はできません。専業では生活もできない寺院の事にも配慮をお願したいことであります。
（九州・沖縄、本務寺院）

曹洞宗では僧侶が住職となるには、僧堂での安居（修行）が必要となる。住職の資格を得るためには数ヶ月～数年の安居が求められるが、一般的な職業に就いている場合はその期間の確保が非常に困難である。通常の安居のほかに1ヶ月または15日間の特殊安居という制度も存在するが、これは曹洞宗系列校の在学者や一般の大学を2年以内に卒業した者、あるいは試験検定などにより、教師補の資格を取得した者を対象としている。特殊安居は決められた期間内に複数回を了じることで、通常の安居と同等の安居期間とみなされる。したがって、制度上は就業しながらも特殊安居を利用することは可能ではあるのだが、一般企業で数年のうちに長期休暇を複数回取得することは現実的とはいえないだろう。

このように安居の完遂は寺院運営や生活を危ぶむ立場にとって、高い障壁となるのである。だからこそ、上記の意見にあるような安居規程の見直しや、先述した臨済宗妙心寺派の取り組みのように、一般的な人びとの人生ステージや生活を考慮した対応などが、現場の寺院から要望や提案としてあがっているのである。

おわりに

　世襲による寺院継承が主流となった昨今において、僧侶の結婚や住職の世襲は、その是非を問う以前に１つの文化となっているといえるだろう。視点を変えれば、原始仏教時代から出家者とその家族は必要に応じて相互に扶養していた事実はあった。「出家しても親子の関係が絶えることはない」［佐々木 1999］のであり、現代における親子間の継承もまた同様の縁のなかにあるともいえる。

　こうした現状において、とくに留意しなければならないのは、寺院の継承におけるジェンダーバランスである。「宗勢 2015」に基づき、僧侶についてみた場合、男性の住職は 97.4％、女性の住職は 2.6％（基数：10,041 人）、男性の副住職は 98.1％、女性の副住職は 1.9％（基数：1,982 人）、男性の徒弟は 94.7％、女性の徒弟は 5.3％（基数：3,240 人）であり、寺院の継承が男性中心となっていることが首肯される。こうした現状に対し、川橋範子は出家型尼僧以外に、「有髪で婚姻生活と僧職の両方を行う尼僧」の増加を指摘し、会社員の夫をもち、有髪のまま修行し生家の寺を継いだ女性住職、結婚生活を続けつつ剃髪し、僧侶たる夫とともに法務を務める女性僧侶など、多様化する「女性僧侶の生き方」の例示をしている［川橋 2012：119］。このように僧侶の婚姻・世襲といった慣習を基点としながらも、少数派の女性僧侶が自身の生き方を自由に選択することで、寺院継承という概念の拡大が期待される。かぎられた人材のなかで寺院を存続させていくことを考える場合、「僧侶の性差」をいかに乗り越えるかが１つのキーワードとなるだろう。

　問題は「世襲の文化」のみでは寺院の存続が困難なケースが少なからず存在することであり、その点について議論を深めていくことが重要となる。全国に分布する低収入寺院、また安居規程の例のように現行の制度が障壁になる点について、各教団は対応策を検討し、これを実施に移すのだろうか。一方で、トップダウンの施策よりも現場から生まれた方針のほうが根づくとい

う面もある。地域レベル、世代間、あるいは宗派間の意見交換や協力により、寺院継承のあり方は変貌を遂げるのかもしれない。

　ただし、ここまで論じてきた寺院継承の問題は、あくまで現住職の認識を中心としたものである。住職の地位を託される後継者候補側が、これらの問題をどのように考えているのかを探ることも必要となる。

　曹洞宗の寺院数は 1965 年の宗勢調査の開始より漸減してはいるものの、今なお 14,500 ヶ寺を超えている。すなわちこの 50 年の間、本務・兼務の別はあるにせよ寺院自体は継承されてきている。調査開始当初から懸念されてきた「後継者不足」ではあったが、実際には教線、すなわち寺院全体の数に影響は大きくなかったとみることもできるだろう。世襲による寺院継承というシステムにより、教線は維持されてきたのである。

　しかし、宗勢 2015 報告書では、将来の住職候補である徒弟の数が 1975 年の半数以下となっていることが報告されており、単純な計算でも現状の寺院数を維持することは困難であることが示唆される。また我が国は超高齢化社会に突入し、人口の 3 割以上が高齢者という社会を経験したのち、人口減に移っていくとされている。世襲による継承が前提とされるかぎり、今後寺院が減少の一途を辿ることは明確であろう。この来たるべき激動の時代を担う現在の徒弟世代は、寺院の運営・継承の舵取りを迫られることとなる。教団や僧侶、そして檀信徒たちがこれからの寺院に何を求めるのか。次世代とともに、将来を模索する機会が求められる。

註

　1）中外日報、2015 年 12 月 18 日。

参考文献一覧

川橋範子　2012『妻帯仏教の民族誌——ジェンダー宗教学からのアプローチ』人文書院。
佐々木閑　1999『出家とはなにか』大蔵出版。

真言宗智山派　2012『真言宗智山派の現状と課題——平成 22 年度実施真言宗智山派総合調査分析研究報告書』真言宗智山派宗務庁。

全国青少年教化協議会　2005『せとぎわの仏教——僧侶と寺院の未来』鎌倉新書。

中村生雄　2011『肉食妻帯考——日本仏教の発生』青土社。

日蓮宗　2012『平成 24 年度日蓮宗宗勢調査報告書』日蓮宗宗務院。

Pham Thi Thu Giang　2007『日本仏教における肉食妻帯問題についての実態の歴史的変化と思想的特徴』奈良女子大学博士論文。

住職・住職配偶者の意識

【第 9 章】

住職と住職配偶者の意識・活動

梶　龍輔

はじめに

　これまで本書では、おもに 2015 年曹洞宗宗勢総合調査のデータに基づいて、同宗寺院や住職たち構成員の実態や今後の展望を分析してきた。各章とも分析の角度は多様であるが、繰り返し指摘されたのは、将来的な寺院運営への懸念である。寺院をとり巻く環境という意味では、社会一般における人口減少や世帯人員の変化などを背景として、寺院を実質的に支える寺檀関係が縮小化＝檀徒数減少の時代に入ったことが、こうした懸念の主要な要因としてあげられる。

　では、そのような状況下で、寺院の主要な担い手である住職とその家族（寺族）は、自らをとり巻く「曹洞宗」や「寺院」について何を考え、どのような活動を行なっているのだろうか。住職は、出家して生きる決意をもつ宗教者であると同時に、寺院という宗教法人の代表役員であり、家族をもつ生活者としての側面もある。また、住職の家族、とくに配偶者は寺院で何らかの役割をもっていることが多い。そのため、住職やその配偶者の意識のありようや活動内容は、寺院運営の方向を決定づける重要な要素となり得ることが予想される。

　以上の観点に基づいて、本章では住職と住職配偶者における意識と活動について分析する。

1.　全体的な傾向——『宗勢 2015 報告書』より

（1）意識

まず、『宗勢 2015 報告書』に基づいて住職と住職配偶者における意識の概略を確認しておこう。

ここでいう「意識」とは、一人ひとりの意見や違いというのではなく、宗勢総合調査という質問紙に基づく数量的調査から、曹洞宗の住職および住職配偶者にはどのような考え方があり、いかなる傾向があるのか、という特徴を指す。あくまで、全体的な特徴や傾向を示すことを目的としており、個々人の意見を分析したものでないことをお断りしておく。

「宗勢 2015」では住職を対象に、曹洞宗をどのように捉えているのかを把握する 1 つの目安として、「教団」「寺院（自坊）」「僧侶」という 3 つの位相と関連する 24 の意見を設問項目として設定し、これらに対する意見を 5 段階評定でたずねている（問 19、基数 10, 265 人）。『宗勢 2015 報告書』では、得られた回答結果を**表 1** のように得点化した[1]。この表で得点のマス目に網掛けしてある 17 項目は平均点（64.7 点）を上回ったものである。これによると、曹洞宗の理念や活動に関する項目「(1)(2)(3)(5)(6)(7)(8)(9)」、寺院護持や檀信徒・地域社会とのつながりに関する項目「(13)(14)(15)(16)(17)」、僧侶としての生きざま・自尊心に関する項目「(18)(19)(20)(24)」が平均点を上回ったが、宗費の納入に関する項目 (4) や、結婚や肉食・飲酒を不可とする仏教的な考え方に関する項目「(21)(22)」は平均点を大きく下回った。このような回答傾向から曹洞宗の住職たちは、同宗の理念や儀礼実践に対して重要性を感じ（教団）、周辺環境との関係性のなかで寺院を運営・維持し（寺院）、檀信徒の手本となって生者も死者も救うべきだ（僧侶）とする意識を有する傾向にある［梶・松島 2017］。

表 1　24 項目の得点一覧（『宗勢 2015 報告書』より）

項目文	得点	項目文	得点
（1）曹洞宗の教えや儀礼は誇りである	100.0	（19）私自身、僧侶として檀信徒の手本となりたい	77.8
（6）曹洞宗について学びを深めるべきである	94.8	（2）曹洞宗の教えは社会の役に立っている	76.9
（18）私自身、僧侶として誇りのもてる生き方をしたい	94.8	（8）坐禅に励むべきである	76.0
（7）檀信徒の葬儀には授戒が必要である	91.6	（3）両大本山は心の拠りところである	75.8
（17）寺院（自坊）を護持していくうえでは、地域社会とのかかわりが欠かせない	89.7	（14）寺院（自坊）の存続が何より大切である	73.6
（9）曹洞宗の教えを広めるべきである	88.3	（10）檀信徒を増やす努力をすべきである	61.0
（15）寺院（自坊）の行事を継続して開催していくべきである	86.9	（11）寺院（自坊）こそが私自身の支えである	57.4
（24）私自身、布施の意味を正しく伝えていくべきだと思う	86.8	（23）私自身、僧侶は有髪にすべきではないと思う	44.2
（5）後継者の育成につとめるべきである	85.3	（12）寺院（自坊）の護持のためには兼職もいとわない	44.0
（20）私自身、僧侶として生者も死者も救うためにつとめたい	85.1	（4）どのような状況にあっても宗費を納めるべきである	13.3
（13）檀信徒の先頭に立って寺院（自坊）の護持に取り組むべきである	84.7	（22）私自身、僧侶は肉食・飲酒をすべきではないと思う	−56.2
（16）先祖や故人の供養が寺檀関係の要である	84.2	（21）私自身、僧侶は結婚すべきではないと思う	−62.9

　また、「宗勢 2015」では住職配偶者を対象に、寺院の護持に関連する 16 の意見を設問項目として設定し、5 段階評定で尋ねている（問 61、基数 7,584 人）。『宗勢 2015 報告書』では、住職意識のように得点化ではなく単純集計からの分析となっているが、それによると、全項目中「(6) 本堂や境内などの美化向上につとめるべきである」の肯定的回答の割合が 88.6%（6,717 人）ともっとも高く、「(16) 曹洞宗について学びを深めるべきである」80.8%（6,130 人）、「(11) 住職と一体となって寺院活動に取り組むべきである」

80.4%（6,099人）と続き、16項目中13項目で肯定的回答が5割を超えている。こうした住職配偶者の意識は、本人たちの活動実態と対応関係にあり、普段から寺院という現場に立脚して行なっている活動が意識に影響している一方、関係構築や布教教化などの側面では寺院外の人びとや社会にも目を向ける傾向にあるという［荻・松島2017］。

（2）活動

　次に、住職と住職配偶者がどのような活動を行なっているのかについて『宗勢2015報告書』から概略を示してみたい。

　「宗勢2015」では住職を対象に、2005〜2014年度の10年間に行なったことのある活動を複数回答形式で尋ねている（問18-2、基数10,265人）。その結果によると、「葬儀や年回法要（法事）」が95.3%（9,778人）と圧倒的に高い割合を示している。曹洞宗寺院の住職が、先祖や死者の供養を主要な宗教活動としていることが浮かび上がる。また、「法要を通した平和祈願・戦没者や災害犠牲者の追悼」が70.1%（7,197人）と2番目に高い割合を示し、多くの住職が、自坊の檀信徒の枠を超えた供養活動を行なっていると考えられる。

　また、「地域の美化・清掃活動」55.8%（5,730人）、「地域の人びとが集う場として寺院を開放すること」52.2%（5,360人）といった、地域社会にかんする活動が5割以上あった。これらより割合は低いが「地域行事を通した町おこし・地域振興」も36.1%（3,701人）を示し、地域社会に貢献しようとする住職の存在もうかがえる。

　一方、住職のあいだで広く行なわれているとはいえない活動も浮かび上がった。「高齢単身世帯への見回りや支援」17.2%（1,763人）、「犯罪者や受刑者などの更生支援」13.7%（1,404人）、「日曜学校などの宗教教育」13.4%（1,375人）、「自死者供養など自死遺族の精神的サポート」12.2%（1,249人）はいずれも2割以下、「ホームレスや障がい者の支援・救援活動」8.6%

（879 人）、「里親やいじめ防止などの児童福祉活動」8.1％（834 人）、「カルト
や霊能団体の被害を防ぐ取り組み」4.2％（432 人）の 3 つは 1 割にも満たな
い。もちろん、曹洞宗僧侶全体で行なわれていなくとも、これらの活動は、
それぞれの住職あるいは寺院にとって意義深いものだろう。

　さらに「宗勢 2015」では、住職配偶者を対象に、寺院護持のために行
なっている活動を複数回答形式で尋ねている（問 62、基数 7,584 人）[2]。その結
果によると、「本堂や境内などの美化・清掃」が 87.9％（6,668 人）、「檀信徒
の接待や相談相手」が 80.9％（6,133 人）と、それぞれ 8 割以上の非常に高
い割合を示した。これらより割合は低いが、「寺院行事・葬儀・年回法要の
受付やスケジュール管理」も 61.8％（4,686 人）を示していることから、ほ
とんどの住職配偶者は、寺院内の日常的な活動や運営管理を中心に行なって
いることが浮かび上がる。また、「町内会や祭礼などの地域との交流」が
48.2％（3,657 人）を占め、半数近くの配偶者が、檀信徒のみならず、地域社
会との交流活動を行なっていることも明らかとなった。

　以上、『宗勢 2015 報告書』に基づいて住職と住職配偶者の意識と活動にか
んする回答結果の大筋を確認した。次節以降では、年代、法人収入、寺院の
護持継承に対する希望によって、意識や活動に違いがみられるかどうかを分
析する。教団の存続というより広い観点に立てば、とりわけ若い住職が今後
その中心的役割を担っていくことになるから、年代別に意識・活動の現状を
考察しておくことが必要であると考える。また、法人収入が少ない寺院の住
職ほど、寺院の護持継承に否定的・判断保留の意見をもつ割合が高くなる分
析結果がある[3]。したがって、法人収入を指標としたクロス集計の分析も重要
であると思われる。

2. 住職と住職配偶者の意識

(1) 住職の意識

ここでは、前述した表1の住職の意識について、24項目を得点化して分析した結果を示す。

得点化にあたっては、「非常にそう思う」2点、「そう思う」1点、「どちらともいえない」0点、「そう思わない」−1点、「まったくそう思わない」−2点と評点し、その平均値と標準偏差を算出した。表中の値は、±をはさんで左側が平均値（M）、右側が標準偏差（S.D.）、括弧内が有効回答数（住職数、住職配偶者数）である（以下、表7まで同じ）。なお、表2〜表7まで、マイナスポイントのセル（マス目）には灰色で網掛けをした。[4]

表2は、年代区分と住職の意識をクロス集計して基本統計量をまとめたものである。この表によると、20歳代、50歳代、60歳代、70歳代、80歳以上の各年代では22項目が正の数、2項目が負の数という結果であった。また、30歳代と40歳代では21項目が正の数、3項目が負の数をそれぞれ示した。全年代とも「(21) 結婚すべきではない」「(22) 肉食・飲酒をすべきではない」がマイナスであり、これにくわえて30歳代と40歳代では「(4) 宗費を納めるべきである」がわずかにマイナスを示した。(4)は、80歳以上が0.6ポイント、30歳代が−0.2ポイントと、0.8ポイントの開きがあり、年代間でもっとも差がでた項目である。年代によって宗費納入に対する意識に違いがあるといえよう。一方、すべての年代で平均値がほとんど同じだったのが「(15) 寺院の行事を継続して開催していくべきである」「(9) 曹洞宗の教えを広めるべきである」であった。これら意見に対する考え方には、年代による違いはほとんどないといえる。

次に、寺院の法人収入から住職の意識を分析する。**表3**は、各章でも使用されている法人収入区分（低収入寺院、中収入寺院、高収入寺院）と住職の意識をクロス集計して基本統計量をまとめたものである。この表によると、すべ

表 2　年代区分からみた住職の意識の基本統計量　　　　M±S. D.（人）

設問項目		(1) 曹洞宗の教えや儀礼は誇りである	(2) 曹洞宗の教えは社会の役に立っている	(3) 両大本山は心の拠りどころである	(4) どのような状況にあっても宗費を納めるべきである	(5) 後継者の育成につとめるべきである	(6) 曹洞宗について学びを深めるべきである	(7) 檀信徒の葬儀には授戒が必要である	(8) 坐禅に励むべきである
年代	20 歳代	1.2±0.6 (91)	0.8±0.7 (91)	0.7±0.9 (91)	0.0±1.1 (91)	1.2±0.8 (91)	1.4±0.6 (91)	1.1±0.8 (91)	1.1±0.7 (89)
	30 歳代	1.3±0.7 (771)	0.9±0.7 (770)	0.8±0.9 (771)	−0.2±1.0 (768)	1.0±0.8 (767)	1.3±0.6 (769)	1.2±0.8 (770)	1.1±0.7 (768)
	40 歳代	1.3±0.7 (1,544)	1.0±0.7 (1,541)	0.9±0.9 (1,537)	−0.0±1.0 (1,537)	1.0±0.8 (1,543)	1.3±0.6 (1,543)	1.2±0.7 (1,543)	1.1±0.7 (1,541)
	50 歳代	1.3±0.7 (2,116)	1.0±0.7 (2,118)	1.0±0.8 (2,108)	0.0±1.0 (2,107)	1.1±0.7 (2,110)	1.2±0.7 (2,116)	1.2±0.7 (2,116)	0.9±0.7 (2,112)
	60 歳代	1.2±0.7 (2,837)	1.0±0.7 (2,828)	0.9±0.8 (2,813)	0.2±1.0 (2,822)	1.1±0.7 (2,828)	1.1±0.7 (2,826)	1.1±0.7 (2,824)	0.9±0.7 (2,831)
	70 歳代	1.2±0.7 (1,706)	1.0±0.7 (1,698)	1.0±0.8 (1,690)	0.4±1.0 (1,692)	1.1±0.7 (1,695)	1.1±0.7 (1,702)	1.1±0.8 (1,692)	0.9±0.7 (1,694)
	80 歳以上	1.3±0.6 (767)	1.1±0.7 (743)	1.1±0.8 (738)	0.6±1.0 (739)	1.1±0.7 (736)	1.1±0.7 (744)	1.1±0.8 (741)	0.9±0.7 (734)
全　体		1.3±0.7 (9,832)	1.0±0.7 (9,789)	1.0±0.8 (9,748)	0.2±1.0 (9,756)	1.1±0.7 (9,770)	1.2±0.6 (9,791)	1.2±0.7 (9,777)	1.0±0.7 (9,769)

設問項目		(9) 曹洞宗の教えを広めるべきである	(10) 檀信徒を増やす努力をすべきである	(11) 寺院（自坊）こそが私自身の支えである	(12) 寺院（自坊）護持のためには兼職もいとわない	(13) 檀信徒の先頭に立って寺院（自坊）の護持に取り組むべきである	(14) 寺院（自坊）の存続が何より大切である	(15) 寺院（自坊）の行事を継続して開催していくべきである	(16) 先祖や故人の供養が寺檀関係の要である
年代	20 歳代	1.1±0.7 (90)	0.8±0.9 (91)	0.7±0.9 (91)	0.4±0.9 (91)	1.2±0.7 (91)	0.8±0.9 (91)	1.1±0.8 (91)	0.9±0.8 (91)
	30 歳代	1.1±0.7 (771)	0.7±0.9 (770)	0.6±1.0 (769)	0.6±1.0 (770)	1.1±0.8 (770)	0.7±1.0 (771)	1.1±0.7 (770)	0.9±0.8 (771)
	40 歳代	1.2±0.7 (1,541)	0.7±0.9 (1,540)	0.6±1.0 (1,541)	0.5±1.0 (1,541)	1.1±0.8 (1,537)	0.8±1.0 (1,539)	1.1±0.7 (1,541)	1.0±0.7 (1,544)
	50 歳代	1.1±0.7 (2,112)	0.7±0.8 (2,112)	0.7±0.9 (2,113)	0.5±0.9 (2,108)	1.1±0.7 (2,114)	0.9±0.8 (2,114)	1.1±0.7 (2,117)	1.0±0.7 (2,120)
	60 歳代	1.1±0.6 (2,822)	0.8±0.8 (2,814)	0.7±0.9 (2,825)	0.5±0.9 (2,819)	1.0±0.7 (2,829)	1.0±0.8 (2,831)	1.1±0.6 (2,835)	1.1±0.7 (2,837)
	70 歳代	1.1±0.6 (1,699)	0.8±0.7 (1,679)	0.8±0.8 (1,691)	0.6±0.9 (1,677)	1.1±0.7 (1,685)	1.1±0.7 (1,706)	1.1±0.7 (1,708)	1.1±0.7 (1,710)
	80 歳以上	1.1±0.6 (739)	0.8±0.8 (739)	0.9±0.8 (747)	0.7±0.9 (715)	1.1±0.7 (742)	1.1±0.7 (750)	1.1±0.7 (747)	1.2±0.6 (757)
全　体		1.1±0.6 (9,774)	0.8±0.8 (9,745)	0.7±0.9 (9,777)	0.6±0.9 (9,721)	1.1±0.7 (9,768)	0.9±0.8 (9,802)	1.1±0.7 (9,809)	1.1±0.7 (9,830)

設問項目		(17)寺院（自坊）を護持していくうえでは、地域社会とのかかわりが欠かせない	(18)私自身、僧侶として誇りのもてる生き方をしたい	(19)私自身、僧侶として檀信徒の手本となりたい	(20)私自身、僧侶として生者も死者も救うためにつとめたい	(21)私自身、僧侶は結婚すべきではないと思う	(22)私自身、僧侶は肉食・飲酒をすべきではないと思う	(23)私自身、僧侶は有髪にすべきではないと思う	(24)私自身、布施の意味を正しく伝えていくべきだと思う
年代	20歳代	1.3±0.8 (90)	1.4±0.6 (91)	1.0±0.7 (91)	1.2±0.7 (91)	−1.1±0.9 (91)	−0.9±0.9 (91)	0.4±1.2 (91)	1.2±0.6 (91)
	30歳代	1.2±0.7 (771)	1.3±0.7 (771)	1.0±0.8 (770)	1.1±0.7 (769)	−0.9±1.0 (770)	−0.7±1.0 (767)	0.6±1.2 (770)	1.2±0.7 (770)
	40歳代	1.2±0.7 (1,543)	1.2±0.7 (1,543)	1.0±0.8 (1,540)	1.1±0.7 (1,541)	−0.8±1.0 (1,543)	−0.7±0.9 (1,542)	0.5±1.1 (1,541)	1.2±0.6 (1,542)
	50歳代	1.1±0.7 (2,119)	1.2±0.6 (2,116)	1.0±0.7 (2,114)	1.1±0.7 (2,113)	−0.8±0.9 (2,119)	−0.8±0.9 (2,116)	0.5±1.1 (2,116)	1.1±0.6 (2,119)
	60歳代	1.1±0.6 (2,838)	1.1±0.6 (2,836)	0.9±0.7 (2,831)	1.0±0.6 (2,825)	−0.8±0.9 (2,837)	−0.7±0.8 (2,833)	0.6±1.0 (2,839)	1.1±0.6 (2,839)
	70歳代	1.1±0.6 (1,712)	1.1±0.6 (1,711)	1.0±0.7 (1,703)	1.1±0.6 (1,696)	−0.8±0.9 (1,706)	−0.7±0.8 (1,702)	0.5±1.0 (1,708)	1.1±0.6 (1,720)
	80歳以上	1.1±0.6 (749)	1.2±0.6 (750)	1.1±0.7 (746)	1.1±0.6 (741)	−0.7±0.9 (742)	−0.6±0.8 (740)	0.5±1.0 (755)	1.1±0.6 (758)
全 体		1.1±0.7 (9,822)	1.2±0.7 (9,818)	1.0±0.7 (9,795)	1.1±0.7 (9,776)	−0.8±0.9 (9,808)	−0.7±0.9 (9,791)	0.6±1.1 (9,820)	1.1±0.6 (9,839)

※この数量分析における実数は、「宗勢2015」の満年齢（問3、寺院構成員欄）と住職の意識（問19、住職欄）の両方に回答のある個票とした。

ての収入区分で22項目が正の数、2項目が負の数をそれぞれ示している。負の数を示したのは、年代と同様（21）（22）であった。また、低収入寺院0.6ポイント、高収入寺院0.9ポイントで、0.3ポイントの開きを示した「（11）寺院こそが私自身の支えである」が、収入区分間でもっとも差がでた項目である。それ以外の項目はすべて0.2ポイント以内の差にとどまっているため、法人収入の多寡からのみでは住職の意識に大きな違いは認められないといえよう。

表4は、住職の寺院護持に対する意見と住職の意識をクロス集計して基本統計量をまとめたものである。この表によると、自分が退董（退任）もしくは遷化（死去）後も護持運営を希望する住職では、（21）（22）を除いた22項目が正の数を示した。それに対して護持運営を希望しない住職と判断保留の

表3　法人収入区分からみた住職の意識の基本統計量　　M±S.D.（人）

設問項目		(1) 曹洞宗の教えや儀礼を誇りである	(2) 曹洞宗の教えは社会の役に立っている	(3) 両大本山は心の拠りどころである	(4) どのような状況にあっても宗費を納めるべきである	(5) 後継者の育成につとめるべきである	(6) 曹洞宗について学びを深めるべきである	(7) 檀信徒の葬儀には授戒が必要である	(8) 坐禅に励むべきである
法人収入 (3区分)	0円~500万円	1.2±0.7 (4,778)	0.9±0.7 (4,749)	0.9±0.8 (4,730)	0.2±1.0 (4,741)	1.0±0.7 (4,736)	1.1±0.6 (4,747)	1.1±0.8 (4,746)	0.9±0.7 (4,736)
	500万1円~1,000万円	1.3±0.7 (2,498)	1.0±0.7 (2,495)	1.0±0.8 (2,486)	0.1±1.0 (2,477)	1.1±0.7 (2,488)	1.2±0.6 (2,495)	1.2±0.7 (2,491)	1.0±0.7 (2,492)
	1,000万1円~	1.3±0.7 (2,329)	1.0±0.7 (2,320)	1.0±0.8 (2,316)	0.2±1.0 (2,319)	1.1±0.7 (2,325)	1.2±0.6 (2,327)	1.3±0.7 (2,322)	1.0±0.7 (2,325)
全体		1.3±0.7 (9,605)	1.0±0.7 (9,564)	1.0±0.8 (9,532)	0.2±1.0 (9,537)	1.1±0.7 (9,549)	1.2±0.6 (9,569)	1.2±0.7 (9,559)	1.0±0.7 (9,553)

設問項目		(9) 曹洞宗の教えを広めるべきである	(10) 檀信徒を増やす努力をすべきである	(11) 寺院(自坊)こそが私自身の支えである	(12) 寺院(自坊)の護持のためには兼職もいとわない	(13) 檀信徒の先頭に立って寺院(自坊)の護持に取り組むべきである	(14) 寺院(自坊)の存続が何より大切である	(15) 寺院(自坊)の行事を継続して開催していくべきである	(16) 先祖や故人の供養が寺檀関係の要である
法人収入 (3区分)	0円~500万円	1.1±0.6 (4,747)	0.7±0.8 (4,735)	0.6±0.9 (4,745)	0.6±0.9 (4,728)	1.0±0.7 (4,738)	0.8±0.9 (4,761)	1.0±0.7 (4,762)	1.0±0.7 (4,775)
	500万1円~1,000万円	1.1±0.6 (2,486)	0.8±0.8 (2,484)	0.8±0.9 (2,488)	0.5±0.9 (2,475)	1.1±0.7 (2,491)	1.0±0.8 (2,494)	1.1±0.6 (2,501)	1.1±0.7 (2,498)
	1,000万1円~	1.2±0.6 (2,322)	0.8±0.8 (2,316)	0.9±0.9 (2,322)	0.4±0.9 (2,307)	1.2±0.7 (2,321)	1.0±0.8 (2,324)	1.2±0.6 (2,327)	1.1±0.7 (2,333)
全体		1.1±0.6 (9,555)	0.8±0.8 (9,535)	0.7±0.9 (9,555)	0.6±0.9 (9,510)	1.1±0.7 (9,550)	0.9±0.8 (9,579)	1.1±0.7 (9,590)	1.1±0.7 (9,606)

設問項目		(17) 寺院(自坊)を護持していくうえでは、地域社会とのかかわりが欠かせない	(18) 私自身、僧侶として誇りのもてる生き方をしたい	(19) 私自身、僧侶として檀信徒の手本となりたい	(20) 私自身、僧侶として生者も死者も救うためにつとめたい	(21) 私自身、僧侶は結婚すべきではないと思う	(22) 私自身、僧侶は肉食・飲酒をすべきではないと思う	(23) 私自身、僧侶は有髪はすべきではないと思う	(24) 私自身、布施の意味を正しく伝えていくべきだと思う
法人収入 (3区分)	0円~500万円	1.1±0.7 (4,768)	1.2±0.6 (4,765)	1.0±0.7 (4,752)	1.0±0.7 (4,733)	−0.8±0.9 (4,755)	−0.7±0.9 (4,748)	0.5±1.1 (4,766)	1.1±0.6 (4,773)
	500万1円~1,000万円	1.2±0.7 (2,501)	1.2±0.6 (2,497)	1.1±0.7 (2,491)	1.1±0.7 (2,494)	−0.8±0.9 (2,497)	−0.7±0.9 (2,489)	0.6±1.1 (2,498)	1.1±0.6 (2,503)
	1,000万1円~	1.1±0.7 (2,328)	1.3±0.6 (2,330)	1.0±0.7 (2,326)	1.2±0.6 (2,322)	−0.8±0.9 (2,330)	−0.7±0.9 (2,329)	0.7±1.0 (2,329)	1.2±0.6 (2,337)
全体		1.1±0.7 (9,597)	1.2±0.6 (9,592)	1.0±0.7 (9,569)	1.1±0.6 (9,549)	−0.8±0.9 (9,582)	−0.7±0.9 (9,566)	0.6±1.1 (9,593)	1.1±0.6 (9,613)

※この数量分析における実数は、「宗勢2015」の法人収入（問55-イ、寺院欄）と住職の意識（問19、住職欄）の両方に回答のある個票とした。

表4　寺院護持継承への希望からみた住職の意識の基本統計量

M±S. D.（人）

設問項目		(1) 曹洞宗の教えや儀礼は誇りである	(2) 曹洞宗の教えは社会の役に立っている	(3) 両大本山心の拠りどころである	(4) どのような状況にあっても宗費を納めるべきである	(5) 後継者の育成につとめるべきである	(6) 曹洞宗について学びを深めるべきである	(7) 檀信徒の葬儀には授戒が必要である	(8) 坐禅に励むべきである
寺院護持継承の希望	護持運営を続けてほしい	1.3±0.7 (8,866)	1.0±0.7 (8,818)	1.0±0.8 (8,785)	0.2±1.0 (8,802)	1.1±0.7 (8,812)	1.2±0.6 (8,825)	1.2±0.7 (8,815)	1.0±0.7 (8,811)
	護持運営を続けてほしくない	1.0±0.9 (120)	0.7±0.8 (120)	0.5±1.1 (119)	-0.4±1.2 (118)	0.3±1.0 (120)	0.9±0.8 (119)	0.8±1.0 (119)	0.7±0.9 (119)
	わからない	1.0±0.8 (839)	0.7±0.8 (840)	0.6±0.9 (837)	-0.1±1.0 (832)	0.5±0.8 (833)	1.0±0.7 (842)	0.8±0.8 (836)	0.8±0.8 (836)
全体		1.3±0.7 (9,825)	1.0±0.7 (9,778)	1.0±0.8 (9,741)	0.2±1.0 (9,752)	1.1±0.7 (9,765)	1.2±0.6 (9,786)	1.2±0.7 (9,770)	1.0±0.7 (9,766)

設問項目		(9) 曹洞宗の教えを広めるべきである	(10) 檀信徒を増やす努力をすべきである	(11) 寺院（自坊）こそが私自身の支えである	(12) 寺院（自坊）の護持のためには兼職もいとわない	(13) 檀信徒の先頭に立って寺院（自坊）の護持に取り組むべきである	(14) 寺院（自坊）の存続が何より大切である	(15) 寺院の行事を継続して開催していくべきである	(16) 先祖や故人の供養が寺檀関係の要である
寺院護持継承の希望	護持運営を続けてほしい	1.1±0.6 (8,816)	0.8±0.8 (8,787)	0.8±0.9 (8,811)	0.6±0.9 (8,772)	1.1±0.7 (8,814)	1.0±0.8 (8,840)	1.2±0.6 (8,848)	1.1±0.7 (8,863)
	護持運営を続けてほしくない	0.9±0.8 (120)	0.4±1.1 (119)	-0.2±1.2 (120)	0.1±1.2 (118)	0.5±1.0 (120)	-0.2±1.1 (120)	0.3±1.1 (120)	0.8±0.9 (119)
	わからない	0.8±0.7 (833)	0.4±0.8 (836)	0.2±0.9 (838)	0.3±1.0 (832)	0.6±0.8 (829)	0.3±0.9 (837)	0.6±0.8 (837)	0.8±0.8 (841)
全体		1.1±0.6 (9,769)	0.8±0.8 (9,742)	0.7±0.9 (9,769)	0.6±0.9 (9,722)	1.1±0.7 (9,763)	0.9±0.8 (9,797)	1.1±0.7 (9,805)	1.1±0.7 (9,823)

設問項目		(17) 寺院（自坊）を護持していくうえでは、地域社会とのかかわりが欠かせない	(18) 私自身、僧侶として誇りのもてる生き方をしたい	(19) 私自身、僧侶として檀信徒の手本となりたい	(20) 私自身、僧侶として生者も死者も救うためにつとめたい	(21) 私自身、僧侶は結婚すべきではないと思う	(22) 私自身、僧侶は肉食・飲酒をすべきではないと思う	(23) 私自身、僧侶は有髪にすべきではないと思う	(24) 私自身、布施の意味を正しく伝えていくべきだと思う
寺院護持継承の希望	護持運営を続けてほしい	1.2±0.6 (8,861)	1.2±0.6 (8,851)	1.0±0.7 (8,829)	1.1±0.6 (8,814)	-0.8±0.9 (8,843)	-0.7±0.8 (8,826)	0.6±1.1 (8,855)	1.1±0.6 (8,872)
	護持運営を続けてほしくない	0.9±0.9 (120)	0.9±0.9 (120)	0.5±1.0 (120)	0.7±1.0 (120)	-0.8±1.1 (120)	-0.7±1.2 (120)	0.3±1.3 (120)	1.0±0.7 (121)
	わからない	0.9±0.8 (837)	0.9±0.8 (842)	0.6±0.8 (838)	0.8±0.8 (831)	-0.6±1.0 (838)	-0.6±0.9 (839)	0.3±1.1 (842)	0.9±0.7 (840)
全体		1.1±0.6 (9,818)	1.2±0.6 (9,813)	1.0±0.7 (9,787)	1.1±0.7 (9,765)	-0.8±0.9 (9,801)	-0.7±0.9 (9,785)	0.6±1.1 (9,817)	1.1±0.6 (9,833)

※この数量分析における実数は、住職の寺院護持継承に対する希望（問14-イ、住職欄）と住職の意識（問19、住職欄）の両方に回答のある個票とした。

住職では、(21)(22)以外の項目のいくつかで負の数を示す結果となった。

　護持運営に積極的な住職と消極的・判断保留の住職とを比較すると、複数の項目で平均値に差があることが確認できる。とりわけ「(4)宗費を納めるべきである」「(11)寺院こそが支え」「(14)寺院の存続が大切」という意見では、前者はプラスを、後者の一部ではマイナスを示す際立った差異がみられた。その他にも積極的な住職と消極的・判断保留の住職とでは、「(3)両大本山は心の拠りどころ」「(5)後継者の育成」「(12)兼職をいとわない」「(13)寺院の護持に取り組む」「(15)行事を継続」「(19)檀信徒の手本となりたい」の各項目で0.5ポイント以上の差が確認できる。以上の結果から、寺院護持に積極的な住職では、教団への帰属や継続的な寺院運営についてより肯定的な意識を持っているが、消極的・判断保留の住職では、より否定的

表5　地方ブロックからみた住職の意識(4)の基本統計量

M±S. D.（人）

設問項目	(4)どのような状況にあっても宗費を納めるべきである
北海道	0.5±0.9（396）
東　北	0.2±1.0（1,874）
関　東	0.2±1.0（1,733）
甲信越	0.2±1.0（1,211）
北　陸	0.1±1.0（362）
東　海	0.0±1.0（1,968）
近　畿	−0.0±1.1（766）
中　国	0.2±1.0（780）
四　国	0.3±1.0（160）
九州・沖縄	0.3±1.0（642）
全　体	0.2±1.0（9,892）

※この数量分析における実数は、「宗勢2015」の宗務所および教区と住職の意識（問19、住職欄）の両方に回答のある個票とした。

な傾向にあるといえよう。

　以上、住職の意識をクロス集計によって分析した。このうち際立った違い
を示したのは（4）宗費納入に対する意識ではないか。ところで、法人収入
からの分析では当該意識に大きな違いはみられなかったが、別の角度から分
析すると異なる姿が浮かび上がる。**表5**は、地方ブロックと住職の意識（4）
をクロス集計して基本統計量をまとめたものである。これによると、北海道
が0.5ポイントでもっとも高い値を示したのに対し、非常にわずかだが近畿
がマイナスであった。また、東海（0.0ポイント）、北陸（0.1ポイント）も北海
道と比較すると0.4ポイント以上低い。

　ここで振り返っておきたいのが、第7章で指摘した法人収入の地域間格差
である。同章表1によると、北海道内では高収入寺院がもっとも高い割合で
分布しているが、近畿、東海、北陸のすべての府県内では低収入寺院がもっ
とも割合が高い。この結果を踏まえると、高収入寺院の多い北海道と、低収
入寺院の多い近畿、東海、北陸とでは、宗費納入に対する意識に違いがある
ということになる。表5と第7章表1とでは基数が異なるため結論は出せな
いが、立地条件にともなう収入の多寡と、金銭にかかわる特定の意識とが関
連している可能性があることを示しておきたい。

（2）住職配偶者の意識

　ここからは、前述した住職配偶者の意識について、16項目を得点化して
分析した結果を示す。なお、得点化の方法は住職意識と同じである。

　表6は、年代区分と住職配偶者の意識をクロス集計して基本統計量をまと
めたものである。この表によると、30歳代以上のすべての年代が15項目で
正の数、1項目で負の数をそれぞれ示し、20歳代のみ正の数14項目、負の
数2項目であった。全体的には、60歳代以上の平均値は合計平均値よりも
若干高く、20〜40歳代では若干低い傾向を示しているものの、年代の違い
による差異が際立っているとまではいいがたい。また、全年代とも「（7）寺

表6　年代区分からみた住職配偶者の意識の基本統計量　　M±S. D.（人）

設問項目		(1) 曹洞宗の教えを広めるべきである	(2) 檀信徒を増やす努力をすべきである	(3) 檀信徒の手本となるべきである	(4) 後継者の育成を行なうべきである	(5) 受付や会計などの事務推進につとめるべきである	(6) 本堂や境内などの美化向上につとめるべきである	(7) 寺院以外の仕事を兼職すべきではない	(8) 寺院運営の方針決定に関与すべきである
年代	20歳代	0.8±0.8 (64)	0.8±0.8 (64)	0.9±0.8 (64)	1.0±0.8 (62)	0.7±1.0 (64)	1.4±0.6 (64)	−0.5±1.0 (64)	−0.0±1.1 (64)
	30歳代	0.9±0.8 (580)	0.8±0.8 (583)	1.0±0.7 (581)	0.9±0.8 (581)	0.6±0.8 (582)	1.3±0.6 (584)	−0.5±1.0 (583)	0.0±0.9 (583)
	40歳代	1.0±0.7 (1,266)	0.7±0.8 (1,263)	0.9±0.7 (1,262)	0.9±0.8 (1,263)	0.6±0.7 (1,263)	1.2±0.6 (1,265)	−0.5±0.9 (1,262)	0.2±0.8 (1,259)
	50歳代	1.0±0.6 (1,799)	0.8±0.8 (1,795)	0.9±0.6 (1,795)	1.0±0.7 (1,786)	0.6±0.7 (1,787)	1.2±0.5 (1,798)	−0.4±0.9 (1,795)	0.3±0.8 (1,793)
	60歳代	1.0±0.6 (1,974)	0.8±0.8 (1,967)	0.9±0.6 (1,971)	1.0±0.6 (1,953)	0.5±0.7 (1,945)	1.2±0.5 (1,974)	−0.3±0.9 (1,963)	0.3±0.8 (1,947)
	70歳代	1.0±0.6 (898)	0.8±0.7 (880)	1.0±0.6 (891)	1.0±0.6 (880)	0.5±0.8 (862)	1.2±0.5 (894)	−0.2±0.9 (875)	0.4±0.8 (875)
	80歳以上	1.0±0.6 (225)	0.8±0.7 (221)	1.0±0.7 (219)	1.0±0.6 (220)	0.6±0.8 (213)	1.2±0.5 (226)	−0.3±0.9 (217)	0.4±0.8 (214)
全体		1.0±0.6 (6,806)	0.8±0.7 (6,773)	0.9±0.6 (6,783)	1.0±0.6 (6,745)	0.6±0.7 (6,716)	1.2±0.6 (6,805)	−0.3±0.9 (6,759)	0.3±0.8 (6,735)

設問項目		(9) 町内会や祭礼などで地域との親睦を深めるべきである	(10) 檀信徒と親密な関係を築くべきである	(11) 住職と一体となって寺院活動に取り組むべきである	(12) 寺族得度式や寺族安名親授式を了じるべきである	(13) 寺族通信教育を受講すべきである	(14) 准教師資格を取得すべきである	(15) 寺族研修会に参加すべきである	(16) 曹洞宗について学びを深めるべきである
年代	20歳代	1.0±0.7 (64)	1.0±0.9 (64)	1.1±0.8 (64)	0.7±0.8 (64)	0.4±1.0 (64)	0.3±1.0 (64)	0.5±1.0 (64)	1.0±0.7 (64)
	30歳代	0.9±0.7 (582)	0.9±0.8 (580)	1.1±0.7 (584)	0.6±0.8 (582)	0.4±0.9 (582)	0.3±0.9 (582)	0.4±0.7 (583)	1.1±0.7 (583)
	40歳代	0.8±0.7 (1,259)	0.9±0.7 (1,264)	1.1±0.7 (1,266)	0.6±0.8 (1,258)	0.5±0.8 (1,262)	0.4±0.9 (1,262)	0.5±0.8 (1,264)	1.0±0.6 (1,264)
	50歳代	0.8±0.6 (1,795)	0.9±0.7 (1,796)	1.1±0.7 (1,796)	0.6±0.8 (1,791)	0.5±0.8 (1,797)	0.4±0.8 (1,794)	0.5±0.8 (1,796)	1.0±0.6 (1,797)
	60歳代	0.7±0.6 (1,965)	1.0±0.6 (1,969)	1.0±0.6 (1,979)	0.6±0.8 (1,950)	0.6±0.8 (1,959)	0.6±0.8 (1,957)	0.7±0.8 (1,962)	1.0±0.6 (1,972)
	70歳代	0.7±0.6 (882)	1.0±0.6 (894)	1.1±0.6 (900)	0.7±0.8 (871)	0.6±0.8 (869)	0.7±0.8 (871)	0.7±0.7 (884)	1.0±0.6 (891)
	80歳以上	0.8±0.7 (226)	1.1±0.6 (231)	1.1±0.6 (226)	0.7±0.8 (216)	0.5±0.8 (213)	0.5±0.8 (218)	0.7±0.8 (219)	1.0±0.6 (225)
全体		0.8±0.7 (6,773)	1.0±0.7 (6,798)	1.1±0.7 (6,815)	0.7±0.8 (6,732)	0.6±0.8 (6,746)	0.5±0.8 (6,748)	0.7±0.8 (6,772)	1.0±0.6 (6,796)

※この数量分析における実数は、満年齢（問3、寺院構成員欄）と住職配偶者の意識（問61、住職配偶者欄）の両方に回答のある個票とした。

院以外の仕事を兼職すべきではない」が負の数であったため、年代の違いにかかわらず、寺院護持のためには兼職することをよしとする考えをもつ配偶者が多数を占めているといえよう。一方、70歳代と80歳以上で0.4ポイント、20歳代で−0.0と、0.4ポイント以上の開きを示した「(8)寺院運営の方針決定に関与すべきである」が、年代間でもっとも差がでた項目である。

表7　法人収入区分からみた住職配偶者の意識の基本統計量　M±S. D.（人）

設問項目		(1) 曹洞宗の教えを広めるべきである	(2) 檀信徒を増やす努力をすべきである	(3) 檀信徒の手本となるべきである	(4) 後継者の育成を行なうべきである	(5) 受付や会計などの事務推進につとめるべきである	(6) 本堂や境内などの美化向上につとめるべきである	(7) 寺院以外の仕事を兼職すべきではない	(8) 寺院運営の方針決定に関与すべきである
法人収入 （3区分）	0円～500万円	0.9±0.6 (2,913)	0.7±0.7 (2,899)	0.9±0.7 (2,902)	0.9±0.7 (2,884)	0.5±0.8 (2,862)	1.2±0.6 (2,913)	−0.5±0.9 (2,894)	0.2±0.8 (2,875)
	500万1円～ 1,000万円	1.0±0.6 (1,895)	0.8±0.7 (1,887)	0.9±0.6 (1,885)	1.0±0.7 (1,881)	0.6±0.7 (1,872)	1.2±0.5 (1,894)	−0.3±0.9 (1,879)	0.3±0.8 (1,878)
	1,000万1円～	1.1±0.6 (1,899)	0.8±0.7 (1,892)	1.0±0.6 (1,898)	1.1±0.7 (1,886)	0.7±0.7 (1,887)	1.3±0.6 (1,899)	−0.2±0.9 (1,893)	0.4±0.8 (1,885)
全体		1.0±0.6 (6,707)	0.8±0.7 (6,678)	0.9±0.6 (6,685)	1.0±0.7 (6,651)	0.6±0.7 (6,621)	1.2±0.6 (6,706)	−0.3±0.9 (6,666)	0.3±0.8 (6,638)

設問項目		(9) 町内会や祭礼などで地域との親睦を深めるべきである	(10) 檀信徒と親密な関係を築くべきである	(11) 住職と一体となって寺院活動に取り組むべきである	(12) 寺族得度式や寺族安名親授式を了じるべきである	(13) 寺族通信教育を受講すべきである	(14) 准教師資格を取得すべきである	(15) 寺族研修会に参加すべきである	(16) 曹洞宗について学びを深めるべきである
法人収入 （3区分）	0円～500万円	0.8±0.7 (2,899)	0.9±0.7 (2,912)	1.0±0.7 (2,914)	0.6±0.8 (2,879)	0.4±0.8 (2,881)	0.4±0.8 (2,884)	0.6±0.8 (2,898)	1.0±0.6 (2,909)
	500万1円～ 1,000万円	0.8±0.7 (1,884)	1.0±0.7 (1,897)	1.1±0.6 (1,898)	0.7±0.8 (1,867)	0.6±0.8 (1,877)	0.5±0.8 (1,879)	0.7±0.8 (1,884)	1.0±0.6 (1,892)
	1,000万1円～	0.8±0.7 (1,893)	1.0±0.7 (1,895)	1.1±0.6 (1,904)	0.8±0.7 (1,887)	0.7±0.8 (1,892)	0.6±0.8 (1,888)	0.7±0.8 (1,893)	1.1±0.6 (1,896)
全体		0.8±0.7 (6,676)	1.0±0.7 (6,704)	1.1±0.7 (6,716)	0.7±0.8 (6,633)	0.6±0.8 (6,650)	0.5±0.8 (6,651)	0.7±0.8 (6,675)	1.0±0.6 (6,697)

※この数量分析における実数は、法人収入（問55－イ、寺院欄）と住職配偶者の意識（問61、住職配偶者欄）の両方に回答のある個票とした。

　次に、法人収入から住職配偶者の意識を分析する。**表 7** は、法人収入区分と住職配偶者の意識をクロス集計して基本統計量をまとめたものである。この表によると、0 円〜500 万円の低収入寺院、500 万 1 円〜1,000 万円の中収入寺院、1,000 万 1 円以上の高収入寺院いずれもが、正の数 15 項目、負の数 1 項目という結果であった。全体的には、高収入寺院の平均値が合計平均値より若干高く、低収入寺院は若干低い傾向がみられるが、収入の差異による違いが際立っているとはいいがたい。住職の意識と同様に、法人収入の多寡によって意識に大きな違いがあるとはいえないだろう。

3.　住職と住職配偶者における活動

（1）住職の活動

　ここからは、住職が 2005〜2014 年度の 10 年間に行なったことのある活動について、年代、法人収入、寺院護持継承の希望とのクロス集計分析を行なう。**表 8** は、年代区分と行なったことのある活動のクロス集計をまとめたものである（活動は複数回答）。この表によると、年代によって各々の活動の割合に差異があることが認められる。例えば、30 歳代の住職では「美化・清掃活動」を行なっている割合は 66.9％であるのに対し、80 歳代では 41.0％に留まり 25 ポイント以上の差がある。これは、清掃活動が体力を要するためであろう。また、60 歳代では 38.2％を示した「人権啓発活動」だが 20 歳代では 16.5％と 20 ポイント以上、70 歳代では 18.2％の「更生支援」が 20 歳代では 1.1％と 18 ポイント以上、60 歳代で 30.0％の「生命・環境・食の啓発活動」が 20 歳代では 15.4％と 15 ポイント近く、それぞれ差があった。一般に社会貢献と考えられるこれらの活動は、住職として活動実績を積み重ねたうえで形成される社会的信頼によって役割を果たすことが可能であると考えられるため、若い住職の割合が低いのだと推察される。

　その一方で、年代の違いによる差がほとんどないものもあった。どの年代

表8　年代区分からみた住職の活動の割合　　　　　n＝9,878（人）

行なったことのある活動（2005〜2014年度）		葬儀や年回法要（法事）	差別解消などの人権啓発活動	法要を通した平和祈願や戦没者や災害犠牲者の追悼	地域の美化・清掃活動	寺院行事を通した町おこし・地域振興	ホームレスや障がい者の支援・救援活動	里親やいじめ防止などの児童福祉活動	日曜学校などの宗教教育	犯罪者や受刑者などの更生支援
年代	20歳代	96.7 (88)	16.5 (15)	65.9 (60)	53.8 (49)	30.8 (28)	4.4 (4)	1.1 (1)	5.5 (5)	1.1 (1)
	30歳代	97.8 (751)	25.1 (193)	78.6 (604)	66.9 (514)	37.9 (291)	6.0 (46)	4.2 (32)	14.6 (112)	4.8 (37)
	40歳代	98.6 (1,521)	29.1 (449)	76.3 (1,178)	63.6 (982)	39.0 (602)	10.4 (160)	8.1 (125)	17.2 (266)	8.2 (127)
	50歳代	98.8 (2,099)	36.3 (772)	76.2 (1,619)	61.2 (1,300)	35.0 (743)	10.7 (228)	9.5 (201)	14.3 (303)	14.3 (304)
	60歳代	97.7 (2,772)	38.2 (1,083)	69.4 (1,968)	54.7 (1,552)	37.5 (1,063)	8.1 (229)	8.4 (239)	13.0 (368)	17.8 (506)
	70歳代	97.0 (1,676)	37.4 (646)	69.3 (1,197)	55.2 (954)	38.8 (670)	8.5 (147)	9.4 (162)	12.2 (211)	18.2 (315)
	80歳以上	93.8 (739)	31.1 (245)	62.8 (495)	41.0 (323)	32.7 (258)	7.2 (57)	8.1 (64)	11.5 (91)	12.2 (96)

行なったことのある活動（2005〜2014年度）		自死者供養など自死遺族の精神的サポート	高齢単身世帯への見回りや支援	ペットや供養やモノ供養	生命・環境・食の尊さを伝える啓発活動	カルトや霊能団体の被害を防ぐ取り組み	地域の人びとが集う場として寺院を開放すること	上記以外の活動	活動はしなかった	合計
年代	20歳代	7.7 (7)	11.0 (10)	27.5 (25)	15.4 (14)	1.1 (1)	39.6 (36)	11.0 (10)	2.2 (2)	100.0 (91)
	30歳代	13.3 (102)	10.9 (84)	35.7 (274)	24.7 (190)	3.6 (28)	55.1 (423)	15.5 (119)	0.7 (5)	100.0 (768)
	40歳代	14.1 (218)	13.9 (214)	35.2 (543)	28.0 (432)	3.8 (59)	56.4 (871)	17.6 (271)	0.4 (6)	100.0 (1,543)
	50歳代	14.3 (303)	17.0 (362)	29.5 (627)	28.2 (599)	5.8 (123)	54.0 (1,147)	15.2 (323)	0.2 (5)	100.0 (2,124)
	60歳代	11.1 (314)	20.9 (593)	24.8 (704)	30.0 (852)	4.2 (118)	54.2 (1,536)	14.1 (400)	0.3 (9)	100.0 (2,836)
	70歳代	12.7 (219)	20.9 (362)	18.5 (319)	29.9 (516)	4.3 (75)	54.1 (934)	13.2 (228)	0.4 (7)	100.0 (1,728)
	80歳以上	9.9 (78)	14.6 (115)	14.5 (114)	24.0 (189)	3.3 (26)	45.7 (360)	12.6 (99)	2.0 (16)	100.0 (788)

※本表の実数は、満年齢（問3、寺院構成員欄）と行なったことのある活動（問18-2、住職欄）の両方に回答のある個票とした。

の住職も「葬儀や年回法要（法事）」は９割以上の数値を示しており、年代の違いにかかわらず、葬儀や年回法要が住職にとって要の活動であることが浮き彫りになった。

表9　法人収入区分からみた住職の活動の割合　　　n＝9,637（人）

行なったことのある活動 （2005〜2014年度）		葬儀や年回法要（法事）	差別解消などの人権啓発活動	法要を通した平和祈願・戦没者や災害犠牲者の追悼	地域の美化・清掃活動	寺院行事を通した町おこし・地域振興	ホームレスや障がい者の支援・救援活動	里親やいじめ防止などの児童福祉活動	日曜学校などの宗教教育	犯罪者や受刑者などの更生支援
法人収入 （3区分）	0円〜500万円	96.5 (4,639)	32.6 (1,567)	67.0 (3,220)	57.7 (2,774)	33.7 (1,620)	7.5 (362)	7.9 (378)	10.4 (498)	10.1 (487)
	500万1円〜1,000万円	98.8 (2,474)	34.8 (872)	75.8 (1,899)	59.8 (1,498)	39.3 (984)	9.3 (233)	8.6 (216)	15.0 (376)	16.6 (416)
	1,000万1円〜	98.8 (2,299)	38.9 (905)	78.0 (1,817)	55.0 (1,280)	41.7 (970)	11.2 (260)	9.1 (213)	19.8 (460)	19.6 (456)

行なったことのある活動 （2005〜2014年度）		自死者供養など自死遺族の精神的サポート	高齢単身世帯への見回りや支援	ペット供養やモノ供養	生命・環境・食の尊さを伝える啓発活動	カルトや霊能団体の被害を防ぐ取り組み	地域の人びとが集う場として寺院を開放すること	上記以外の活動	活動はしなかった	合　計
法人収入 （3区分）	0円〜500万円	10.3 (497)	18.9 (910)	22.2 (1,066)	26.0 (1,251)	3.6 (172)	48.9 (2,351)	13.5 (649)	0.9 (45)	100.0 (4,805)
	500万1円〜1,000万円	14.1 (352)	18.2 (455)	29.9 (749)	28.7 (718)	4.6 (116)	57.5 (1,439)	14.4 (360)	0.1 (2)	100.0 (2,504)
	1,000万1円〜	15.5 (362)	14.3 (334)	31.2 (726)	33.0 (769)	5.6 (130)	60.2 (1,401)	17.0 (395)	0.1 (3)	100.0 (2,328)

※本表の実数は、法人収入（問55－イ、寺院欄）と住職が行なったことのある活動（問18－2、住職欄）の両方に回答のある個票とした。

表9は、法人収入区分と行なったことのある活動のクロス集計をまとめたものである（活動は複数回答）。この表によると、法人収入によって各々の活動の割合に差異があることが認められる。例えば、高収入寺院の住職では「地域の人びとが集う場として寺院を開放すること」の割合は60.2％であるのに対し、低収入寺院の住職では11.3ポイント低い48.9％であった。その

ほかにも、高収入と低収入とで割合に差がある活動が複数認められる。全体的には、法人収入が高くなるほど、活動の割合も高くなる傾向にあるようだ。

その一方で、法人収入の違いによる差がほとんどないものもあった。どの収入区分の住職も「葬儀や年回法要（法事）」は10割近い数値を示している。このことは、第7章で指摘したように、葬儀や年回法要の際の布施収入が寺院を経済的に支える要であることを裏付けているように思われる。また、「法要を通した平和祈願・戦没者や災害犠牲者の追悼」「地域の美化・清掃活動」は、すべての収入区分で5割以上の数値を示し、収入の違いにかかわらずひろく実施されているようである。

次に、住職の寺院護持継承への意識から分析する。**表10**は、住職の寺院護持継承への意識と行なったことのある活動のクロス集計をまとめたものである（活動は複数回答）。この表によると、護持継承に積極的な住職と、消極的あるいは判断を保留している住職とでは、各々の活動の割合に差異が認められる。例えば、積極的な住職では「地域の美化・清掃活動」「寺院を開放」など、ひろく地域社会との関係を築き深めるための活動が両方とも5割を超える数値だが、消極的な住職では「地域の美化・清掃活動」のみ5割を超えたが「寺院を開放」は下回り、判断保留の住職では両方とも5割に至らなかった。全体的には、護持継承に積極的な住職のほうが、消極的、判断保留の住職よりも割合が高い傾向が見て取れる。

その一方で、意識の違いにかかわらず、「葬儀や年回法要」はひろく実施されている状況も浮かび上がった。

表 10　寺院護持継承の希望からみた住職の活動の割合　　n＝9, 874（人）

行なったことのある活動 （2005～2014 年度）		葬儀や年回法要（法事）	差別解消などの人権啓発活動	法要を通した平和祈願・戦没者や災害犠牲者の追悼	地域の美化・清掃活動	寺院行事を通した町おこし・地域振興	ホームレスや障がい者の支援・救援活動	里親やいじめ防止などの児童福祉活動	日曜学校などの宗教教育	犯罪者や受刑者などの更生支援
寺院護持継承の希望	護持運営を続けてほしい	98.1 (8, 724)	35.5 (3, 160)	73.6 (6, 544)	58.3 (5, 187)	38.3 (3, 403)	9.1 (808)	8.7 (772)	14.3 (1, 270)	15.0 (1, 333)
	護持運営を続けてほしくない	95.0 (115)	25.6 (31)	57.9 (70)	52.1 (63)	33.9 (41)	9.9 (12)	5.8 (7)	15.7 (19)	5.8 (7)
	わからない	92.5 (794)	24.5 (210)	58.7 (504)	47.7 (409)	24.8 (213)	5.8 (50)	5.8 (50)	8.6 (74)	5.9 (51)

行なったことのある活動 （2005～2014 年度）		自死者供養など自死遺族の精神的サポート	高齢単身世帯への見回りや支援	ペット供養やモノ供養	生命・環境・食の尊さを伝える啓発活動	カルトや霊能団体の被害を防ぐ取り組み	地域の人びとが集う場として寺院を開放すること	左記以外の活動	活動はしなかった	合　計
寺院護持継承の希望	護持運営を続けてほしい	13.0 (1, 155)	18.2 (1, 616)	26.9 (2, 392)	29.3 (2, 604)	4.4 (392)	55.3 (4, 921)	14.6 (1, 301)	0.3 (26)	100.0 (8, 895)
	護持運営を続けてほしくない	9.9 (12)	14.9 (18)	24.8 (30)	17.4 (21)	3.3 (4)	43.0 (52)	13.2 (16)	0.8 (1)	100.0 (121)
	わからない	8.3 (71)	12.8 (110)	21.6 (185)	19.7 (169)	3.4 (29)	38.8 (333)	14.8 (127)	2.9 (25)	100.0 (858)

※本表の実数は、住職の寺院護持継承に対する希望（問 14 - イ、住職欄）と住職が行なったことのある活動（問 18 - 2、住職欄）の両方に回答のある個票とした。

（2）住職配偶者の活動

　続いて住職配偶者の活動を分析していく。**表 11** は、年代区分と住職配偶者の行なっている活動のクロス集計をまとめたものである（活動は複数回答）。この表によると、年代によって各々の活動の割合に差異があることが認められる。例えば、60 歳代と 70 歳代では「梅花講などの教化団体の指導や参加」が 4 割弱であるのに対し、20 歳代では 1 割強にとどまった。また、30歳代から 60 歳代で 5 割前後の数値を示した「町内会や祭礼などの地域との交流」は 20 歳代では 3 割強にとどまる結果となった。これは、住職における活動と同様、教化団体の指導や地域との交流活動は、住職配偶者・地域社

会の一員として活動実績を積み重ねたうえで形成される社会的信頼によって役割を果たすことが可能であるためという指摘を繰り返しできるだろう。ただし教化団体にかぎると、そもそも曹洞宗では教化団体を主催していない寺院が32.2%（4,389ヶ寺）[5]も存在し、年代を問わず全体として割合は過半数に達していない。

表11　年代区分からみた住職配偶者の活動の割合　　　　n＝6,842（人）

寺院護持のために行なっていること		一般向けの講義・講演・イベントの主催、またはその準備	寺院行事・葬儀・年回法要(法事)の受付やスケジュール管理	寺院運営のための会議への参加	寺院の会計や税務	本堂や境内などの美化・清掃	町内会や祭礼などの地域との交流	梅花講などの教化団体の指導や参加	檀信徒の接待や相談相手	その他	なし	合　計
年代	20歳代	11.3 (7)	64.5 (40)	17.7 (11)	33.9 (21)	87.1 (54)	32.3 (20)	14.5 (9)	74.2 (46)	4.8 (3)	6.5 (4)	100.0 (62)
	30歳代	21.2 (123)	62.0 (359)	17.4 (101)	38.5 (223)	87.9 (509)	48.7 (282)	18.3 (106)	77.5 (449)	9.2 (53)	2.9 (17)	100.0 (579)
	40歳代	17.5 (220)	61.8 (779)	20.1 (253)	39.5 (498)	90.5 (1,140)	54.4 (686)	23.3 (293)	81.6 (1,028)	10.9 (137)	2.5 (32)	100.0 (1,260)
	50歳代	19.5 (353)	69.7 (1,263)	26.9 (488)	47.8 (867)	94.2 (1,706)	52.3 (947)	32.2 (584)	86.9 (1,575)	9.1 (164)	1.4 (25)	100.0 (1,812)
	60歳代	20.9 (414)	66.2 (1,311)	28.1 (556)	47.7 (944)	96.4 (1,909)	52.6 (1,042)	38.2 (757)	90.7 (1,797)	10.6 (209)	0.8 (15)	100.0 (1,981)
	70歳代	20.0 (182)	65.2 (595)	32.7 (298)	44.5 (406)	93.5 (853)	46.9 (428)	39.8 (363)	86.4 (788)	11.2 (102)	1.0 (9)	100.0 (912)
	80歳以上	16.1 (38)	57.2 (135)	31.4 (74)	39.4 (93)	88.6 (209)	43.6 (103)	33.1 (78)	84.7 (200)	9.3 (22)	3.8 (9)	100.0 (236)

※本表の実数は、満年齢（問3、寺院構成員欄）と行なっている活動（問62、住職配偶者欄）の両方に回答のある個票とした。

　一方、すべての年代で「本堂や境内などの美化・清掃」と「檀信徒の接待や相談相手」が7割から9割以上の高い数値を示しており、年代を問わず、こうした日常的な活動を中心に行なっていると考えられる。
　次に、法人収入から住職配偶者の活動を分析する。表12は、法人収入区分と行なっている活動のクロス集計をまとめたものである（活動は複数回答）。

この表によると、法人収入によって各々の活動の割合に差異があることが認められる。例えば、高収入寺院では「寺院行事・葬儀・年回法要（法事）の受付やスケジュール管理」が 76.7％ を示したのに対し、低収入寺院では 56.3％ と 20 ポイント以上低い結果となった。また、高収入寺院では 5 割を超えた「寺院の会計や税務」も、中収入寺院では 5 割を切り、低収入寺院では 4 割に届かなかった。このように、法人収入の多寡によって寺院運営の管理活動に携わっている配偶者の割合に違いがあることが明らかとなった。

表 12　法人収入区分からみた住職配偶者の活動の割合　　n＝6,748（人）

寺院護持のために行なっていること		一般向けの講義・講演・イベントの主催、またはその準備	寺院行事・葬儀・年回法要（法事）の受付やスケジュール管理	寺院運営のための会議への参加	寺院の会計や税務	本堂や境内などの美化・清掃	町内会や祭礼などの地域との交流	梅花講などの教化団体の指導や参加	檀信徒の接待や相談相手	その他	なし	合　計
法人収入（3 区分）	0 円〜500 万円	15.2 (447)	56.3 (1,654)	22.1 (650)	37.6 (1,103)	91.7 (2,693)	49.6 (1,457)	29.1 (855)	81.3 (2,388)	9.6 (281)	2.3 (69)	100.0 (2,937)
	500 万 1 円〜1,000 万円	20.5 (389)	67.8 (1,290)	26.2 (499)	48.8 (929)	94.6 (1,799)	52.7 (1,002)	32.9 (625)	88.2 (1,677)	9.3 (176)	1.0 (19)	100.0 (1,902)
	1,000 万 1 円〜	25.2 (482)	76.7 (1,464)	31.4 (600)	51.2 (977)	94.6 (1,806)	52.1 (994)	36.6 (698)	90.5 (1,728)	11.6 (222)	1.0 (20)	100.0 (1,909)

※本表の実数は、法人収入（問 55 - イ、寺院欄）と行なっている活動（問 62、住職配偶者欄）の両方に回答のある個票とした。

　その一方で、すべての収入区分で「本堂や境内などの美化・清掃」は 9 割を超え、「檀信徒の接待や相談相手」も 8 割から 9 割前後の高い数値を示しており、法人収入の多寡にかかわらず、日常的な活動を中心に行なっていると考えられる。

おわりに

　以上、住職と住職配偶者における意識と活動を、年代、法人収入、寺院の護持継承に対する希望から分析した。最後に、その結果について要約と若干の考察を行ない、本章を終えることとする。

（1）住職

　住職の意識をクロス集計によって分析した結果、一部を除いて、年代と法人収入の違いによる際立った差異はなかったが、寺院の護持継承に積極的な住職と消極的・判断保留の住職とでは差異が確認された。積極的な住職では、教団への帰属や継続的な寺院運営についてより肯定的な意識をもっているが、消極的・判断保留の住職では、より否定的な傾向にある。

　その一方で、住職の活動の分析では、年代、法人収入、護持継承への希望の違いによって差異が確認された。高齢住職、高収入寺院の住職、護持継承に積極的な住職のほうが、低年齢住職、低収入寺院の住職、消極的・判断保留の住職より各々の活動の割合が高い傾向にある。ただし、年代、収入、護持継承への希望にかかわらず、葬儀や年回法要（法事）の実施割合は非常に高い数値を示し、先祖や死者の供養が曹洞宗住職にとって宗教活動の要となっている実態があらためて浮き彫りとなった。

　繰り返しになるが、寺院の法人収入が低くなるにつれて、将来への寺院の護持継承に消極的・判断保留の意見をもつ住職の割合は高くなる。このことと、本章で示した結果を絡めて考察すると、住職の意識も活動も、法人収入と寺院護持継承に対する希望の2要素と深く関連しているように思われる。曹洞宗寺院は低収入寺院が大半を占めており、その収入を支える檀信徒は、「はじめに」で述べたように、社会一般における人口・世帯の変化を背景として減少の時代に突入した。そのような状況下で、既存の寺檀関係のみを対象とした活動にとどまり続ければ、住職たち寺院構成員の生活が困窮し、寺

院の存続が難しくなっていくことは容易に想像できる。仮に現在を起点として住職の意識と活動の将来を見据えると、寺院を後継者に委ね護ってほしいという希望は薄らぎ、それとともに、自らをとり巻く「曹洞宗」「寺院」「僧侶」それぞれに対する意識（自覚）が低下し、寺院活動が停滞化するという事態もあり得るのではないだろうか。

　このような未来予想はいささか乱暴かもしれない。しかし、住職たち、とくに 20 歳代をはじめとした若い人びとは、少なくとも今後ますます進むと予見される檀信徒の減少、法人収入の格差拡大という現実と向き合っていかざるを得ないのが実態だろう。彼・彼女らが、今後どのような考えに基づいて、どのような寺院活動を行なっていくのかが、自坊のみならず曹洞宗全体の将来のカギを握っているといってよかろう。

（2）住職配偶者

　住職配偶者の意識をクロス集計によって分析した結果、年代、法人収入の違いによって意識に際立った差異は確認されなかった。

　一方、配偶者の活動では、年代、法人収入の違いによって差異が確認された。低年齢よりも高齢のほうが教化団体の指導や地域社会との交流活動を行なっている割合が高く、また、収入が高い寺院の配偶者ほど寺院運営の管理にかかわる仕事に就いている割合が高かった。ただし、年代、法人収入にかかわらず、寺院の美化・清掃活動と檀信徒の接待の実施割合は非常に高い数値を示し、これら日常的な活動がひろく住職配偶者の重要な役割になっていると考えられる。

　住職配偶者は、住職にとってもっとも身近な家族であると同時に、寺院運営上重要なパートナーの 1 人といえる。多くの寺院は、住職 1 人の力で成り立っているわけではなく、配偶者を筆頭とした寺族の支え＝日常的な活動が、寺院と檀信徒・地域社会との信頼関係を構築する重要な要素の 1 つといえる。しかしだからこそ、住職と同様、配偶者も前述した現実と向き合わなければ

ならなくなるのではないか。配偶者は女性が大半を占めるが[6]、彼女たちが夫である住職とともに、将来の寺院運営について何を考え、どのような活動を展開していくのかが、寺院の護持継承を左右する重要な要素であると思われるのだ。

註

1) 得点化にあたっては次のような手続きをとっている。まず、問19の24個の項目について「非常にそう思う」を2点、「そう思う」を1点、「どちらともいえない」を0点、「そう思わない」を−1点、「まったくそう思わない」を−2点とし、各選択肢を選んだ回答数と掛け合わせて総得点を算出した。次に、24項目の総得点を、それぞれ無回答を除いた有効回答数で割って平均点を求めた。その平均点を、もっとも値の高い項目であった「(1) 曹洞宗の教えや儀礼は誇りである」を100点となるように再計算し、他の項目をそのスケールに合わせて値を求めた。具体的にいうと、例えば平均点1.258点だった(1)は、1.258÷1.258＝1に100をかけて100点満点とした。同様に各項目とも平均点を1.258で割り、100をかけて得点を算出した。

2) 『宗勢2015報告書』では、寺院護持のために行なっていることが「なし」(1.7%、130人)と無回答(5.4%、410人)を除いた票数を基数として分析しているが、ここでは上記も含めた単純集計の数値に基づいて記述する。

3) 『宗勢2015報告書』120〜121ページ。

4) 各表における得点の表記は、小数点第2位を四捨五入し、小数点第1位までとした。なお、「0.0」のポイント表記は、0.049……以下を四捨五入した結果であり、値が0のものは存在しない。

5) 『宗勢2015報告書』92ページ。

6) 「宗勢2015」では住職配偶者の性別をたずねていないため、はっきりした人数はわからない。ただし、寺院構成員欄で「住職」「寺族」の性別を尋ねており、住職は男性95.2%(9,776人)、女性2.6%(265人)、無回答2.2%(230人)、寺族は男性2.4%(281人)、女性96.4%(11,474人)、無回答1.3%(151人)という結果であったことから、寺族に含まれる住職配偶者は女性が圧倒的に多いことが確認できる。

地域社会と寺院

【第 10 章】

過疎地域における寺院と神社の現況と課題
—新潟県を事例に—

冬月　律・相澤　秀生[1]

はじめに

　過疎問題が現代社会の宗教界の存続にとって喫緊の課題となっていることは改めて指摘するまでもない。神社界と仏教界に注目した場合、これと教団の存亡に直結する問題といえば、檀家・氏子などの信仰集団がもつ伝統宗教の誇りともいうべき、「結束力・結合力」が、戦後の社会の変化とそれにともなう人びとのライフスタイルの変化によって、次第に弱くなっていることであろう。

　現在、過疎地域における仏教寺院と神社については、複数の調査データが出されており、ある程度把握することは可能になってきた。一例として、仏教寺院については各宗派で実施されている教団調査においても、寺院数の多い 10 派の各宗派の寺院の 1 割強から 3 割強の割合で過疎地域に立地していることが確認できる［相澤 2015］。また、神社本庁による『「神社と神職に関する調査」報告書』（2016 年、以下、「神社・神職 2016」と称する）では、専従の神職を置く本務神社にかぎっていえば、過疎地域に立地する神社が 4 割強（43.0％）を占めていることが明らかとなっている［神社本庁 2016］[2]。

　そのような状況で、宗教学者の石井研士は、2014 年に日本創成会議が発表した「消滅可能性都市」に全国の 4 割弱の宗教法人が点在していることを、独自の調査で明らかにした。複数の宗派にわかれている仏教寺院は一概にいえないとしても寺院の 3 割弱から 4 割以上、その一方で宗派をもたない神社

は4割以上（神社本庁包括）が、地域の消滅と軌を一にしていると指摘した（石井はそのような寺社のことを、「消滅可能性寺院」「消滅可能性神社」とした）。また、そのことは、マスメディアでも広く取り上げられ、過疎地域の寺院と神社に衝撃を与えたに違いない。該当する寺社の多くが過疎地域に立地していることから、そのような消滅可能性が出ている宗教法人では、いまだ改善されないままである既存の諸問題（後述）と相まって、存続の危機がより現実的になってきたといえよう。

　このような消滅可能性寺院と神社をはじめ、近年は限界集落や消滅寺院などといった、過疎地域の寺院と神社の将来に暗い影を落とす用語が出現している。そのことは、古くから正月の初詣やお盆の墓参りのように節目に行なわれる年中行事と、七五三や厄祓い、年祝などの人生の折り目に行なわれる通過儀礼などの伝統的な宗教行為を、寺院と神社と深くかかわる宗教文化（精神文化）とともに享受してきている日本人にとって看過できまい。

　以上の問題意識から、本章では、まず過疎地域の神社と寺院の実態を踏まえたうえで、双方が抱える共通問題を概観していく。その際、既に第2章で言及されたように、寺院数の多い5教団のうち消滅可能性寺院の割合が最も高い教団であるとされる曹洞宗の現状を受け、新潟県の神社の実態を取り上げて比較検討する。新潟県には約4,700社の神社があり、数では全国1位である。さらに県内の法人格をもたない祠などの神社を含めるとその数はさらに増える。神社の数と祭祀の回数が比例関係にあることは当然予想されることである。問題は、そのような比例関係が氏子数の多寡と関係しないことである。人口減少が著しい過疎地域の神社では、祭祀が少数の氏子によって行なわれており、神社での宗教活動が簡素化または中断を余儀なくされるところも多いのだ。そのような神社の状況を、既に各章で述べてきた曹洞宗寺院の実態との比較検討を試みる。

　本章の後半では、新潟県下の神社と曹洞宗寺院に絞った考察を示す。過疎地域の宗教法人に相当数含まれていると予想され、存続の危機に直面してい

る限界宗教法人（後述）を具体的事例として提示しながら、その実態に迫る。

1.　仏教界と神社界における過疎問題の現況

　戦後、著しい経済発展にともない、地方・都市間における人口移動による過密と過疎などさまざまな社会状況の変化が生じ、人びとの生活様式や価値観も大きく変わった。その後も現代日本社会には核家族化や少子高齢化などの現象がみられる。それらの影響下、仏教界と神社界においても檀信徒・氏子数の減少や後継者不足など、寺社の護持運営に直接かかわる問題が生じており、深刻の度を増している。

　「過疎地寺院」が抱える問題は各教団（宗派）の調査によって明らかになっており、①檀信徒や法人収入の減少、②それにともなう宗教者の生活苦と寺院後継者の不足、③宗教活動の停滞による檀信徒の信仰の希薄化などであり、行きつくところは廃寺であるとされる（過疎地寺院の現況と宗派間比較については第1章を参照のこと[3]）。

　一方で、「過疎地神社」における問題については、これまでの実態調査および研究の蓄積によれば、「祭りの衰退または中止」「神社合併（合祀）」「氏子組織の弱体化または崩壊」「伝統行事からイベントへの移行（神なき祭り）」「後継者不足」の5つに共通点があると考えられる［冬月 2012, 2014］。なかでも、伝統行事の変化（神なき祭り）以外については、仏教界においても同様の問題を抱えているものと思われる。

　なお、本章における「過疎地寺院」「過疎地神社」とは、過疎地域自立促進特別措置法の適用を受けた自治体またはその区域を指す過疎地域に立地する寺院と神社のことであり、それ以外の地域に立地するものを非過疎地寺院と非過疎地神社と呼称する。ただ、後述するように、両教団の調査結果においてはそのかぎりではない。

（1）仏教界と神社界の仕組み──血縁と地縁との結びつき

　神社界の仕組みについて仏教界と絡めながら確認しておこう（仏教界については第1章を参照のこと）。文化庁が毎年刊行している『宗教年鑑』によれば、2016年12月末時点で全国には寺院、神社、教会等の宗教団体が約18万1千法人あり、そのほとんどを仏教系（76,864）と神道系（84,765）が占めている（それぞれの数値がそのまま寺院と神社の総数を指すものではない）。そして、その運営の基本的仕組みとして、どちらかといえば神社が地縁、寺院が血縁を紐帯として、氏子・檀家（檀信徒）とともに維持継承されてきたというのが一般的である。

　仏教寺院のように神社界には宗派は存在せず、全国に約7万9千社ある神社（宗教法人）の大半は、宗教団体の「神社本庁」に加盟していることから、各神社と神社本庁は包括・被包括関係にある。ただし、神社本庁のような包括宗教法人の傘下に入っていない、日光東照宮や伏見稲荷大社などとの単立宗教法人の神社や、宗教法人をもたないが、古くから地域の氏神のほかに集落で慣習的に信仰されている神社（小祠などの非法人格の神社）があることに注意しておきたい。そのような非宗教法人の神社は、宗教法人格を取得していないことを除けば、それぞれが信仰の場として機能していることは宗教法人の神社と何ら変わりはない。

　さらに、興味深い点として、宗教施設数と宗教者数の関係があげられる。**表1**は神社界と仏教界の各宗派のうち、主要な6つの宗派の教団調査の結果における神社・寺院数と宗教者数（教師）を取り上げ、神社界と比較したものである。表に示したように、上位2つの宗派の宗教者の合計で既に神社界のそれを超えていることがわかる。なお、仏教界の教師数については、それぞれの宗派の調査結果に基づいており、総寺院数に対する数値ではないことに注意が必要である。例えば、浄土真宗本願寺派の教師数6,872人は、調査対象の総寺院数10,207ヶ寺に対して回収した調査票数6,952ヶ寺を基準にした数値である。他宗派より寺院の総数に比べて教師数が少ないが、他宗派と

表 1　神社界と仏教界の宗教施設・宗教者数一覧

区　分		宗教施設数 （社、ヶ寺）	宗教者数 * （人）	調査時点
神社界	神社本庁	78,984	21,718	2010 年 12 月
仏教界	曹洞宗	14,533	16,778	2015 年 6 月
	浄土真宗本願寺派	10,207	6,872	2009 年 9 月
	浄土宗	7,042	6,901	2014 年 6 月
	日蓮宗	5,177	8,237	2012 年 6 月
	臨済宗妙心寺派	3,361	5,884	2014 年 5 月
	真言宗智山派	2,893	3,604	2010 年 9 月

＊宗教者とは、それぞれの宗教団体が決める、宮司や住職のほか教師資格を有し
　ているもの（教師）で、各宗教団体に共通する一定の基準はない。ここでは宗
　教法人の神社と寺院に所属する職業宗教者を示している。

同様に同等の割合で教師数を有していることに違いはない。

　表を参照しながら、まずは神社界からみていこう。神道学者の車禮仁の調査[5]によれば、2010 年 12 月時点の神社（宗教法人かつ神社本庁包括下）は全国に 78,984 社あり、神社界の宗教者である「神職」（宮司、権宮司、禰宜、権禰宜、出仕などで神社に奉祀する者の合計）は、そのおおよそ 4 分の 1 にあたる 21,718 人である。この数字は、同時期の寺院数 73,457 ヶ寺（宗教法人）に対してそれを超える僧侶数をもつ仏教界とは明らかに異なる点である。

　また、神社界における「宮司」は、「神社本庁憲章」の第 12 条において、「宮司は一社の長として、祭祀を管掌し、社務を司り、神社の信仰と伝統（筆者註：神祇を崇め、祭祀を重んじる）の護持に努める」と定めている。その「宮司」は、全神職の約半数の 10,499 人とされており、現在もやや減少傾向にあるが、全体的に大きな変化はない。なお、全神社数から宮司数を差し引いた約 9 割の神社（68,485 社）は、特定の神社の代表役員である本務神社の宮司が、それ以外の神社でも代表役員を務める「兼務神社」となっている。寺院と違って、神職が常駐しない神社の存在がそれほど珍しくないとされる理由はそこにあるのである。

　では、仏教界はどうであろうか。本章と関係のある曹洞宗をあげてみよう。曹洞宗が10年ごとに実施している基幹調査の曹洞宗宗勢総合調査によれば、2015年6月時点の曹洞宗寺院は全国に14,533ヶ寺あり、宗教者である「僧侶」（住職・副住職、徒弟、前住職、他の曹洞宗寺院の僧侶の合計）は、寺院数と同等数の16,778人である（「宗勢2015」）。ただし、神社界と違って「宗勢2015」の場合は僧侶の合計が延べ人数であることに注意しておきたい。また、神社界の「宮司」と同様の存在である、仏教界の「住職」については、「曹洞宗宗制」の宗憲26条によれば、「住職は、寺院を代表し、その事務を総理する」と、定められている。宗派によって職位や資格付与、役割に差があるとしても、「一寺社を管掌する長である」とする点は、神社界と仏教界両者に共通している。

　ところで、都道府県による差はあるが、一宮司の兼務神社数は、単純に計算すると全国平均7.5社で、最多は富山県の19社、最小は大阪府の1.7社となる[6]。それに加えて、全国に約30,000社あると推測される非法人格の神社を含めると、1人の宮司が兼務する神社数はさらに増える。このように兼務神社が多いことは、各都道府県での都市化・過疎化の状況との関係のなかで生じている。また、過疎地域において兼務神社の割合が増加傾向にあることは、「神社・神職2016」でも確認できる。このように、数値にかぎっていえば、神社界のほうが仏教界よりも深刻な運営状況にあることがわかるであろう。むろん、仏教界における兼務寺院の増加は、一寺院であれば住職と寺族らが安定的な収入源を確保できるという利点があると捉えることも可能だ。しかし、兼務の増加は住職の減少に直結し、そのことは今後の宗教活動や事務の煩雑さ、他寺院の住職の協力を要する寺院行事に与える影響（負担の増加）も少なくない（兼務・無住寺院の問題については第2章、第3章を参照のこと）。

　それに対して、先に述べたように、神社界ではそもそも神社数に対する宮司の母数が少ないことから、必然的に1人の宮司が本務神社のほかに複数の兼務神社に奉祀するシステムが、とくに地方では一般化している。そのこと

から、仏教界における兼務寺院と同様の問題が神社界では議論の対象にはされていない。1 人の宮司が複数の神社を兼務することは、安定的な運営を可能にする神社界独自のシステムといえる。しかし、近年続く宮司数の（緩やかな）減少に対して、兼務神社の維持以外に新たな運営方途がみつからないまま、神社界は後述する不活動宗教法人の危機に直面している。とりわけ、神社の運営と直接関係する神職の後継者不足の解消は神社界では重要な課題[7]とされており、この点は、仏教界が抱えている問題に通底するといえよう。

　先述したように、ほとんどの神社（宗教法人）は神社本庁という一団体との被包括関係にある。そのため、本章においても「神社」は神社本庁傘下の神社を指している。神社本庁は全国の約 7 万 9 千社の神社を包括し［文化庁 2017］、各都道府県に 47 の神社庁を設置しており、さらに神社庁では支部を置いている[8]。各神社の事情は各神社庁である程度把握しているとされているが、各神社庁における実態把握の度合いには差異がある。一方で、仏教寺院の場合も、寺院は教団の傘下にある点では神社と同様の組織形態をとる。

(2) 過疎地神社の実態

　神社界においては、仏教各派による教団調査のような大規模調査が定期的に実施されてきた歴史が浅いため、全国の約 7 万 9 千もある神社全体の実態を把握することは容易ではない。これまでに神社本庁または神社庁では現況調査を行なってきた。そこで公開される資料や調査データは限定的でかつ非公開とされていることが多い。だが、それらの調査データは神社界の実態を把握するうえでは有用であり、幸いにして本書で紹介する機会を得た[9]。そのような教団間の異なる事情を押さえたうえで、過疎地神社を含む神社界の現況を、先に述べた「神社・神職 2016」から概観していく。

①過疎地神社の立地と氏子の増減

　鎮座地が過疎地域であるかどうかという認識を基準にしてそれに関連する質問を対象者に尋ねると、当然ながら予想されるのは、「神社を支える基盤

の脆弱さや教化活動の低下」［石井 2016］であり、実際の「神社・神職 2016」においてもそのような予想は大きく外れてはいなかった。それによると、まず「鎮座地は、過疎地域であると思いますか」と、神社の鎮座地が過疎地域であるかどうかを尋ねており、「過疎地域である」と回答したのは全体の 4 割強（43.0％、6,196 件中 2,662 件）を占めていることがわかった。ここで注意が必要なのは、本書と曹洞宗の「宗勢 2015」における「過疎地域」とは、過疎地域自立促進特別措置法の適応を受けた自治体、またはその区域を指す点である。それに対し、同調査では宮司の認識に基づいて過疎地域かどうかを判断している。そこで本項では、読者の混乱を避けるため、宮司が神社の鎮座地を「過疎地域である」としたものを「過疎地神社」、「過疎地域ではない」としたものを「非過疎地神社」とし、それぞれ括弧付きで表記することとする。[11]

　そのことを踏まえたうえで、同調査では先の質問項目で「過疎地域である」と答えた宮司に対し、過疎対策や教化活動の有無も質問している。ただ、それらの質問に対する結果は、「無い」2,075 件（33.5％）、「わからない」1,542 件（25.0％）とする回答が非常に多かったといった簡単な報告で終わっており、詳細は不明である。ただし、以下で述べる氏子数とその増減、神社収入を「過疎地神社」「非過疎地神社」に分けての分析は、報告書後半の専門家による分析[12]があるため、それを適宜援用しながらみていくこととする。

　寺院の檀徒（檀家）と同様、氏子（崇敬者を含む）[13]は宮司ら神職とともに神社を支える基盤である。**図 1** は氏子の分布を「過疎地神社」と「非過疎地神社」別に示したものである。図でわかるように、「過疎地域」では全体のほぼ半数（46.9％）の神社は氏子「300 人未満」であり、同じ括りを「非過疎地神社」でみると、2 割ほど（20.7％）しか該当しない。

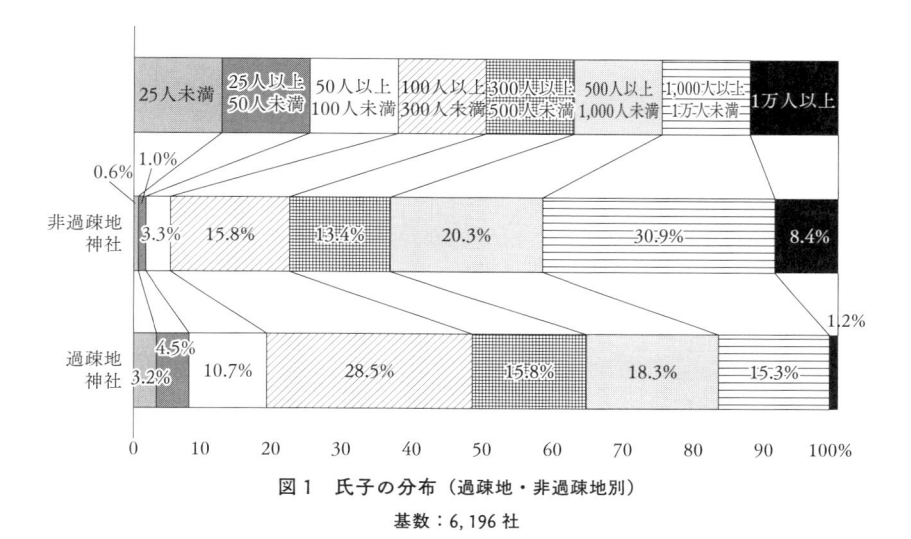

図1　氏子の分布（過疎地・非過疎地別）
基数：6,196 社

　次に、**図 2** は過去 10 年間の氏子数の増減を尋ねた結果を、「過疎地神社」「非過疎地神社」別に示したものである。[14] 図からわかるように、氏子の増減については、「過疎地神社」で「増加」はわずかに 2.2%であるのに対して、「非過疎地神社」の場合には 19.2%であった。一方で「減少」は「過疎地神社」88.2%、「非過疎地神社」は 49.5%と、両方の結果には 38.7 ポイントと大きな差が出ている。

　また、氏子減少の理由についても、「氏子の生活様式が変わったから」の回答割合は「過疎地神社」（21.2%）と「非過疎地神社」（20.1%）ではほとんど差がみられなかったが、「地域の人口が減少したから」では「非過疎地神社」が 36.7%であったのに対し、「過疎地神社」は 85.4%と、倍以上の数値であった。[15] このことから、氏子の減少には人口の減少がそのまま反映されていると考えられる。

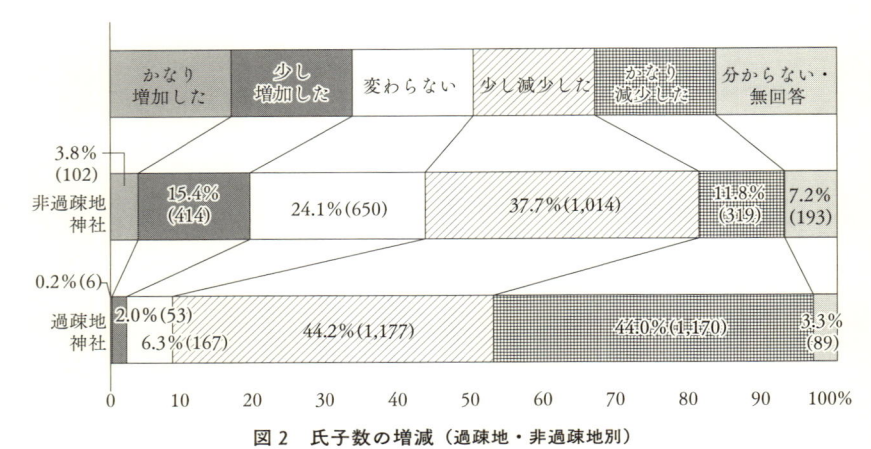

図2　氏子数の増減（過疎地・非過疎地別）
基数：非過疎地神社 2,662 社
過疎地神社 2,692 社

②法人収入・教化活動

　次に、「神社・神職 2016」では神社の収入についても質問項目を設けてい
る。**図 3** でわかるように、「過疎地神社」でもっとも高かったのは、「0 円
〜500 万円未満」の低収入が 8 割を超える（82.6%）結果となり、これは対象
の「過疎地神社」の 6 社のうち 5 社が 500 万円未満の収入ということになる。
留意すべきは、その低収入の金額に幅があることである。「神社・神職
2016」における選択肢は、「なし」「わからない」を除いて、「10 万円未満」
から「1 億円以上」の 8 段階におよんでおり、これは寺院の 3 区分とは異な
る点である。ただ、この結果は、おおよその神社収入を把握でき、「過疎地
神社」と「非過疎地神社」との間に格差が生じていることを示すには十分で
あろう。また、その結果はあくまで神社の法人収入（調査時点の 2015 年から最
近 1 年間）であるため、神社の収入が教化活動や神職の生計などとどとのよう
な関係があるのか、とくに各兼務神社における神社収入などの詳細な分析は
できない。実際、「過疎地神社」の神職の場合、兼務神社数が必ずしも安定

的な収入源確保と比例関係にあるとはいえず、神社以外の就業先で収入を得ているケース（兼業神職）の報告が散見される[17]。注目したいのは、「過疎地神社」においても「1,000 万円以上」の高収入神社の割合が 7.0％あり、「非過疎地神社」ほどではないが、「過疎地神社」においても格差が生じていることが読み取れる（寺院間の格差については第 2 章を参照のこと）。

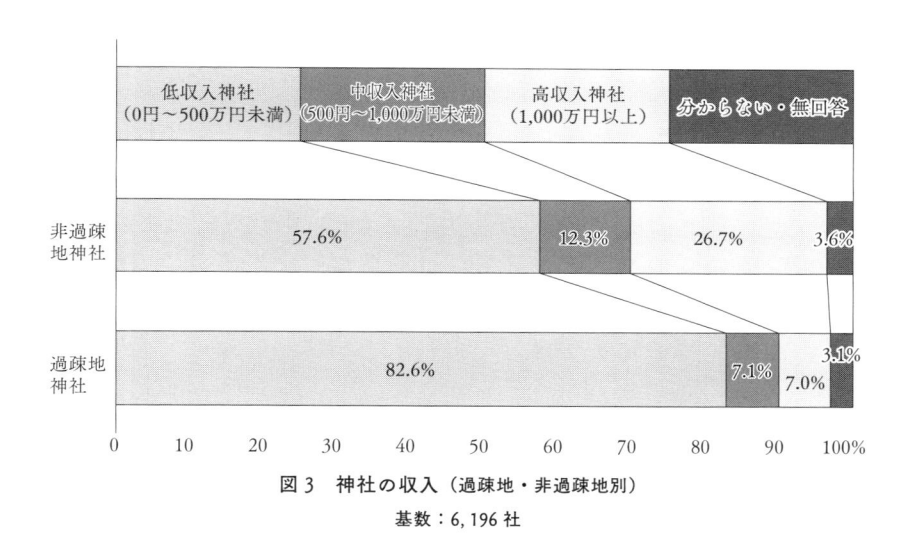

図 3　神社の収入（過疎地・非過疎地別）
基数：6,196 社

　他方、「神社・神職 2016」には、講演会、芸能会、旅行会、ラジオ体操会などの氏子を対象にした神社の教化活動についての記述もあった。「非過疎地神社」「過疎地神社」の両方で「なし」の割合（44.6％、32.8％）がもっとも高く、ほかはいずれも「非過疎神社」が 1 割から 2 割、「過疎地神社」は1 割未満の間を上下する結果となり、概して実施率が低いことが報告されている。このように「過疎地神社」での実施率がさらに低かったことからは、人口減少にともない、氏子の少ないなかでの教化活動の困難がうかがえる。
　以上のことから、「過疎地域」における氏子の減少、神社の収入の格差、

教化活動の低調は、「非過疎地域」に比べてより強く示されている。

2. 過疎地の寺社に共通する問題——不活動宗教法人

(1) 不活動宗教法人の現況

　これまでの内容を踏まえ、本節では新潟県の過疎地域に位置する神社と寺院のうち「不活動宗教法人」について両方の事例を取り上げることとする。

　まず不活動宗教法人の現況について確認しておきたい。文化庁によると、不活動宗教法人とは、何らかの理由によって活動が休眠もしくは中止状態にある宗教法人と定めている。それによれば、代表役員（教主／住職／宮司など）およびその代務者が存在せず、または礼拝の施設がないほか、信者を対象とした宗教活動が行なわれていない状態が1年以上続いている法人が対象となる[18]。宗教法人審議会の第169回審議会議事録[19]（2015年7月3日）によると、全国の宗教法人の数は全体で18万1,961法人で、そのうち約2%にあたる3,964法人が不活動宗教法人（2014年12月末時点）であるとされている。そこで問題とされているのは、不活動宗教法人がおよぼす影響である。具体的には、放置状態にある不活動宗教法人（社会的に存在意義がない）を第三者によって法人格が不正取得されることを指している。脱税、宗教法人の売買、名義貸しなどの行為に悪用され、社会的な問題を引き起こす恐れがあり、ひいては、そのような問題が重なることで、宗教法人制度そのものに対する社会的（国民の）信頼を損ねることが懸念されているのである。そのような事態を防ぐために、文化庁ではこれまでに所轄庁（都道府県知事または文部科学大臣）レベルと包括宗教法人レベルに分けて不活動宗教法人対策を進めてきた。この対策によって、1999年時点で約4,700だった不活動宗教法人が2012年12月末時点には3,837に減少し、一定の成果が出ている[20]。

　ほかにも、これまでに宗教法人が取り組んできた不活動宗教法人対策とその成果は、文化庁が刊行した『不活動宗教法人対策事例集』［文化庁文化部宗

務課 2009］で確認できる。その主要な内容をまとめると**表 2**の通りである。

表 2　不活動宗教法人対策（宗教法人別）

系　統	宗教法人	取組内容	概　要	課　題
神道系	新潟県神社庁	調査、体制、具体的な整理	専門の対策部門を設置し、対策に取り組んでいる	個別法人の整理促進、状況の把握
	広島県神社庁	調査、体制、具体的な整理	専門の対策部門を設置し、対策に取り組んでいる	個別法人の整理促進、状況の把握
	扶桑教	調査、具体的な整理	所轄庁と協力し、対策に取り組んでいる	不活動状態の悪化防止、状況の把握、所轄庁に対する協力
	金光教	調査、具体的な整理	被包括宗教法人の実態調査を行ない、対策に取り組んでいる	個別法人の整理促進、状況の把握
仏教系	天台宗	調査、体制、制度、具体的な整理	調査、体制、制度など、包括宗教法人主導による対策に取り組んでいる	不活動状態の発生防止および悪化防止、状況把握、所轄庁に対する協力
	真言宗醍醐派	調査、法人台帳の整理	法人台帳を整理し、対策に取り組んでいる	不活動状態の発生防止および悪化防止、状況把握、宗教法人制度の周知
	浄土真宗本願寺派	調査、具体的な整理	包括宗教法人による調査および事務指導を行ない、対策に取り組んでいる	不活動状態の悪化防止、個別法人の整理促進、状況の把握
	臨済宗妙心寺派	調査		状況の把握、所轄庁に対する協力
キリスト教系	日本基督教団	調査、具体的な整理	専門の対策部門を設置して対策に取り組んでいる	不活動状態の発生防止、個別法人の整理促進
諸　教	天理教	調査、体制、具体的な整理	包括宗教法人が主導して吸収合併の方策により対策に取り組んでいる	個別法人の整理促進、状況の把握、所轄庁に対する協力

＊『不活動宗教法人対策事例集』（文化庁文化部宗務課、2009 年）より冬月作成。

　では、具体的にどのような寺院と神社が不活動宗教法人とされるのだろうか。先に述べた通り、国の問題意識はもっぱら「法人の悪用」にある。当然ながら対策が悪用を防ぐための法人の合併・解散に主力が注がれているのは

予想できよう。[21] ただ、不活動宗教法人に明確な要件を定めず、またはいくつかの条件に符合する状態のものを、不活動宗教法人に認定することには疑問が残る。これまでの不活動宗教法人についての対策を概観すると、実情は多様化しているのに対し、対策は法人合併もしくは法人解散の二択が前提とされているといった印象を受ける。詳細は後述するが、筆者の神社調査にかぎっていえば、不活動神社とされている神社には、宗教法人としての機能はなくても、実際のところ宗教者または信仰集団による宗教活動が続いているものが多く、その様相も多様であることが明らかとなっている。そのような神社を、存続可能性を排除して一様に「不活動宗教法人」として解散の対象としていることは問題ではないだろうか。

（2）新潟県の過疎地寺社の実態

①実態に即した不活動宗教法人の区分

かくして、不活動宗教法人は定義の曖昧さに加え、実態が多様である。こうした問題を受けて、本節以降は、新潟県における神社本庁の傘下にある神社と曹洞宗の傘下にある寺院について、宗教活動の有無に注目し、実際の事例をあげながら実態を概観していくことにする。

具体的には、不活動宗教法人を、宗教法人としてもっとも重要な「宗教活動の有無」と代表役員（宮司／住職）の有無を基準として、「準限界宗教法人」（準限界神社、準限界寺院）と「限界宗教法人」（限界神社、限界寺院）の2つに区別する。前者は代表役員を欠いた状態でも宗教活動が行なわれているもの、後者は代表役員の有無にかかわらず宗教活動が行なわれていないものを指す。そのうえで、実際の両教団の調査で得られた記述から、それぞれの概念に該当する事例を存廃の可能性に注目して概観し、若干の考察を行なう。

ここで留意しておきたいのは、本章における限界宗教法人とは、代表役員（住職／宮司）の存在は問わず、信者（檀信徒／氏子）による宗教活動が行なわれているか否かを基準にしている点である。その背景には、住職や宮司と

いった代表役員はいないが、代務者またはそれに準じる宗教者（副住職、禰宜など）がいたり、もしくは宗教者不在の状況でも信者による宗教活動が行なわれている、といった多様な現状がある[22]。また、詳細は後述するが、神社において宮司欠員状態を不活動神社と同一視することは実態を捉えたとはいえず、宗教活動がなされていることから、再興の可能性も残しながら「準限界神社」に位置づけることが妥当であろう。

　こうして、過疎地寺社の実態を、「宗教活動の有無」を基準にして概観することで、過疎地域の神社と寺院の将来（寺社の存廃可能性）が予測可能になると考える。過疎地域には現在もギリギリの状態で何とか維持できているものの、宗教者や信者に後継者がなく、振興対策もないなど、不活動宗教法人の予備軍であるとされる寺院と神社は多いのである。

②限界神社・準限界神社の現状

　まず、新潟県下の過疎地寺院と神社の分布を、上越・中越・下越・佐渡に分けて示した**表3**に注目したい（新潟県の地域区分は地図の通り）。

表3　新潟県過疎地寺院・過疎地神社一覧

上段：％（ヶ寺、社）

下段：基数

区　分	過疎地寺院	過疎地神社
上　越	54.9（50）	50.0（461）
	91	922
中　越	33.3（85）	37.5（681）
	255	1,816
下　越	25.6（91）	19.6（336）
	355	1,714
佐　渡	100.0（31）	100.0（244）
	31	244
全　体	35.1（257）	36.7（1,722）
	732	4,696

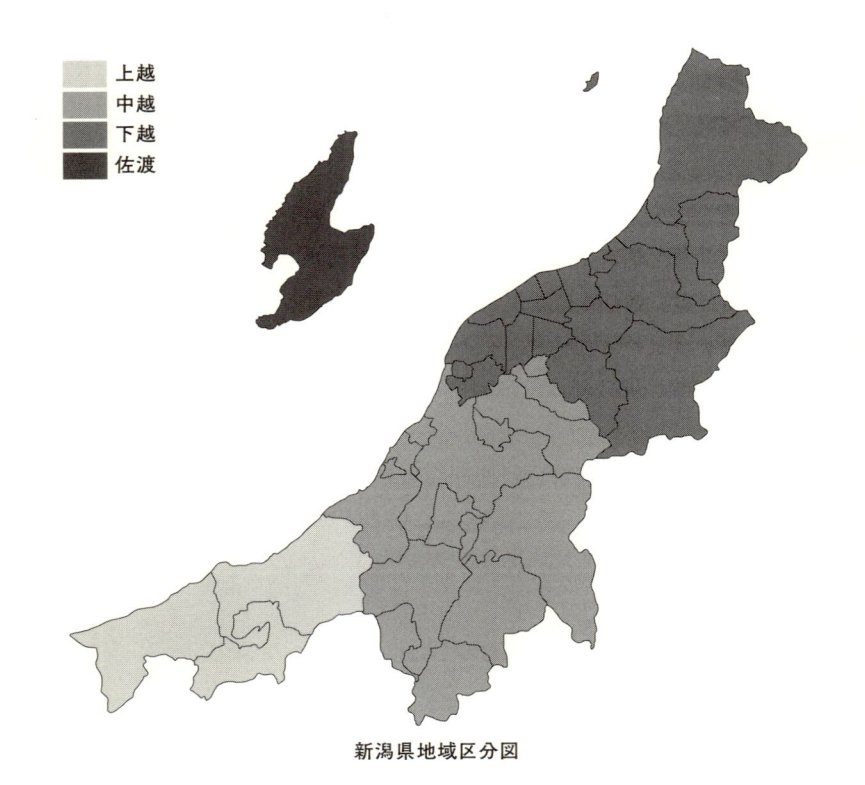

新潟県地域区分図

　表で明らかなように、新潟県には732ヶ寺と4,696社の寺院と神社があり、そのうち3割を超える寺社が過疎地域に位置している（調査時点は寺院が2015年6月、神社が2018年6月）。その数値の高低の判断は別にして、今度はさらに、4つの地域区分でみてみると、佐渡はすべて、上越は5割以上、中越は3割強〜4割弱、下越は2割弱〜3割弱の割合で、過疎地寺社が分布していることがわかる。

　神社本庁や各神社庁では、宗教活動がない限界神社のことを「不活動神社」として位置づけたうえで、実態調査や合祀（合併）または法人解散の手続き指導などの対策を実施してきた。後に詳しく論じるように、新潟県神社

庁では、既にこの不活動神社の問題が深刻であることを受けて、比較的に早い段階から対策として実態調査に取り組んでおり、不活動神社とされる限界神社のなかには準限界神社に該当する神社が含まれていることを明らかにしている。

そのことから、本章における限界神社は、何年も神社での祭祀が行なわれていなかったり、社殿が倒壊したまま放置されていたり、所在地（鎮座地）すら人びとから忘れ去られてしまったような神社とする。一方で、準限界神社は、限界神社に該当しない、神社運営がギリギリの状態で保たれている神社を指す。またこれには、代表役員である「宮司」は欠員状態にあるが、代務者もしくは宗教者不在状態で氏子によって最低限の宗教活動が行なわれている神社も含まれる。このような神社は、実際には宮司就任を認可する「宮司発令」がなされていないだけで、「宮司」の職階（役職）を満たさない神職が氏子とともに祭祀を行なっており、新潟県神社庁では「単純欠員」として「欠員」とは区別している。また、こうした単純欠員の状態で宗教活動が行なわれていることは、新潟県神社庁を含め他の神社庁の報告からも散見される[23]。

表 4 は、新潟県神社庁の「過疎地神社調査」資料から、筆者が限界神社・準限界神社に該当するものを抽出したものである[24]。

事例 1 と 2 にあげた神社のように、社殿も鳥居もその他の建築物もなく、氏子も生活困難のために離村し、宗教活動が行なわれていない状況にある神社は、既存の概念においては典型的な不活動神社であるといえる。他の宮司が状況を把握して記入した宮司方針意見の記述では、市内に在住している旧氏子や責任役員に対し、宮司が話し合いをもちかけている様子がうかがえるが、法人を解散せず、宮司と氏子の話し合い次第では、他の神社との合祀（合併）や廃社（法人の解散と施設の解体）のほか、活動再開の可能性はきわめて低いと見受けられる。

一方で、事例 3 から 7 の神社の場合、いずれも現状では神社での宗教活動

表4　新潟県の限界神社・準限界神社の様子

区分		建築物の現況 (社殿・鳥居・その他現況)	氏子の現況 (最盛期の戸数・減少時期と原因)	宮司方針意見*
限界神社	事例1	昭和●年豪雪時倒壊。 現在何もなし	15戸、昭和36年頃よりボツボツと減少、市の中心地に近いが冬期間は交通不能、耕地も少なく生活困難のため、現在1戸もいない。	当時の住人が市内に何人か在住しているので、いろいろと相談をもちかけているが、中心になってくれる人材もなく困っている。
	事例2	現在、石祠	14世帯、昭和40年すぎから地域を去りはじめ、昭和50年頃にはほとんど住民は不在となる。現在は境内も草むら化し、誰も訪れず、手入れもない。	前宮司の頃（昭和●年●月）に役員会を一回開いたのみで、祭典も行なわず、賦課金も集めずの状態がつづいている。何年に一回でも例祭をやってみようという声がなかなか上がらず現在に至っている。（以下省略）
準限界神社	事例3	本殿建込み (本殿を拝殿の中に入った造りのこと、本拝殿一体型)	22戸、現在1戸	祭典は他の神職が例祭奉仕している。
	事例4	本社方二間四方、鳥居なし	6戸、昭和47年頃より交通不便のために減少。現在は在住者なし。	建物は健在。年に1度祭典を行なっているが、4人ほどの出席しかなく合併を希望している。
	事例5	本社間口二間三尺、奥行三間三尺、鳥居一間二尺	12戸、昭和47年頃より交通不便のために減少。現在は在住者なし、通勤農業者4戸	この通勤農家を対象に春秋祭典を行なっている。建物も健在、合併の希望なし。
	事例6	本殿0.75坪、拝殿2.25坪	4戸	過疎のはげしい地域にて、以前からの純粋な氏子は1戸となり、冬季除雪等管理が困難であったが、隣部落との行政上の部落合併により、●神社の氏子3戸も加わり、神社の護持運営に努めている。（後略）
	事例7	本殿1坪、拝殿4坪	5戸	氏子5戸と少ないが、祭りには1戸から少なくとも2人は参拝するので最低で10人は必ず参拝している現状である。（中略）しかし、近々1戸引越しとの話も聞き、年々氏子数が減少するのは防ぎようがないように思える。

＊不活動神社に関しては、地域の宮司が当該神社の報告をしており、当該神社の宮司を指すものではない。

＊上表において、神社や神職、氏子といった団体や個人の特定につながると判断した内容は●で示す。

は続けられており、神社庁は「静観の予定」または「問題なし」の立場である。これらの事例から、神社の将来は人数の問題ではなく、参拝者の有無が不活動神社になるかならいかの決め手になっているといえよう。とくに事例3の神社のように、現在は宮司と氏子がいるため、祭祀が他の神職とわずか1戸の氏子で行なわれているが、その氏子がいなくなった時点で維持不可能となる。そのことから、これらの神社は限界神社の予備軍、すなわち準限界神社であろう。しかし、事例7のような神社は、現在は準限界神社であっても、条件、すなわち氏子と宮司の努力または外部力の働き次第では振興の可能性もあることから、不活動による合祀や解散と振興の岐路に立たされている状況にあるといえよう。従来の地域振興としての神社の振興に加え、近年の地域おこし協力隊による事例では、ホームページやSNSで地域内の神社行事や信仰を守っていくことの意味と大切さを伝えたり、さらには地域の商工会議所や観光協会と協力して、豊かな自然に囲まれた神社への参道を利用した「参拝トレッキング」（西会津町）を開催するなど、神社をソーシャル・キャピタル（社会資本・資源）として活用していることもある。そうした活動からは、振興の糸口を見出していく可能性も示されている。

③過疎地神社の対策と課題

　神社本庁や各神社庁は過疎地域における過疎地神社に対して、これまでに「神職の生活実態の事例調査」（1960年）、「過疎地帯神社実態調査」（1970年）、「神社振興対策指定神社制度」（1975年～）などさまざまな対策を実施してきた。しかし、人口減少が進むにつれ、今後も限界神社と準限界神社は増えていく可能性が高いと推測されている。そのような不活動神社の対策について、神社本庁ではそれぞれの法人の主体性を生かしながらの継続的な取り組みが必要であるとしている。[25]

　新潟県神社庁の資料によれば、新潟県には2015年12月当時、宗教法人の神社数は約4,700社、神職数はおよそ640人、このうち宮司と呼ばれる人は360人ほどである。また、その宮司数を神社数から差し引いた約4,300が兼

務神社ということになり、その割合は神社全体の9割以上におよぶ。なかには宮司より下の職階にあたる禰宜が兼務神社の宮司になっている場合もあるが、兼務神社に変わりはない。

　県内には本務1社のみの宮司が75人ほどいる一方で、1人で数十社を兼務する例も少なくない。実際、合計79社に奉祀する宮司を筆頭に、40社以上に奉祀する宮司が15人、20社以上は80人もいる。さらに、このような過剰な兼務の実態は中山間地域（主に過疎地域）において多くみられるのが特徴であり、不活動神社もそうした地域に多く存在していることが明らかになっている。2015年12月当時、不活動神社対策の一環として新潟県神社庁が設置した「不活動神社台帳」に登録されている神社は66社となっている。それには実態調査で明らかになった不活動神社とみられる神社の詳細（神社名、所在地、宮司名、関係神職、経過など）が記載されており、現状と対策の経過を知ることができる。

　不活動神社（いわゆる限界神社）のもっとも典型的な事例としては、無人集落となって数十年を経て、当時の宮司も逝去して久しいため、境内地の確認が取れないケースである。また、他の神社に合併したことは確認できるが、手続きを行なわないまま数十年経過したケース（実質合併後手続き放置）、あるいは実質合併後に神社本庁の承認は済んでいるが、その後の認証、登記手続きが未了のまま長期に及んでいるケース、法人の設立手続き時点での誤りによって同じ境内に2つ以上の神社があることになったケース（もともと実態がない）があげられる。そのほか、件数は少ないが宮司と地元総代とのトラブルによって不活動状態になっている（厳密には不活動神社とはいえないが）ケースもあり、不活動神社の事例は多様であることからもわかるように、不活動神社対策の道のりは長い。

　不活動神社対策については新潟県神社庁が比較的に早く組織的な対策に取り組んでいる。その成果として、ここ10年間で18法人が合併によって不活動状態を解消できた。この数字が多いのか少ないのかは判断が難しいが、他

県の事例ではこうした取り組みの報告は（報告書が非公開のため）一般に知ることはできない。他方で、実務的な具体的方策として、「手続きの完遂促進」「他の法人神社への合併推進」「神社庁への合併」「任意解散」などがあげられているが、こうした対策における最大のネックは、煩瑣な事務手続きの受け手の不在であるとされている。

　各神社庁では、不活動状態にある神社を一社でも減らすと同時に、新たな不活動神社を出さないような対策を構築していくことが今後の課題であるとするが、人口減少社会・超高齢社会に突入した今では、人口の自然減にともなう整理対象神社の増加は避けられないだろう。

④**新潟県内における曹洞宗寺院の概要**

　これまで、新潟県下における限界神社・準限界神社の現状をみてきた。以下では、転じて仏教界、とくに曹洞宗における限界寺院、準限界寺院の実態を概観することとしたい。その内実に迫るにあたって、まずは新潟県内に所在する寺院の基礎的な情報を押さえておくこととしよう。

　表5は寺院を地域別にわけ、過疎法の適用ごとにその区分をみたものである（寺院区分については、第1章を参照のこと）。新潟県全体に占める兼務寺院の割合は19.4%で全国平均の22.2%を下回った。ただし地域ごとにその実勢は異なる。上越の兼務寺院は、非過疎地域、過疎地域ともに全国平均を上回る2割強となった。中越の兼務寺院では非過疎地域、過疎地域のいずれも1割強から2割弱で、全国平均よりも低い。下越の兼務寺院では非過疎地域が新潟県全体および全国の平均値よりも低い15.2%であるのに対し、過疎地域は3割弱（28.6%）を占めた。佐渡は全域が過疎地域となっている。佐渡の兼務寺院の割合は、新潟県全体の平均値よりも2倍近い4割強（38.7%）、じつに約5ヶ寺に2ヶ寺が兼務寺院である。全国的にみても兼務化が著しいといえるだろう。しかしながら、こうした実態があるとしても、兼務神社が9割以上を占める県内の神社界の実情に比べれば、調査時点ではまだ兼務化が緩やかであるとみなせる。

表5　地域別にみた寺院区分　　　　　%（ヶ寺）

地域区分	過疎適用	本　務	兼　務	代務・特定代務	無　住
上越（91）	非過疎（41）	68.3（28）	24.4（10）	0.0（0）	7.3（3）
	過疎（50）	70.0（35）	24.0（12）	0.0（0）	6.0（3）
中越（255）	非過疎（170）	74.7（127）	19.4（33）	0.0（0）	5.9（10）
	過疎（85）	88.2（75）	10.6（9）	0.0（0）	1.2（1）
下越（355）	非過疎（264）	80.7（213）	15.2（40）	0.4（1）	3.8（10）
	過疎（91）	69.2（63）	28.6（26）	0.0（0）	2.2（2）
佐渡（31）	過疎（31）	61.3（19）	38.7（12）	0.0（0）	0.0（0）
全体（732）		76.5（560）	19.4（142）	0.1（1）	4.0（29）
全国（13,645）		75.2（10,265）	22.2（3,034）	37（0.3）	2.3（309）

＊兼務、無住について、全国の割合よりも高いセル（区画）に網掛けをした。

　一方、県内の無住寺院については、4.0%を占め、全国平均よりも高い。上越の無住寺院については、非過疎地域、過疎地域で全国平均よりも3倍から4倍近い1割弱を示した。中越および下越の無住寺院については、非過疎地域がいずれも全国平均よりも高く、実数については、いずれも10ヶ寺を数え、県内の無住寺院（29ヶ寺）の半数以上を占める計算となる。兼務寺院の割合が県内でもっとも高い佐渡には、無住寺院がない点が注目される。住職が複数の寺院を兼務することで寺院の護持に努めているのだろう。

　以上の概略を整理し、全国平均の観点からみた場合、おおよそ次のように集約できる。

　A．上越では所在地にかかわらず寺院の兼務化、無住化が進んでいる。

　B．中越、下越では過疎地域にもまして非過疎地域で寺院の無住化が著しい。

　C．佐渡では兼務寺院が4割を占める一方、無住寺院がない。

　こうした多様な実勢をさらに檀徒数の観点から捉えてみたい。**表6**は表5と同様の角度から1ヶ寺あたりの檀徒数（以下、平均檀徒数）を示したものである。新潟県全体の平均檀徒数は、128.3戸で全国平均を下回る。上越の寺院では非過疎地域、過疎地域ともに県内全体の平均よりも40戸以上少なく、檀徒100戸未満となっている。中越の寺院では、過疎地域が県内でもっとも

檀徒数が多い 212. 1 戸で、全国平均よりも 60 戸以上多い檀徒数である。これに対し、非過疎地域の寺院は 121. 2 戸で全国平均を下回る。下越の寺院では非過疎地域、過疎地域いずれも全国平均を下回るが、県内全体の平均とほぼ同数である。佐渡の寺院では、平均檀徒数が 7 割弱（66. 9%）で、上越と同様、100 戸未満となった。

表 6　地域別にみた 1 ヶ寺あたりの檀徒数

地域区分	過疎適用	平均値 （戸）	標準偏差 （戸）
上越 （81）	非過疎 （36）	49. 9	55. 3
	過疎 （45）	79. 5	78. 5
中越 （238）	非過疎 （156）	121. 2	133. 2
	過疎 （82）	212. 1	185. 5
下越 （328）	非過疎 （243）	134. 0	132. 1
	過疎 （85）	125. 6	83. 5
佐渡 （31）	過疎 （31）	66. 9	33. 7
全体 （678）		128. 3	132. 0
全国 （12, 644）		147. 2	215. 2

＊全国平均を下回るセルに網掛けをした。

　過疎地寺院であっても、全国平均を大きく上回る地域の寺院もあれば、これを下回る寺院も存在する。他面では、非過疎地寺院であったとしても過疎地寺院の平均檀徒数を下回る地域の寺院があることもみてとれる。

　一方、こうした現状を神社界の氏子と比較した場合、どのようなことがいえるだろうか。檀徒は家（戸）で構成されるから、これを人数に換算する必要が生じる。そこで、「国勢 2015」における新潟県の一般世帯員数 2. 65 人を中越の過疎地域を除く各地域の檀徒数平均に乗法すると、132. 2 人（上越・非過疎地域）～355. 1 人となり、概算で檀徒 400 人未満となる。これに対し、中越の過疎地域は 562. 1 人で檀徒 500 人以上である。信者数という点では、新潟県下の寺院はおおむね、宮司が「過疎地域である」と考える神社（「過疎地神社」）の約半数（46. 9%）、すなわち氏子 500 人未満の神社と近い状態にあ

るといえるだろう。

　いずれにしても、中越の過疎地域を除き、平均檀徒数は全国平均よりも低い。人口減少社会の只中にあって、留意しておかなければならないのは、各地域の寺院の檀徒数がどのように変動したかということだろう。「神社・神職2016」においても、「過疎地神社」の9割弱（88.2%）が氏子が減少したとしており、神社を取り巻く住民人口の動態が氏子数に与える影響は大きいとみなされる。

　そこで、1995年から2015年にかけての平均檀徒数の増減を**表7**にまとめた。これによると、2015年までの10年間で、全国平均は微増の0.3戸である。全国的にはほぼ同数の檀徒数が維持されてきたといえる。しかし県内をみた場合、下越の非過疎地域を除き、いずれも檀徒が減少している。新潟県内は一部の例外を除き、過疎地域、非過疎地域にかかわらず、全体的に檀徒が減少しているといってよい。

表7　地域別にみた平均檀徒増減

地域区分	過疎適用	平均値（戸）	標準偏差（戸）
上越（150）	非過疎（36）	-1.8	4.7
	過疎（42）	-1.6	3.4
中越（232）	非過疎（150）	-1.7	7.6
	過疎（82）	-10.1	19.4
下越（311）	非過疎（229）	1.7	12.1
	過疎（82）	-1.0	7.1
佐渡（29）	過疎（29）	-5.1	5.5
合計（650）		-1.6	11.6
全国（12,135）		0.3	21.5

＊全体平均を下回るセルに網掛けをした。

　とくに目を引くのは、その減少数である。とくに減少が著しいのは中越と佐渡で、前者が約10戸、後者が約5戸、それぞれ減少した。中越の過疎地寺院における平均檀徒数は県内トップだが、同時に檀信徒減という点では

ワーストなのだ。寺院の実勢を捉え、今後を展望するうえでは、単純に「現在」を基準とするのではなく、「現在」までにいかに変化してきたのかという「過去完了」も視野に入れなければならない事実を示すものである。寺院を護持していくうえで、檀信徒はその支えとなる重要な役割を果たしていることは、本書の各章で再三、論じられている通りである。

ごく簡潔に述べるとすれば、檀信徒数は寺院の法人収入と正の相関関係にあり、檀信徒数が増えれば法人収入もそれに応じて大きくなる。伽藍の維持、恒例法要を代表とする教化、子弟の養成など、寺院運営を行なうにあたっては、安定的な寺院収入が必要不可欠である。寺院に関する基礎的な情報として、最後にこれを押さえておきたい。

表 8　地域別にみた法人収入（2014 年度）

新潟区分	過疎適用	低収入寺院 0 円～500 万円	中収入寺院 500 万 1 円～ 1,000 万円	高収入寺院 1,000 万 1 円～
上越（79）	非過疎（36）	86.1（31）	13.9（5）	0.0（0）
	過疎（43）	83.7（36）	14.0（6）	2.3（1）
中越（235）	非過疎（153）	62.1（95）	24.2（37）	13.7（21）
	過疎（82）	45.1（37）	30.5（25）	24.4（20）
下越（319）	非過疎（238）	68.1（162）	20.2（48）	11.8（28）
	過疎（81）	77.8（63）	21.0（17）	1.2（1）
佐渡（30）	過疎（30）	90.0（27）	10.0（3）	0.0（0）
全体（663）		68.0（451）	21.3（141）	10.7（71）
全国（12,542）		55.0（7,509）	19.3（2,635）	17.6（2,398）

＊全国平均を超えるセルに網掛けをした。

表 8 は寺院の法人収入を 3 区分して、地域ごとにまとめたものである。新潟県では低収入寺院が 7 割弱（68.0%）、中収入寺院が 2 割強（21.3%）を占め、ともに全国平均を超える。一方、高収入寺院は 1 割強（10.7%）で、全国平均の 2 割弱（17.6%）よりも低い。各地域に目を向けると、中越の過疎地域を除き、6 割強から 9 割が低収入寺院となっており、過半数を占めてい

ることがわかる。既に示した表6に戻ると、網掛けをした箇所と対応関係にあることがみてとれる。すなわち、平均檀徒数が全国平均を下回る地域では、法人収入が少ない寺院の割合が高い傾向にあるといえる。これに対し、県下のなかでも特異的なのは中越で、非過疎地域では低収入寺院・中収入寺院、過疎地では中収入寺院・高収入寺院が全国平均を上回る。とりわけ、過疎地域の高収入寺院は、2割強（24.4%）を占め、県内全体の2倍以上の割合を示した。留意しておきたいのは、これがあくまで2015年6月の調査時点における数値だということである。中越の過疎寺院では、過去10年に檀徒が平均10戸程度減少している。いわずもがなではあるが、かくして県下でもっとも檀徒の減少が著しい状態が続くとすれば、法人収入の分布に大きな変動が生じよう。

　曹洞宗寺院も神社界と同様、低収入寺院が過半数となっている。「神社・神職2016」によれば、「過疎地神社」の82.6%が低収入神社であり、新潟県下の寺院はほぼ、こうした神社の実態と重なる。ただし、寺院の兼務という点では、神社界よりもその割合は低い現状にある。とすれば、県下では宮司が多くの低収入神社を兼務し宗教活動を続けているのに対し、住職の多くは低収入寺院1ヶ寺の宗教活動に専念しているということになる。ここに改めて神社界と仏教界との違いを読み取ることができよう。

　神社界の例として、高知県の過疎地域で本務神社のほかに15の神社（法人格）を兼務する神職の場合をあげてみよう。W神職は氏子130戸ほどの小規模神社のほかに、氏子数十戸の兼務神社15社の宮司をつとめている。W神職は年に平均2〜4回の神社での祭り（神事）に加え、氏神以外に集落単位で祀っている神社（小祠、非法人）の祭りを氏子とともに執り行なう。主な祭りは夏祭りと秋祭りのある7月から10月に集中する。また、祭りのような定期的な行事のほかに、普段は祭りの事前準備や神職の研修会への参加をはじめ、個人祈禱（神社で行なわれる正式参拝のこと）、家祈禱（神職が家に出向いて祈願を行なうこと）、車祓い、地鎮祭など不定期に入ってくる氏子の祈禱依頼

に応じた御祈願にも対応している。W 神職は兼業せず、神社の収入のみで生活を営む専業神職ではあるが、地域の高齢化と人口減少にともない、いずれの神社も祭りに参列するのは高齢化した氏子が中心で、それも次第に減少している。将来への不安を抱きながら、毎年ぎりぎりの状態で宗教活動が行なわれているのである。15 社を兼務しても、いずれの神社の氏子も数十戸程度の小規模神社であることから、神職の給与は月給制ではなく、その都度の祈願と年に数回の祭りでの謝礼が主な年収を占める。安定的な収入源の確保が難しく、40 代と地域では若手である W 神職の収入では、妻と幼い子どもの 3 人家族を養うことが精いっぱいであるという。

⑤新潟県内の準限界寺院・限界寺院

　ここまで新潟県内における曹洞宗寺院の基礎的な情報を確認してきた。過疎地域にあっても、中越のように檀徒数が多く、法人収入が大きい寺院も存在することは確かである。しかし全体としてみれば、檀徒数が少なく、法人収入が少ない寺院が過半数を占めており、寺院を運営し宗教活動を続けていくにあたって大きなハードルとなっていることは疑いないところだ。「宗勢2015」に基づき低収入寺院の自由記述の内容を次に紹介しよう（原文のまま一部抜粋）。

　・檀家が無く、収入も無い為、護持、運営（宗費、維持管理等）に関して大変厳しいものがあります。全国的に見ても同じ境遇にあるところが多々あると思います。宗門全体で真剣に考えていく必要があるはずです。

（過疎地域、兼務寺院）

　・……約 40 軒の檀信徒で寺の伽鑑の維持修理は非常に負担が大きすぎた。公務員等 65 才まで勤務しながら月参りを提案。そのお布施……を積み立て維持修繕を実施し、現在も行っている。檀家は……1 人暮らしの老人世帯が軒なみで数年後は必ず激減する。次の住職は兼職中で寺院の経営はむずかしい時代になると予想できる。これまでも大規模修繕には檀家に卒先して寄付金を出してきた。弱小寺院の経営は道心が強くないと

出来ないと思う。　　　　　　　　　　　　　　　　　　（非過疎地域、本務寺院）

　人口減少が著しい地方社会において、先祖や死者の供養という血縁関係を前提とした従来の寺檀関係を前提とするだけでは、そのパイ（既存の檀徒数）は縮小の一途をたどり、寺院の存続に決定的な打撃を与えることとなろう。その当否はさておき、県下では低収入寺院が半数以上を占めているが、宗教活動の実態はどうなっているのだろうか。神社界の「準限界神社」「限界神社」を受けて、以下では「準限界寺院」「限界寺院」に焦点を絞り、分析を進めていくこととする。

　県内寺院732ヶ寺のうち、統計的にみて「準限界寺院」（無住寺院でも宗教活動が行なわれているもの[26]）に相当するのは3ヶ寺である（無回答を除く）。割合にすれば0.4％でごく少数にすぎない。しかし無住寺院であっても宗教活動が行なわれ、存続の余地を残しているという点で一考に値する。一例を示してみよう。「宗勢2015」自由記述の内容によれば、中越のある無住寺院では、後継者がなく、前住職の娘が「堂守り」をしている。教化団体が組織され、他寺院の住職によって恒例法要が営まれており、今後、兼務という形で寺院を護持していきたいという。

　他の2ヶ寺については、自由記述に書き込みがないため、その詳細は不明である。ただし、何らかの宗教活動（恒例法要や葬儀など）が行なわれており、この例と同様、寺院を存続させていくために他の寺院の住職が力を傾けているものと思われる。

　「限界寺院」（宗教活動が行なわれていない寺院）に相当するのは、本務寺院6ヶ寺、兼務寺院13ヶ寺、無住寺院2ヶ寺の21ヶ寺（無回答除く2.9％）である。本務寺院、兼務寺院の場合、代表役員たる住職は登記上、存在するものの宗教活動が行なわれておらず、実質的に文字通り名前だけの存在になっているものである。次に自由記述の一部を紹介しよう。

　　・当該寺院は老朽化により雪重により倒壊。現在、本寺に必要な物を安置しております。お堂位は造りたいと思っておりますが、資金等で実行出

来ないでおります。……従って費用等は、収入等無い為、苦労しており
ます。

（過疎地域、兼務寺院）

・元々、檀信徒もなく、中越地震で伽藍もすべてなくなり、住名だけのお
　寺です。

（非過疎地域、本務寺院）

　伽藍がない、いわゆる「青空寺院」であっても、曹洞宗への負担金の義務
は住職が負うところで（第7章参照）、檀信徒もいないとなれば法人収入もな
く、法人解散の「手前」にあるといってよい。こうした寺院よりも深刻の度
合いが高いのは、無住寺院であり法人解散の「寸前」にあることが自由記述
の内容から読み取れる。

・庫裡や本堂は何もないが毎年宗費のみ払っているので寺院の統廃合手続
　をもっとわかりやすく、そして簡略化して頂きたい。

（非過疎地域、無住寺院）

　さきに自由記述を紹介した通り、準限界寺院・限界寺院ではない低収入寺
院であっても、現状の寺院運営に精一杯、手一杯の状態である。ましてや、
今後となれば、人口減少問題に直面し檀徒が減少するなかで、明るい未来の
ビジョンを描くことができないというのは、至極当然の話だ。新潟県の住職
の平均年齢は61.5歳（標準偏差14.2歳）。全国平均60.1歳（標準偏差14.1歳）
よりもやや高齢であり、代替わりを（十数年という）目前に控えているといっ
てよい。次世代を担う副住職や徒弟など、寺院後継者候補はこうした低収入
寺院を引き継ぐだけの覚悟はあるのだろうか。「宗教者たるもの清貧たれ」
といってみたところで、托鉢による頭陀行だけで、教化に邁進できる時代
ではない。安定的な収入がなければ、伽藍の維持はおろか、法要すら行なえ
ない。寺院の生き残りを考えていくうえで、副住職や徒弟など、寺院の後継
候補の意識を急ぎ調査する必要があろう。今後の課題である。

　寺院の生き残りという激しい生存競争を生き抜いていくためには、ひとえ
に住職の自覚と行動力に拠る。だが、あらためて寺院という存在の意味と役
割を考えるとき、単に寺院は僧侶や檀信徒個人にとっての修行道場というだ

けではなく、それぞれの縁を紡ぎ出し、交流を深める場となっていることに気づく。このように考えると、寺院の今後は決して住職1人の問題ではない。檀信徒が住職とともに、自身の菩提寺の今後をどのように考え、行動するのかが問われているのだ。だが、「檀信徒2012」によれば、檀信徒6,530人のうち、既存の寺檀関係について現状を維持すると考えるのは6割弱（57.3%）に上り、その将来の展望は住職よりもはるかに楽観的である。神社界では、地縁集団である氏子や崇敬者を中心とした「地域おこし」を代表例として、神社の活性化を図る事例が一般紙誌をはじめ、宗教専門紙誌で取り上げられることがある。しかし仏教界ではことに住職の取り組みのみに比重がおかれ、寺檀一致した活動の紹介例をほとんどみることができないというのは、筆者の印象論にすぎないのだろうか。菩提寺の今後をすべて住職の力量に任せるというのは、まさに「丸投げ」であり、低収入寺院が過半数を占めるという現実を考えるとき、あまりにも酷というべきである。寺院の生存という今後を展望するとき、檀信徒の力量もまたおのずと問われるのだ。いずれにしても、人口減少社会の只中で、仏教界も寺院の淘汰という時代に差し掛かった。寺院相互で「共存」という道を模索するのか、あるいは併合という形をもって生き残りをかけていくのか。まさにその選択が現実の課題として突きつけられているといえよう。

おわりに

　以上、過疎地神社と寺院の現況と課題について、神社界や仏教界（主に曹洞宗）で実施してきた実態調査や宗勢調査を通して概観した。さらに、具体的な事例として新潟県下の過疎地域に位置する神社と曹洞宗寺院の両方における不活動宗教法人の現況や対策についてできるかぎり比較・検討した。

　これまでに述べてきたように、過疎地寺社の実際の現場レベルでは、活動停止のぎりぎり状態まで宗教活動を続けて、限界状態になった場合でも、非

法人の宗教施設としての選択を好まず、法人合併（名目合併）の後も、合併された神社の飛び地境内社として、神職に従来通りの宗教活動を望むことが多い。過疎地域においては、神社を中心にした宗教活動が地域行事（慣習）となっているところが多く、活動維持が困難な状況にあっても、法人解散の話は住民の動揺と不安を助長する可能性がきわめて高いため、これに関して宗教者は最大の注意を払って取り組んでいるようである。もちろん、このことについて寺院も同様であることはいくつかの報告でも示されている[27]。

　過疎化による宗教界への影響については既に多くの調査報告がなされているため改めて言及する必要はないが、そのほとんどが維持継承にかかわる、いわば実質的かつ現実的課題に集中しており、教団独自の宗教的側面（宗教観・教義など）との関係を論じているものは少ないように思う。本章の冒頭でも触れたように、氏子・檀家のような信仰集団と寺社との間における「結束力・結合力」の弱体化は、過疎地域においては人口減少が直接的に関係するもっとも大きな要因であることは確かである。しかし、そうした信仰集団と寺社は、信仰との結びつきなくして維持継承は可能だろうか。例えば、仏教寺院の場合、師資（師から弟子へと）連綿と受け継がれてきた仏法（宗旨・儀礼など）の断絶とともに、所化（檀信徒）も減少し、宗旨の弘通（教えを広め伝えること）という教団そのものの存在意義が揺るがされることになる。同様に、宗教上の明確な教義は存在しないが、それに代わるものとして悠久の歴史のなかで育まれてきた「永遠に栄えていく」という世界観をもつ「神社」を信仰の軸としてきた神社神道においても、氏子の減少は神社の存在意義に大きな影響を与える。

　むろん、寺院も神社も、それを包括する教団が消滅しても、「思想」としての「教え」は存在し、安心立命の糧として、個人の拠り所となることはありえる。しかし、仏法のもとに培われてきた僧侶―寺院―檀信徒、神社では神職―神社―氏子という関係性は確実に消滅するのであり、この関係性のなかで紡がれてきた「縁」（結束力・結合力）も立ち消えになってしまう。仏法

は師匠と弟子、志を共にする同輩といった集団によって、ともに学びを深め
あっていくものであり、寺院の消滅はこの関係性に大きな亀裂を生じさせる
きっかけになる。それと同様に、神道精神も氏子集団が地域と神社とのかかわ
りのなかで、人生（通過儀礼や年中行事）を通して継承されていくものであ
り、神社の消滅は、単に神社と氏子の関係にとどまらず、地域的紐帯の衰退
につながるであろう。

　以上のように、宗教文化（宗教がかかわる生活様式とその形成物群）は、長年の
歴史のなかで地域に根ざし、形成・継承されてきたが、その中核を担ってき
ているのは宗教施設なのである。地域社会における宗教法人の役割の観点、
すなわち宗教文化の次元から宗教法人が抱える諸問題を今一度問い直す必要
があるのではないだろうか。

註

1) 本章執筆に際して、相澤の着想に基づいて、冬月の過疎地神社の研究を軸
   とし、過疎地寺院の部分を相澤が分担した。
2) この調査は変動の激しい現代社会において、神社がどのような状況にある
   のかを、神社と神職、その双方を取り巻く状況を把握し、今後の施策構築
   のための基本資料に資することを目的として、2015 年に全国の本務神社
   宮司（宮司代務者を含む）10,301 人を対象に神社本庁が実施した、神社界
   初の悉皆調査である。
3) この廃寺問題については、坂原英見が浄土真宗本願寺派の僧侶としてかかわ
   った体験や調査事例を取り上げながら、廃寺の要因やそこに至るプロセ
   スなどについて詳述している。詳細は坂原英見「廃寺――寺院・門信徒の
   決断」、櫻井義秀・川又俊則編『人口減少社会と寺院』、2016 年、311〜
   331 ページを参照されたい。
4) 筆者作成による表において仏教界のデータは、それぞれ『曹洞宗宗勢総合
   調査報告書』（2017 年）、「第 10 回宗勢基本調査中間報告（単純集計）」
   （2016 年）、「第 6 回浄土宗宗勢調査報告書」（2009 年）、「宗勢調査報告書
   日蓮宗の現状（平成 24 年度）」、『平成 26 年度被兼務寺院調査報告書』

　　（2015 年）、『真言宗智山派の現状と課題』（2012 年）などに依拠している。

5）本章で参考にした資料の詳細は、長野県神社庁報に掲載されている、牟禮仁「「後継者問題」に関わる全国神職の現状一端——数値から」（『神州』115 号、2012 年、4〜7 ページ）を参照されたい。http: //www. nagano-jinjacho.jp/shinshu/shinshu115.pdf（最終閲覧日 2018 年 7 月 8 日）。

6）牟禮、前掲、4 ページ。

7）小林瑞穂「神社界における後継者不足に関する意識——山口県の調査を事例に」『神道宗教』、208・209、2008 年、65〜80 ページを参照。なお、神社界における後継者問題については、神社本庁および各神社庁による実態調査が続けられ、その内容は業界紙の『神社新報』や、各神社庁の機関紙などで報じられている。

8）神社本庁はその成立過程や地域性のことから「ゆるやかな連合体」という形を取っている。組織としては確かに上から順に「神社本庁→神社庁→支部→神社」という流れにはなっている。しかし、各神社はあくまでも独立した存在（上部組織が下部組織を傘下に納めて支配しているわけではない）であり、もし本庁に対して不満がある神社は、その神社で役員会を開き役員の同意を得て、その他必要な諸手続きを行なえば、本庁から離脱することもできる。http://d.hatena.ne.jp/nisinojinnjya/20060625（最終閲覧日 2018 年 4 月 4 日）。

9）神社本庁では、仏教教団の宗勢調査のような大規模調査はないが、これまでに「神職の生活実態の事例調査」（1960 年）、「団地対策実態調査」（1961〜1962 年）、「過疎地帯神社実態調査」（1970 年）などの調査を断続的に実施してきた。ただ、これらの調査は一定の対象条件等をつけての「抜き取り調査」であり、全体を把握するのに十分とはいえなかった。そのことからも、本調査は全国の本務宮司を対象にした神社界初の「悉皆調査」であることがもっとも大きな特徴である。

10）「地域性による神社の格差の実態理解に向けて」神社本庁総合研究所『「神社と神職に関する実態調査」報告書』、2016 年、127 ページ。

11）また、このことは、次節以降に詳述する新潟県の過疎地寺社の実態の分析においても、多少の相違が生じていることにも注意が必要である。

12）氏子増減および神社の収入に関する結果の分析は、同上、石井 127〜132 ページを参照。

13) 伊勢の神宮は別として、全国の神社は、氏神神社と崇敬神社の2つに大きく分けることができる。氏神神社とは自らが居住する地域の氏神様を祀る神社であり、この神社の鎮座する周辺の一定地域に居住する人を氏子と称する。一方で、そのような地縁や血縁的な関係以外で、個人の特別な信仰等により崇敬される神社を崇敬神社といい、こうした神社を信仰する人を崇敬者と呼ぶ。日本の神社はこうした両者の信仰（崇敬）によって支えられている。詳細は神社本庁の公式ホームページを参照されたい。http://www.jinjahoncho.or.jp/iroha/jinjairoha/ujigami/（最終閲覧 2018 年 10 月 31 日）。

14) なお、図2では「鎮座地は、過疎地域であると思いますか」について尋ねた結果のうち、「分からない」「無回答」および無効値を除いた「過疎地域である」「過疎地域ではない」の両回答を用いることにより、図1と図3の基数とは異なることに留意したい。

15) ほかの選択肢の「氏子会が弱体化したから」「広報活動が十分に行なえていないから」「駐車場など境内を整備できていないから」「社頭行事が減少したから」「教化活動が十分に行なえていないから」「交通の便が悪くなったから」「その他」における結果は、いずれも 5%を上下しており、過疎地域・非過疎地域での差はみられない。

16) また、後述する曹洞宗寺院との比較では、調査データ上、本文に述べたように神社収入は未満区切りであるのに対し、寺院収入は以下区切りになっていることにも留意が必要である。

17) 同調査の結果では、神職以外の兼業をもつ兼業神職は 3 割強（31.5%、無効値・無回答を除く）であった。

18) 法人ごとにそれぞれ事情は異なるが、神社に関していえば、神社本庁・各神社庁において、不活動状態を示すために、①宗教活動の皆無、②礼拝施設の滅失、③代表役員の欠員状態、④過疎化や離散による氏子皆無または減少、⑤法人であることに対する氏子の無理解、⑥合併承認後の手続き未了などの要件を挙げている。ただ、実情を把握しない段階で、これらの要件に該当するからといって即座に不活動神社とされるわけではないことには注意が必要である。

19) 文部科学大臣の諮問機関として、文部科学省に宗教法人審議会（以下、審議会と称す）が設置されて、宗務行政・法制度などの宗教法人に定められ

た事項を審議する審議会が定期的に行なわれている。審議会の議事録は文化庁のウェブサイトから閲覧ができる。

20）都道府県向けの取り組みとしては、対策会議の開催や対策マニュアル、事例集の作成・配布を行ない、一方では包括宗教法人向けの取り組みとして、対策会議の開催、手引書の作成・配布に加え、文書での協力依頼やヒアリングの実施などを行なってきた。さらに、2011 年からは包括宗教法人や都道府県等の協力を得ての対策として「不活動宗教法人対策推進事業」も実施されている。

21）そのことは、「宗教法人について、1 年以上にわたってその目的のための行為をしないことをはじめとして、単立宗教法人の礼拝の施設が滅失し、やむを得ない事由がないのにその滅失後 2 年以上にわたってその施設を備えないことや、1 年以上にわたって代表役員およびその代務者を欠いていることを要件として、裁判所による解散命令の対象になる」という宗教法人法の規定に依拠していることからも明らかである。

22）筆者が実施した高知県の過疎地神社の実態調査では、実際は神社での宗教活動が、代務者と氏子によって行なわれているにもかかわらず、「代表役員不在」を理由に、不活動神社とされている神社が 300 社を超えていることが明らかとなっている。

23）このような実態は、神社の役職や階級の違いと関係している。神社における役職（職位）を表す「職階」は宮司、権宮司、禰宜、権禰宜、出仕の順に区分される。一方で、神職の階級を表す「階位」も浄階、明階、正階、権正階、直階の順に区分される。それぞれの職階にはそれに準じる階位が必要となる。例えば、神社の代表責任役員である宮司の職階を得るためには、浄階、明階、正階、権正階の階位のいずれかを取得することで宮司就任が可能になる。逆に、階位が直階の神職は、権禰宜以上の職階は得られない。宮司不在は単に就任に必要な階位がない状態を指す場合があり、厳密にいえば、誤解を招きかねない「宮司不在」は「神職不在」に改めるべきであろう。

24）表内の記述の句読点と個人情報の伏せ字処理は筆者によるものである。また、各項目は調査シートの内容を引用（転用）している。ちなみに、調査当時の自由記述のなかには、集落で合併協議が進んでいる神社については神社庁から対策として合併に向けた支援を受け、実際に合併したケースも

ある。

25）平成7年の宗教法人法の一部改正以降、不活動宗教法人とみなされた宗教団体は、宗教法人法第81条による解散命令の対象となる可能性が生じるようになり、そのため神社本庁では、1996年から5年間、宮司欠員神社の実態調査を行ない、各神社庁の協力のもとにその解消に向けて説明会、研修会、連絡会等を開催するなどして欠員神社の削減に努めてきた。そしてこの一連の調査により、不活動神社の実態も次第に明らかになってきた。不活動状態にある主な理由を明らかにし、神社本庁では不活動神社対策として、1997年、1998年、2000年に神社庁事務担当者を対象とした「不活動神社対策に関する連絡会」を開催し、また、やむをえず合併をせざるをえない場合をも想定して「不活動神社対策と合併の手引」を作成し各神社庁に配布し、さらに、本庁職員を現地に派遣して調査を行なうなどの活動を進めてきた経緯がある。しかし、現在でも不活動神社は全国に数百社も存在することが、行政側からの報告により明らかになっている。

26）ここでいう宗教活動とは、「宗勢2015」における問26（恒例法要の開催状況）、問27（臨時法要の開催状況）、問28（教化団体の有無）、問31（布教教化の有無）、問45（葬儀の有無）、問48（年回法要の有無）の内容から判断したものである。

27）日蓮宗現代宗教研究所が2018年に実施した過疎地域寺院パイロット調査の中間報告において、「無住でもほとんどの檀信徒が寺院存続を希望している」との結果からも、過疎地域における法人解散の困難さがうかがえる。詳細は『中外日報』2018年10月24日付けの記事を参照されたい。

参考文献一覧

相澤秀生　2017「宗派間比較からみた過疎地寺院――曹洞宗を中心に」『跡見学園女子大学文学部紀要』52号、跡見学園女子大学文学部。

小林瑞穂　2008「神社界における後継者不足に関する意識――山口県の調査を事例に」『神道宗教』208・209号、神道宗教学会。

櫻井義秀・川又俊則編　2016『人口減少社会と寺院――ソーシャル・キャピタルの視座から』法藏館。

神社本庁総合研究所研究祭務課　2016『「神社・神職に関する実態調査」報告書』神社本庁総合研究所研究祭務課。

冬月律・荻翔一　2017「教化のための団体」曹洞宗宗勢総合調査委員会編『曹洞宗宗勢総合調査報告書 2015 年（平成 27）』曹洞宗宗務庁。

文化庁文化部宗務課　2009『不活動宗教法人対策事例集（包括宗教法人用資料）』文化庁文化部宗務課。

牟禮仁　2012「「後継者問題」に関わる全国神職の現状一端──数値から」『神州』115 号、長野県神社庁。

むすびにかえて

相澤　秀生

　本書を結ぶにあたって、これまでに各章で論じられてきたことと関係の深い 1970 年代の先行成果の一節を取り上げることとしよう。フィールドワークや質問紙調査に基づき、仏教寺院と人びと、とりわけ大都市に転出した核家族世帯との関係に注目した藤井正雄は、特定の寺院や神社との関係をもたない人びとを「宗教浮動人口」と名づけ、その特徴を次のように指摘した［藤井 1974］。

　　宗教的観念が希薄で、農村的体質を宿して、旧寺檀関係を踏襲するという伝統的慣行の持主であり、伝統的形態をとりながらも転居、世代交代という二大要因によって、きわめて流動的に寺に結びつくという行動特質をもち、その底流には、故郷喪失、脱祖先観の思想がうずまいている。

　こうした宗教浮動人口に注目した森岡清美は、当時の寺檀関係について、次のように論じた［森岡 1975］。

　　寺檀関係は煎じつめれば、檀家に対する寺僧からの法施と、寺僧の法施に対する檀家からの財施との、超世代的な交換関係によってなりたつ。法施の根本は死者を現実世界から幽界に移し、幽界において新しい安定した生命を賦与することにあるが、この機能は相手方のいかんによって厚薄の量的な程度差を含むものでない。かかる量的な測定を許さない法施に、量的な限定をもつ財施が対応するとき、無限大か無限小か、どちらかに財施が方向づけられる。まず、「後生をねがう」人にとって、法施はこの上もなく有難い作用であるから、定額料を超えた負担にも喜ん

で応ずる。しかし、「後生をねがう」心の薄い人にとっては、法施のごとき所詮一つの形式にすぎないから、せいぜい安く値切るに限ることになる。

　ここに取り上げた両論は、都市の核家族世帯を中心とする宗教浮動人口に着眼したものであるが、これはそのまま現代社会の寺院と人びととの関係一般に適応させることが可能であろう。すなわち、藤井が指摘する「宗教的観念が希薄」「脱祖先観」とは、森岡でいうところの「「後生をねがう」心の薄い人」に符合し、これが本書で論じてきたところの次世代の檀信徒候補の特徴──菩提寺やその宗派を知らず、葬儀の宗派にこだわりがなく、追善供養に「成仏」の意義があると考えない──とほぼ重なるのである。1970年代、地方社会では結婚して親世代と同居することが当たり前だったが、現在においては親と地元を同じくしても、親と別居し、夫婦で生活を営むものが多い。大都市の核家族世帯にみられる宗教的特徴は、約40年の時を経て、地方社会にも広がりをみせるようになった。

　森岡の研究によれば、「「後生をねがう」心の薄い人」の中心世代は、当時の16歳から29歳の青年層であり、伝統宗教から離脱した「脱宗教」と称される人びとだった。こうした世代の人びとは、2015年時点では50代後半から70代前半となり、寺檀関係を継承するかどうか、その過渡期の年代にあたる。おりしも、その選択が迫るなかで、日本社会は人口減少時代に差し掛かったのである。

　むろん、人口減少が引き続くとしても、寺院によっては現在の檀信徒数を維持、もしくは増加させるところもあろう。しかしそれは寺檀関係の拠り所となる先祖や死者の供養にとどまらない宗教活動を営む一部の寺院にかぎられよう。大部分の寺院は供養に依拠した既存の寺檀関係に支えられており、次世代の檀信徒候補をいかに獲得するかが、存続の分岐点となる。こうした寺院において、改めて供養にその活路を見出そうとする場合、いかなる方法が考えられるのだろうか。

　森岡は「人が人生の意味を問おうとする時こそ、宗教が人の魂に直接語りかけうる好機」であるとし、それが誕生、成人、結婚、死を機に行なわれる人生儀礼にあるとみた。このうち、死にかかわる葬儀・法事について、それが布教活動を意味するならば、「葬式仏教」と揶揄されることを恥としてはならないとしている。

　再び「宗勢2015」に立ち戻れば、法話を実施している住職（基数：8,594人）のうち、その機会を「通夜や葬儀」「年回法要（法事）などの追善供養」としているものが8割を超える（前者：87.2%、後者：83.2%）。森岡の指摘を受けた場合、この割合を「高い」と捉えてよいのだろうか。そもそも、法話を実施していない住職も14.0%（基数：10,265人）存在する。

　現在の日本社会における一般世帯（5,333万1,797世帯）については、単独世帯が3割強、核家族世帯が6割弱、三世代世帯が1割弱である（「国勢2015」）。森岡の指摘するように、核家族は一代家族であり、単独世帯を含め、家を前提とした世襲のように自動的な寺檀関係は成立しにくい。「檀家」ではなく「会員」のように、新しい家族ごとに新しく設定される帰属関係が必要となろう［森岡1975］。

　1970年代の先行研究に学ぶところは多い。地域社会の過疎化とともに、寺檀関係が凋落するという警鐘は既に鳴らされていたが、その予見が人口減少社会の到来を迎え、現実になりつつある。それに備えるための対策方法も先行研究の随所に提示されてきたのだが、当時これを正面から真摯に受け止めた人びとは、一体どれだけいたのだろうか。

参考文献一覧

藤井正雄　1974『現代人の信仰構造——宗教浮動人口の行動と思想』（日本人の行動と思想〈32〉）評論社。

森岡清美　1975『現代社会の民衆と宗教』（日本人の行動と思想〈49〉）評論社。

謝辞　本書の刊行を企図するにあたり、曹洞宗より「宗勢2015」を中心とする調査の数量データ・質的データの利用許諾がなければ、何もはじまらなかったことを、まずもって明記しておかなければならない。教団の教化推進にかかる重要なデータであるにもかかわらず、学術研究発展のためにも利用の門戸を広げ、ご快諾くださった同教団に対し、編者を代表し衷心より御礼申し上げる次第である。そして宗勢総合調査の発展にご尽力されてきた櫻井秀雄先生、佐々木宏幹先生ら歴代の委員長、委員、実務委員の先生方によって培われてきた長年にわたる研究の蓄積のうえに本書がなったことも忘れてはならない。

　このバトンを受け継ぎ、本書を刊行することは編者をはじめとする執筆者一同の悲願であったが、これを実現に導いてくれた法藏館にも、同じく敬意を表しておきたい。法藏館は仏教思想・仏教史を中心とする書籍の刊行出版社であり、現代社会における仏教寺院の実態研究には関心がおよばないのではないかという懸念がいささかあったが、とくに持ち込みの企画段階から刊行にいたるまでの約2年にわたって、我われの「わがまま」に粘り強くお付き合いくださった編集部の今西智久氏には、ただただ感謝するばかりである。

　本書の執筆に携わったメンバーにも、多忙なスケジュールのなかでご無理をお願いした。お詫びとともに、執筆の労に心から敬意を表したい。あわせて本書の編集を陰ながら支えてくださった宇野全尚氏（太覺院住職）、加藤順子氏（駒澤大学大学院人文科学研究科仏教学専攻博士後期課程単位取得退学）にも記して感謝申し上げ謝辞とする。

索　　引

索引語彙が章節項の題名にはいっているものは、頁数に＊を付して太字とした。

執筆者一覧（50音順　＊は編者）

相澤秀生（あいざわ　しゅうき）＊
1980 年生まれ。駒澤大学大学院人文科学研究科（仏教学専攻）博士後期課程単位取得退学。現在、跡見学園女子大学文学部人文学科兼任講師。
「過疎地域における供養と菩提寺――曹洞宗」（『人口減少社会と寺院――ソーシャル・キャピタルの視座から』櫻井義秀・川又俊則編、法藏館、2016 年）など。

梶　龍輔（かじ　りゅうすけ）
1982 年生まれ。駒澤大学大学院人文科学研究科（仏教学専攻）博士後期課程単位取得退学。現在、駒澤大学仏教経済研究所研究員。
「神道系新宗教における死者儀礼の変遷史――大本の祖霊祭祀を事例に」（『駒澤大学大学院仏教学研究会年報』44 号、2011 年）、「教義解釈の力学についての一考察――戦後の大本を事例に」（『宗教学論集』36 号、駒沢宗教学研究会、2017 年）など。

川又俊則（かわまた　としのり）＊
1966 年生まれ。成城大学大学院文学研究科（日本常民文化専攻）博士後期課程満期退学。現在、鈴鹿大学こども教育学部教授。
『数字にだまされない生活統計』（北樹出版、2013 年）、『人口減少社会と寺院――ソーシャル・キャピタルの視座から』櫻井義秀と共編、法藏館、2016 年）など。

土屋圭子（つちや　けいこ）
1988 年生まれ。駒澤大学大学院人文科学研究科（仏教学専攻）修士課程修了。宗勢総合調査委員会実務委員（2015 年時点）。
『曹洞宗檀信徒意識調査報告書 2012 年（平成 24）』曹洞宗宗勢総合調査委員会編、分担執筆、曹洞宗宗務庁、2014 年）、『曹洞宗宗勢総合調査報告書 2015 年（平成 27）』曹洞宗宗勢総合調査委員会編、分担執筆、曹洞宗宗務庁、2017 年）など。

問芝志保（といしば　しほ）
1984 年生まれ。筑波大学大学院人文社会科学研究科（哲学・思想専攻）一貫制博士課程修了。博士（文学）。現在、日本学術振興会特別研究員（PD）、大正大学非常勤講師。
「先祖祭祀と墓制の近代――「国民的習俗」形成の宗教社会学的研究」（筑波大学博士（文学）学位請求論文、2018 年）。「穂積陳重の先祖祭祀論――「国体イデオロギー」言説の知識社会学」（『近現代日本の宗教変動――実証的宗教社会学の視点から』寺田喜朗他編著、ハーベスト社、2016 年）など。

平子泰弘（ひらこ　やすひろ）

1970 年生まれ。駒澤大学大学院人文科学研究科（仏教学専攻）博士後期課程満期退学。現在、曹洞宗桂昌寺住職、曹洞宗総合研究センター委託研究員。

『訓註曹洞宗禅語録全書』第 1 巻（共著、四季社、2005 年）、「寺院・教団の未来予測私論——人口動態予測を基にして」（『曹洞宗総合研究センター学術大会紀要』15 号、2014 年）など。

冬月　律（ふゆつき　りつ）

1979 年生まれ。國學院大學大学院文学研究科（神道学・宗教学専攻）博士課程後期単位取得満期退学。現在、（公財）モラロジー研究所研究センター・主任研究員、麗澤大学外国語学部非常勤講師。

「限界集落における祭礼の維持がコミュニティー持続に及ぼす影響——旧仁淀村別枝地区の単身帰郷者に着目して」（『宗教とウェルビーイング——しあわせの宗教社会学』櫻井義秀編著、現代宗教文化研究叢書 8、北海道大学出版会、2019 年）、「過疎地神社の現況と氏子意識——高知県旧窪川町の神社と氏子の調査」（『國學院大學研究開発推進センター研究紀要』13 号、2019 年）など。

岐路に立つ仏教寺院

――曹洞宗宗勢総合調査 2015 年を中心に

2019 年 7 月 10 日　初版第 1 刷発行

編　　者	相	澤	秀	生	
	川	又	俊	則	
発 行 者	西	村	明	高	
発 行 所	株式会社	法	藏	館	

〒 600-8153
京都市下京区正面通烏丸東入
電　話　075（343）0030（編集）
　　　　075（343）5656（営業）

装幀　上野かおる

印刷・製本　亜細亜印刷株式会社

ISBN978-4-8318-5712-5　C1015

人口減少社会と寺院
ソーシャル・キャピタルの視座から　　　　　　櫻井義秀・川又俊則　編　3,000 円

しあわせの宗教学
ウェルビーイング研究の視座から　　　　　　　　　　　櫻井義秀　編　2,500 円

本願寺白熱教室
お坊さんは社会で何をするのか？　　　小林正弥　監修・藤丸智雄　編　1,400 円

現代日本の仏教と女性　**文化の越境とジェンダー**
龍谷大学アジア仏教文化研究叢書8　　　那須英勝・本多 彩・碧海寿広　編　2,200 円

浄土真宗本願寺派 宗法改定論ノート　　　　　　　　　池田行信　著　2,800 円

新版 真宗教団と「家」制度　　　　　　　　　　　　森岡清美　著　17,000 円

法 藏 館　　　　　　　　　　**価格は税別**